权威·前沿·原创

皮书系列为
"十二五""十三五""十四五"时期国家重点出版物出版专项规划项目

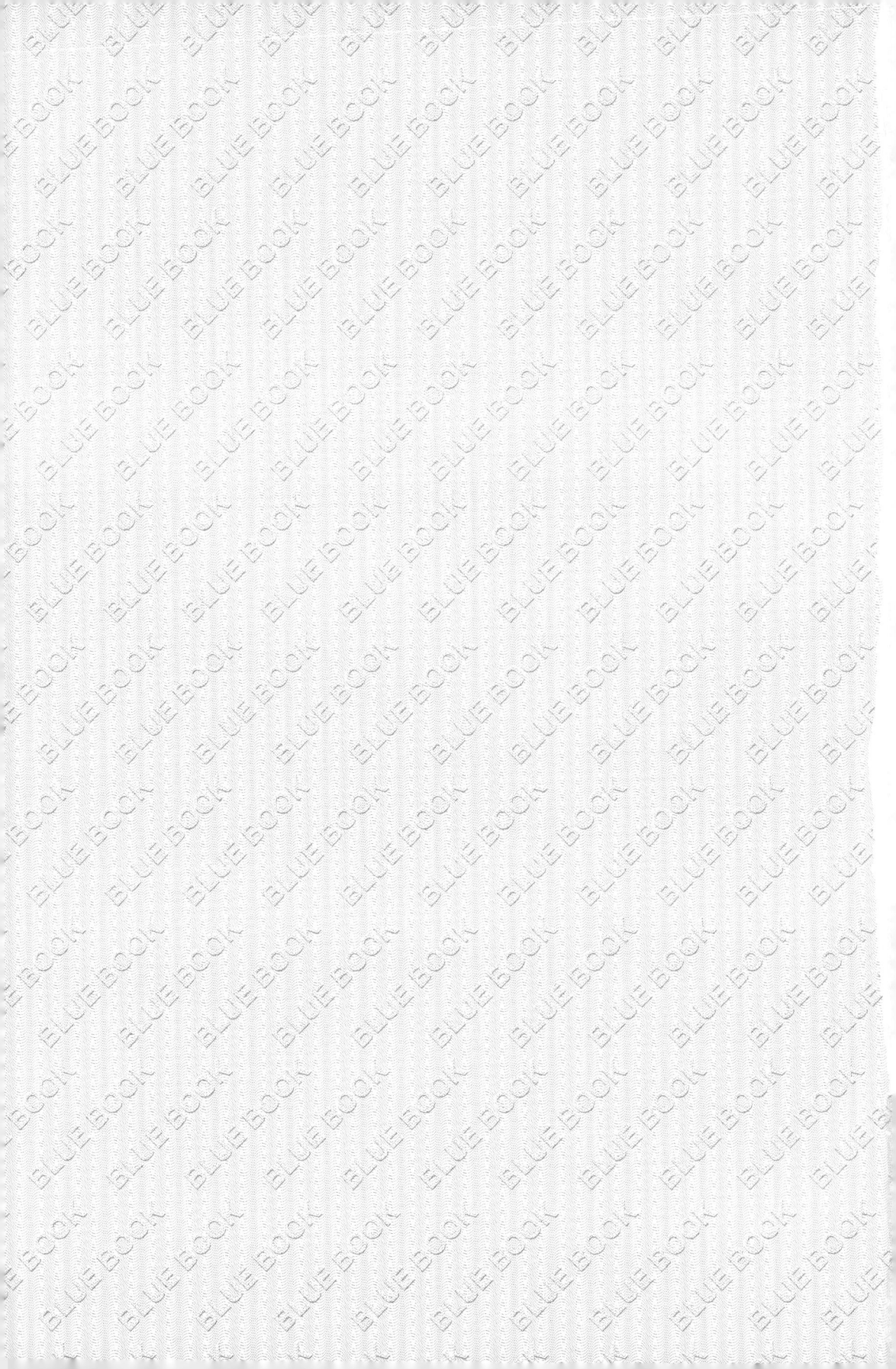

B

BLUE BOOK

智库成果出版与传播平台

事业单位蓝皮书

BLUE BOOK OF PUBLIC SERVICE UNIT

中国事业单位发展报告（2023）

ANNUAL REPORT ON THE DEVELOPMENT OF PUBLIC SERVICE UNIT
IN CHINA (2023)

主　编／余兴安
副主编／朱祝霞

社会科学文献出版社
SOCIAL SCIENCES ACADEMIC PRESS (CHINA)

图书在版编目（CIP）数据

中国事业单位发展报告 . 2023 / 余兴安主编；朱祝
霞副主编 . --北京：社会科学文献出版社，2023.12
（事业单位蓝皮书）
ISBN 978-7-5228-2075-0

Ⅰ. ①中… Ⅱ. ①余… ②朱… Ⅲ. ①行政事业单位
-研究报告-中国-2023 Ⅳ. ①D630.1

中国国家版本馆 CIP 数据核字（2023）第 236623 号

事业单位蓝皮书
中国事业单位发展报告（2023）

主　　编 / 余兴安
副 主 编 / 朱祝霞

出 版 人 / 冀祥德
组稿编辑 / 宋　静
责任编辑 / 张　超
责任印制 / 王京美

出　　版 / 社会科学文献出版社·皮书出版分社（010）59367127
　　　　　　地址：北京市北三环中路甲 29 号院华龙大厦　邮编：100029
　　　　　　网址：www.ssap.com.cn
发　　行 / 社会科学文献出版社（010）59367028
印　　装 / 天津千鹤文化传播有限公司

规　　格 / 开　本：787mm×1092mm　1/16
　　　　　　印　张：23.5　字　数：351 千字
版　　次 / 2023 年 12 月第 1 版　2023 年 12 月第 1 次印刷
书　　号 / ISBN 978-7-5228-2075-0
定　　价 / 158.00 元

读者服务电话：4008918866

《中国事业单位发展报告（2023）》
编 委 会

朱宗良　朱祝霞　任文硕　刘　兵　刘　洋
刘　娜　刘　婷　关　勇　安　乐　孙　玮
李　佳　李　程　李建军　李海岩　李宸玥
李福军　杨　军　沈　超　宋　朗　陈　涛
陈上宝　陈仲鹏　陈得志　陈稚寒　范红丹
范欣欣　周　杨　赵　睿　赵晓燕　胡　潇
胡轶俊　骆国益　袁　培　高攀峰　郭亚莉
梁玉萍　彭志文　葛晓伟　程　霞　傅　音
詹玉带

编　　　务（按姓氏笔画排列）

王　伊　王秋蕾　甘亚雯　毕苏波　胡轶俊
柏玉林

主要编撰者简介

余兴安　全国政协委员，中国人事科学研究院院长、研究员，《中国人事科学》学术月刊编委会主任，兼任中国人才研究会常务副会长、中国行政管理学会副会长。主要作品有《激励的理论与制度创新》《人力资源服务概论》《人力资源管理风险防控》《当代中国的行政改革》《中国古代人才思想源流》《当代中国人事制度》及译注《经史百家杂钞》等，主编《中国人力资源发展报告》《中国人力资源市场分析报告》《中国事业单位发展报告》《中国企业人力资源发展报告》等蓝皮书。

朱祝霞　管理学博士，中国人事科学研究院事业单位管理研究室副主任（主持工作）、副研究员。主要研究方向为事业单位管理、公务员管理。先后主持、参与人力资源和社会保障部、中共中央组织部、国家发改委等多个部门和地方研究课题70余项。在《中国行政管理》《国家行政学院学报》《行政管理改革》《公共管理评论》等报刊发表文章20余篇。

中国人事科学研究院简介

中国人事科学研究院（简称"人科院"），是我国干部人事改革、人才资源开发、人力资源管理和公共行政学研究领域的唯一国家级专业研究机构，隶属中华人民共和国人力资源和社会保障部。

人科院肇端于1982年6月劳动人事部成立的人才资源研究所、1984年11月成立的行政管理科学研究所及1988年9月人事部成立的国家公务员研究所，在经历多次机构改革与职能调整后，于1994年7月正式成立。历经40多年的发展，人科院积累了丰富的科研资源，培养了一支素质优良的科研队伍，形成了较完备的学术研究体系，产生了一大批具有较大影响的科研成果，发挥了应有的参谋智囊作用，同时也成为全国人才与人事科学研究的合作交流中心。王通讯、吴江等知名学者曾先后担任院长之职，现任院长为全国政协委员余兴安研究员。

多年来，人科院围绕大局、服务中心，研究领域涉及行政管理体制改革、人才队伍建设、公务员制度、事业单位人事制度改革、企业人力资源管理、收入分配制度改革、就业与创业、人才流动与人力资源服务业发展等方面。曾参与《公务员法》《事业单位人事管理条例》《国家中长期人才发展规划纲要》等重大政策法规的调研与起草，推动了相关领域诸多重大、关键性改革事业的发展。人科院每年承担中央单位和各省市下达或委托的近百项课题研究任务，发表百余篇学术论文，并编辑出版《中国人事科学》（月刊）、《国际行政科学评论》（季刊）、《中国人力资源发展报告》（年度出版）、《中国事业单位发展报告》（年度出版）、《中国人力资源市场分析报告》(年度出版)、《中国企业人力资源发展报告》(年度出版)、《中国培训事业发展报告》(年度出版)、《中国人事科学研究报告》(年度出版)等学术期刊和年度报告,与中国社会科学出版社等合作,出版"中国人事科学研究院学术文库"系列著作。

人科院是我国在国际行政科学学术交流与科研合作领域的重要组织与牵头单位,是国际行政科学学会(IIAS)、东部地区公共行政组织(EROPA)及亚洲公共行政网络(AGPA)的中国秘书处所在地。通过多年努力,人科院在国际行政科学研究领域的作用与地位不断提升,余兴安院长、柳学智副院长先后当选国际行政科学学会副主席。

人科院注重与国家部委、地方政府、高等院校和科研院所的交流与合作。积极搭建学术交流平台,成立"全国人事与人才科研合作网",建立了10余家科研基地,每年举办多场高水平的学术研讨会,组织科研协作攻关,还与中国人民大学、首都经济贸易大学等院校联合招收硕士、博士研究生,设有公共管理学科博士后科研工作站。

摘　要

2023年是全面贯彻落实党的二十大精神的开局之年。回顾2022年下半年至2023年上半年，我国事业单位改革在服务国家重大战略方面取得了积极进展。事业单位改革已由试点省份扩展至部分非试点省份，并迈入重塑性改革阶段；教科文卫等行业按照党中央对公共事业发展的部署要求深化改革，不断推动实现高质量发展；事业单位人事制度改革稳步推进，为加强事业单位自身建设、营造敬才爱才用才良好氛围、推动公共服务高质量发展做好支撑保障工作。本报告描述与分析的对象是2022年下半年至2023年上半年的事业单位发展与改革，凝结了来自各地事业单位综合管理部门、行业主管部门、具体事业单位、相关学者的最新研究成果，展现了一年来中国事业单位的总体情况，对我国事业单位整体改革、行业体制改革、机构编制管理、干部人事管理、收入分配、经费管理等方面的措施进行了回顾，分析了今后一段时期事业单位发展面临的挑战与任务。

展望未来，事业单位改革可能呈现以下趋势。一是事业单位改革或将迈入重塑性改革阶段。随着事业单位改革的不断推进，未来事业单位改革或将稳步推进，通过强化公益属性、优化布局结构、重塑职能体系等方式推进事业单位机构功能重塑再造和整体效能提升，促进公共事业更好更快发展。二是服务中国式现代化建设将成为各行业事业单位改革的重要任务。各行业事业单位将贯彻落实党的二十大重大决策部署，围绕"十四五"规划纲要重点任务和体制机制改革要求，深入实施科教兴国战略、人才强国战略、创新驱动发展战略、健康中国战略，聚焦重点领域，加强公共服务力量，推动各行业事业单位不断塑造发展新动能新优势，更好地服务于人民群众对美好生活的向往。三是事业单位人事制度改革将更加体现新时代新要求。事业单位人事制度改革将以党的二十大重要部署为引领，完善符合事业单位特点和人才成长规律的人事管理制度，坚持分级分类管理，营造知才、爱才、敬才、用才的良好环境，激发事业单位队伍生机活力，建设德才兼备的高素质事业单位工作人员队伍，为全面建设社会主义现代化国家提供人事人才支撑和保障。

关键词： 事业单位　制度改革　中国式现代化

目 录 ⤷

Ⅳ 改革探索篇

V　理论探讨篇

皮书数据库阅读**使用指南**

总 报 告
General Report

B.1

中国事业单位改革的进展与趋势
（2022～2023）

朱祝霞　胡轶俊　甘亚雯　毕苏波*

摘　要： 2023 年是全面贯彻落实党的二十大精神的开局之年。回顾 2022 年下半年至 2023 年上半年，我国事业单位改革在服务国家重大战略方面取得了积极进展。从趋势上看，事业单位改革或将迈入重塑性改革阶段；服务中国式现代化建设将成为各行业事业单位改革的重要任务；事业单位人事制度改革将更加体现新时代新要求。

关键词： 事业单位　事业单位改革　人事制度　中国式现代化

* 朱祝霞，管理学博士，中国人事科学研究院事业单位管理研究室副主任、副研究员，主要研究方向为事业单位管理、公务员管理；胡轶俊，中国人事科学研究院事业单位管理研究室助理研究员，主要研究方向为事业单位人事管理；甘亚雯，中国人事科学研究院事业单位管理研究室助理研究员，主要研究方向为事业单位绩效考核等；毕苏波，中国人事科学研究院事业单位管理研究室研究实习员，主要研究方向为事业单位岗位管理、人事制度等。

2023 年是全面贯彻落实党的二十大精神的开局之年。回顾 2022 年下半年至 2023 年上半年,我国事业单位改革在服务国家重大战略方面取得了积极进展。事业单位改革已由试点省份扩展至部分非试点省份,并迈入重塑性改革阶段;教科文卫等行业按照党中央对公共事业发展的部署要求深化改革,不断推动实现高质量发展;事业单位人事制度改革稳步推进,为加强事业单位自身建设、营造敬才爱才用才良好氛围、推动公共服务高质量发展做好支撑保障工作。具体内容如下。

一　完成事业单位改革试点工作

自 2020 年《关于深化事业单位改革试点工作的指导意见》发布以来,9 个试点省份均已按照中央关于深化事业单位改革试点工作的部署,完成事业单位改革试点工作。2022 年下半年至 2023 年上半年,事业单位改革迈入"后半篇"文章,即重塑性改革阶段。这一阶段,事业单位改革更加注重推进资源整合、流程再造、服务提质,在强化规范性管理、注重内涵式发展、加快法治化建设上下功夫,推动实现从"形"的重塑到"神"的重铸。

河南省自 2022 年 6 月完成省直事业单位重塑性改革工作之后,立即部署市县事业单位改革。2022 年 11 月 26 日,河南省出台《河南省事业单位改革发展条例》[①],提出"按照一类事项由一个单位统筹、一件事情由一个单位负责的原则,推进行业领域专项改革。通过整合、脱钩、转企、转型等方式,推进职责任务相近的事业单位跨部门整合,推动相关领域资源集约优化配置,增强改革的系统性、整体性、集成性、协同性"。开封市[②]、漯河市所辖 5 个县区[③]、南

---

① 2022 年 11 月 26 日河南省第十三届人民代表大会常务委员会第三十六次会议通过。
② 《开封市"四个突出"高质量完成事业单位重塑性改革任务》,http://www.hnsbb.gov.cn/sitesources/hnsbb/page_ pc/gl/jgbzgl/article9d34a4ad04c84061b29e69efab84a192.html。
③ 《漯河市:紧扣"四个关键词"全面完成县区事业单位重塑性改革任务》,http://www.hnsbb.gov.cn/sitesources/hnsbb/page_ html5/gg/sydwgg/article60b0b00fa13b4840ae32fe61c114c9d8.html。

阳邓州市①县区事业单位重塑性改革任务全面完成。

黑龙江省继续深化改革，扎实做好"后半篇"文章。一是坚持优化协同高效，持续巩固试点成果。在试点结束后，各地各部门沿着深化事业单位改革方向，坚持"有减有增、动态平衡"原则，优化事业单位布局和区域机构编制资源配置，推动各项改革举措落地生根。二是印发《黑龙江省机构编制工作规定》，制发新整合组建事业单位"三定"规定，为推进机构编制法定化奠定良好基础。重塑事业单位功能、优化布局结构、理顺职责关系、坚持瘦身与健身相结合等改革要求已成为各地各部门调整机构编制事项的基本遵循，改革试点成果在制度机制层面不断得到巩固深化。

作为深化事业单位改革试点地区之一，江苏省常州市优化布局结构，完善制度机制，强化公益属性，通过"注重跟踪问效，推进系统重塑和功能再造；全面盘活资源，推动科学配置和挖潜创新；强化监督管理，促进规范履职和高效服务"等方式，着力写好事业单位改革"后半篇"文章，推动机构职能人员深度融合、协同高效。

2023 年以来，湖北省武汉市洪山区委编办优化全区事业单位结构布局，盘活用好事业编制资源，着力推进事业单位改革重塑，通过内部挖潜、创新服务等方式，进一步释放编制潜力。

二 持续推进不同行业事业单位高质量发展

2022 年 7 月至 2023 年 6 月，着眼于把握新发展阶段、贯彻新发展理念、构建新发展格局，教科文卫等行业事业单位的改革得到不断推进。

（一）教育事业单位改革发展

1. 加速构建德智体美劳全面培养的教育体系

一是持续推进"双减"政策。为保证"双减"工作的持续推进，健全

---

① 《南阳邓州市把握"六个坚持"顺利完成事业单位重塑性改革目标任务》，http://zq. jnbb. gov. cn/articles/ch00131/202305/15cd410e-14c4-4c0e-acfb-4312d9343686. shtml。

机制、加强督导成为这个阶段的工作重点。2022 年 11 月 21 日，教育部办公厅、中央政法委办公厅、人力资源和社会保障部办公厅等十二部门发布政策，指导健全预防体系、完善发现机制、加大查处力度、强化组织保障，加强对学科类隐形变异培训的预防整治。① 2022 年 11 月 30 日，教育部、中央网信办和国家发改委等十三部门印发文件，进一步规范了非学科校外培训，维护了学生的权益。② 2023 年 3 月 14 日，教育部办公厅、财政部办公厅和科技部办公厅等五部门又进一步发文，明确了非学科类校外培训机构的审批登记工作，实现合规机构的"证照齐全"，并同步发放了湖南省和江苏省南通市的经验材料，供其他地区学习借鉴。③

二是加强思政课程建设。2022 年 7 月 25 日，教育部、中共中央宣传部和中共中央网络安全和信息化委员会办公室等十部门发布文件，指出了一些地方和学校在建设思政课程中存在的问题，并对全面推进"大思政课"建设进行了工作部署。④ 2022 年 11 月 4 日，教育部印发文件，指导提高中小学思政课教学质量。⑤ 2023 年 5 月 4 日，教育部办公厅发布通知，为做好高校思政工作队伍培训研修中心的建设提出了目标、任务和组织管理要求。⑥

三是注重学生身心健康发展。2023 年 1 月 13 日，为健全学校、家庭和社会的协同育人机制，促进儿童青少年的全面发展，教育部联合中宣部等十三个部门印发文件，对协同育人机制进行了顶层设计，建立学校、家庭和社会育人新格局，指导三者从不同层面履行各自的育人职责。⑦ 2023 年 3 月 27 日，

① 《关于进一步加强学科类隐形变异培训防范治理工作的意见》，2022 年 11 月 21 日。
② 《关于规范面向中小学生的非学科类校外培训的意见》，2022 年 11 月 30 日。
③ 《关于印发〈校外培训机构财务管理暂行办法〉的通知》，2023 年 3 月 14 日；《关于学习推广湖南等地经验做法进一步做好非学科类培训机构审批登记工作的通知》，2023 年 3 月 27 日。
④ 《关于印发〈全面推进"大思政课"建设的工作方案〉的通知》，2022 年 7 月 25 日。
⑤ 《关于进一步加强新时代中小学思政课建设的意见》，2022 年 11 月 4 日。
⑥ 《关于做好 2023 年高校思想政治工作队伍培训研修中心重点建设工作的通知》，2023 年 5 月 4 日。
⑦ 《关于健全学校家庭社会协同育人机制的意见》，2023 年 1 月 13 日。

教育部、中央宣传部和中央网信办等八部门印发《全国青少年学生读书行动实施方案》，以坚持服务全面育人、注重激发读书兴趣、积极融入全民阅读和持续推进常态开展为原则，激励引导青少年爱读书、读好书、善读书。① 2023年4月20日，教育部、最高人民检察院和中央宣传部等十七个部门印发文件，开展新时代学生心理健康工作专项行动计划，指导健全教育、监测预警、咨询服务、干预处置"四位一体"的学生心理健康工作体系。② 2023年5月17日，教育部会同中央宣传部等十八部门印发文件，配合"双减"工作，指导加强新时代中小学科学教育工作。③

2. 进一步提升教育公共服务供给的公平与效率

一是构建优质均衡的基本公共教育服务体系。2023年6月13日，中共中央办公厅、国务院办公厅印发文件，对如何构建优质均衡的基本公共教育服务体系进行了顶层设计，保障区域、城乡、校际、群体之间的义务教育优质均衡发展，提高家庭经济困难学生应助尽助水平和统筹做好面向学生的卫生健康、公共文化体育和就业创业等其他公共服务。④

二是加强欠发达地区的人才培养工作。2022年9月22日，教育部办公厅发布做好"优师计划"师范生培养工作的通知，实施中西部欠发达地区优秀教师定向培养计划，推动建立优质均衡的基本公共教育服务体系。⑤2022年10月31日，教育部、国家发改委和财政部等七部门出台了改善农村义务教育学生营养的具体实施办法，从管理体制、供餐管理、资金使用与管理、采购管理、营养健康监测与教育、应急事件处置、绩效管理与监督等方面进行了具体规定。⑥ 2023年，教育部又连续开展了"三区"人才支持计划教师专项计划、农村义务教育阶段学校教师特设岗位计划和中西部农村

① 《关于印发〈全国青少年学生读书行动实施方案〉的通知》，2023年3月27日。
② 《关于印发〈全面加强和改进新时代学生心理健康工作专项行动计划（2023~2025年）〉的通知》，2023年4月20日。
③ 《关于加强新时代中小学科学教育工作的意见》，2023年5月17日。
④ 《关于构建优质均衡的基本公共教育服务体系的意见》，2023年6月13日。
⑤ 《关于进一步做好"优师计划"师范生培养工作的通知》，2022年9月22日。
⑥ 《关于印发〈农村义务教育学生营养改善计划实施办法〉的通知》，2022年10月31日。

订单定向免费本科医学生招生培养等工作。①

三是推动各级各类教育质量的提升。2022 年 7 月 23 日，教育部出台政策推动普通高等学校学历继续教育改革，促进高等教育大众化、普及化和教育公平。② 2022 年 11 月 1 日，教育部印发《特殊教育办学质量评价指南》，改革特殊教育的质量评价，提升特殊教育质量。③ 2023 年 5 月 9 日，教育部办公厅发布通知，开展行动深化基础教育课程教学改革，更新育人理念，转变育人方式。④ 2023 年 6 月 15 日，教育部办公厅发布通知，广泛开展全民终身学习活动，建设学习型社会。⑤

四是向高校毕业生提供优质就业服务。2022 年 7 月 8 日，民政部、教育部、人力资源和社会保障部发布政策，推动社会组织吸纳就业。⑥ 2022 年 11 月 14 日，教育部对 2023 届全国普通高校毕业生就业创业工作进行部署，从就业渠道、就业指导服务、就业帮扶、就业手续、就业与招生培养联动机制等五个方面做出了具体工作安排。⑦ 2023 年起，高校毕业生的招聘录用、落户和档案接收转递等手续中不再将就业报到证作为必需材料。为落实该项政策，教育部建立高校毕业生毕业去向登记制度，以此客观反映高校毕业生的就业状况。⑧ 2023 年 4 月 27 日，教育部办公厅发布通知，要求高等学校做好开发科研助理岗位吸纳毕业生就业工作，贯彻落实党中央、国务院的"稳就业"部署，建设好专业科技支撑队伍。⑨ 2023 年 6 月 25 日，人力资源

---

① 《关于做好 2023 年"三区"人才支持计划教师专项计划有关实施工作的通知》，2023 年 6 月 7 日；《关于做好 2023 年农村义务教育阶段学校教师特设岗位计划实施工作的通知》，2023 年 4 月 19 日；《关于做好 2023 年中央财政支持中西部农村订单定向免费本科医学生招生培养工作的通知》，2023 年 5 月 5 日。

② 《关于推进新时代普通高等学校学历继续教育改革的实施意见》，2022 年 7 月 23 日。

③ 《关于印发〈特殊教育办学质量评价指南〉的通知》，2022 年 11 月 1 日。

④ 《关于印发〈基础教育课程教学改革深化行动方案〉的通知》，2023 年 5 月 9 日。

⑤ 《关于广泛开展全民终身学习活动的通知》，2023 年 6 月 15 日。

⑥ 《关于推动社会组织进一步助力高校毕业生等群体就业工作的通知》，2022 年 7 月 8 日。

⑦ 《关于做好 2023 届全国普通高校毕业生就业创业工作的通知》，2022 年 11 月 14 日。

⑧ 《关于建立高校毕业生毕业去向登记制度的通知》，2023 年 6 月 8 日。

⑨ 《关于高等学校做好 2023 年开发科研助理岗位吸纳毕业生就业工作的通知》，2023 年 4 月 27 日。

和社会保障部、教育部和财政部出台政策，延续实施一次性扩岗补助政策，鼓励企业积极吸纳大学生就业。①

五是提升教育行业数字化建设。2022 年 7 月 25 日，教育部办公厅出台规范文件，对建立国家智慧教育平台体系进行了统一规范。② 2022 年11 月 14 日，教育部办公厅印发文件，要求利用信息化的手段来完善中小学生综合素质评价，以便更科学、专业和客观地进行教育评价。③ 2022 年11 月 30 日，教育部印发智慧教育平台系列、教育基础数据和数字教育资源基础分类代码等多项教育行业标准，贯彻落实国家教育数字化战略。④

3. 大力推动职业教育发展

一是深化职业教育体系建设改革。2022 年 12 月 21 日，中共中央办公厅、国务院办公厅印发文件，深化现代职业教育体系建设改革，优化职业教育功能定位。文件强调以教促产、以产助教、产教融合、产学合作，推动形成同市场需求相适应、同产业结构相匹配的职业教育结构和布局。文件还对战略任务和重点工作进行了具体部署。⑤

二是加强技能人才队伍建设。2022 年 10 月 7 日，中共中央办公厅、国务院办公厅印发《关于加强新时代高技能人才队伍建设的意见》，提出了具体的目标任务，全面构建了技能人才培养、使用、评价和表彰激励制度。⑥ 2022 年 10 月 25 日，教育部办公厅发布文件，从认定范围、标准要求和组织实施方面，指导做好职业教育"双师型"教师认定工作，推进建设职业

---

① 《关于延续实施一次性扩岗补助政策有关工作的通知》，2023 年 6 月 25 日。
② 《关于印发〈国家智慧教育公共服务平台接入管理规范（试行）〉的通知》，2022 年 7 月 25 日。
③ 《关于开展信息技术支撑学生综合素质评价试点工作的通知》，2022 年 11 月 14 日。
④ 《关于发布智慧教育平台系列两项教育行业标准的通知》《关于发布〈教师数字素养〉教育行业标准的通知》《关于发布〈教育基础数据〉等三项教育行业标准的通知》《关于发布〈数字教育资源基础分类代码〉教育行业标准的通知》，2020 年 11 月 30 日。
⑤ 《关于深化现代职业教育体系建设改革的意见》，2022 年 12 月 21 日。
⑥ 《关于加强新时代高技能人才队伍建设的意见》，2022 年 10 月 7 日。

教育"双师型"教师队伍。①

三是完善其他配套政策。2022 年 7～11 月，全国职业院校技能大赛和全国职业院校技能大赛国际赛暨首届世界职业院校技能大赛成功举办，此项赛事已成为广大职教师生展示风采的重要舞台。为进一步满足我国职业教育的新需求，教育部相继出台经费管理政策②和大赛执行规划③，规范全国职业院校技能大赛经费管理，以及进一步优化大赛的体制机制、标准规则和实施办法。2022 年 11 月 2 日，教育部、国家发改委、人力资源和社会保障部等五部门印发文件，对职业学校办学条件进行规定，整合优化结构布局，提升办学条件和数量。④

4. 支撑高水平科技自立自强

一是培养各类科技人才。2022 年 7 月 29 日，教育部办公厅、农业农村部办公厅和中国科协办公厅印发通知，支持建设一批科技小院，培养农业农村领域高层次人才，建立政产学研一体化的人才培养模式。⑤ 2022 年 8 月 31日，教育部办公厅印发文件，对新农科人才培养专业设置进行引导，以便对接国家重大战略和区域经济发展需求。⑥ 2023 年 5 月 1 日，习近平总书记给中国农业大学科技小院的学生回信，强调厚植爱农情怀，练就兴农本领，在乡村振兴的大舞台上建功立业。2022 年 4 月 19 日，教育部印发文件，指导碳达峰碳中和高等教育人才培养体系建设工作，提升人才科研攻关能力，实现碳达峰碳中和目标。⑦ 2023 年 2 月 21 日，教育部、国家发改委、人力资源和社会保障部等五部门印发通知，深化人才供给侧改革，调整优化普通高等教育学科专业设置，以符合社会经济发展需要。⑧

---

① 《关于做好职业教育"双师型"教师认定工作的通知》，2022 年 10 月 25 日。
② 《关于印发〈全国职业院校技能大赛经费管理办法〉的通知》，2022 年 9 月 8 日。
③ 《全国职业院校技能大赛执行规划（2023～2027 年）》，2023 年 3 月 30 日。
④ 《职业学校办学条件达标工程实施方案》，2022 年 11 月 2 日。
⑤ 《关于支持建设一批科技小院的通知》，2022 年 7 月 29 日。
⑥ 《关于印发〈新农科人才培养引导性专业指南〉的通知》，2022 年 8 月 31 日。
⑦ 《关于印发〈加强碳达峰碳中和高等教育人才培养体系建设工作方案〉的通知》，2022 年 4月 19 日。
⑧ 《普通高等教育学科专业设置调整优化改革方案》，2023 年 2 月 21 日。

二是落实创新驱动发展战略。2022 年 6 月 22 日，教育部办公厅、工业和信息化部办公厅等四部门发布通知，组织开展"千校万企"协同创新伙伴行动，加强高校与企业合作，实现高校科研创新向企业转化。① 2022 年 12 月 21 日，教育部办公厅、国家知识产权局办公室和科技部办公厅发布通知，组织开展"百校千项"高价值专利培育转化行动，推动高校科技成果转化，提升科研成果质量。②

（二）科研事业单位改革发展

一是优化科技管理体制。2022 年 9 月 6 日，中央全面深化改革委员会第二十七次会议审议通过了《关于健全社会主义市场经济条件下关键核心技术攻关新型举国体制的意见》，③ 强调健全关键核心技术攻关新型举国体制，要把政府、市场、社会有机结合起来，科学统筹、集中力量、优化机制、协同攻关。2023 年 2 月 28 日，中国共产党第二十届中央委员会第二次全体会议审议通过了《党和国家机构改革方案》。④ 方案提出，组建中央科技委员会，作为党中央决策议事协调机构，加强党中央对科技工作的集中统一领导。中央科技委员会的职能是统筹推进国家创新体系建设和科技体制改革，研究审议国家科技发展重大战略、重大规划、重大政策，统筹解决科技领域战略性、方向性、全局性重大问题，研究确定国家战略科技任务和重大科研项目，统筹布局国家实验室等战略科技力量，统筹协调军民科技融合发展等。中央科技委员会的成立将有助于从最高层组织和调动"举国之力"，提升关键核心技术领域的决策效率与政策执行力。中央科技委员会办事机构职责由重组后的科学技术部整体承担。新组建的科学技术部将加强推动健全新型举国体制、优化科技创新全链条管理、促进科技成

---

① 《关于组织开展"千校万企"协同创新伙伴行动的通知》，2022 年 6 月 22 日。
② 《关于组织开展"百校千项"高价值专利培育转化行动的通知》，2022 年 12 月 21 日。
③ 《关于健全社会主义市场经济条件下关键核心技术攻关新型举国体制的意见》，2022 年 9 月 6 日。
④ 《党和国家机构改革方案》，2023 年 2 月 28 日。

果转化、促进科技和经济社会发展相结合等职能，强化战略规划、体制改革、资源统筹、综合协调、政策法规、督促检查等宏观管理职责。而与这些核心职能无关的具体业务和科研项目管理工作被划入农业农村部、国家发改委、生态环境部、国家卫健委、工信部、人社部和国家自然科学基金委等部门。

二是促进科技成果有效转化。2022年7月25日，国家知识产权局办公室印发《关于印发专利开放许可试点工作方案的通知》① （国知办函运字〔2022〕448号），有利于加快推进知识产权转化运用，充分发挥要素市场化配置在经济发展中的重要作用。2022年9月15日，科技部办公厅等部门发布《关于允许在中关村国家自主创新示范区核心区（海淀园）的中央高等院校、科研机构及企事业单位等适用〈北京市促进科技成果转化条例〉的通知》② （国科办区〔2022〕116号），本项政策的出台不仅可激发在园中央单位开展科技成果转化的内生动力、充分释放条例的制度红利，对于促进央地协同、推动北京市全面落实创新驱动发展战略具有重要意义。2023年3月14日，科技部火炬中心印发《高质量培养科技成果转移转化人才行动方案》。③ 方案提出：到2025年，要培养科技成果转移转化人才超过10万人；要打造职业技术经理人队伍，到2025年，各类技术转移和成果转化相关机构从业的职业技术经理人不少于1万人；到2025年，全国建成人才培养基地超过50个，建成不少于300人的科技成果转移转化顾问队伍。

三是持续开展人才评价、认定试点工作。2022年9月23日，科技部等八部门印发《关于开展科技人才评价改革试点的工作方案》④ （国科发才

---

① 《国家知识产权局办公室关于印发专利开放许可试点工作方案的通知》，2022年7月25日。

② 《科技部办公厅等关于允许在中关村国家自主创新示范区核心区（海淀园）的中央高等院校、科研机构及企事业单位等适用〈北京市促进科技成果转化条例〉的通知》，2022年9月15日。

③ 《高质量培养科技成果转移转化人才行动方案》，2023年3月14日。

④ 《科技部等八部门印发〈关于开展科技人才评价改革试点的工作方案〉的通知》，2022年9月23日。

〔2022〕255号）。针对人才评价"破四唯"后"立新标"不到位、资源配置评价改革不到位、用人单位评价制度建设不到位等突出问题，按照承担国家重大攻关任务的人才评价以及基础研究类、应用研究和技术开发类、社会公益研究类的人才评价，建立分类评价机制，引导各类科技人才人尽其才、才尽其用、用有所成。2022年12月30日，科技部办公厅、人力资源和社会保障部办公厅印发《关于在北京市、上海市、重庆市、杭州市、广州市、深圳市开展外籍"高精尖缺"人才认定标准试点工作的通知》。[1] 2022年11月30日，人力资源和社会保障部办公厅印发《关于进一步做好职称评审工作的通知》[2]（人社厅发〔2022〕60号），提出以"破四唯"和"立新标"为突破口，力避"一刀切"、简单化，分系列分专业修订职称评审标准；各职称系列逐步将论文"必选"转变为成果"多选"，建立"菜单式"评价指标体系，推广代表性成果制度，技术推广、技术解决方案、成果转化等业绩成果，均可作为代表性成果参加职称评审。

四是推进科技人才队伍建设。中央全面深化改革委员会第二十七次会议审议通过了《关于深化院士制度改革的若干意见》，[3] 习近平在主持会议时强调，要以完善制度、解决突出问题为重点，提高院士遴选质量，更好发挥院士作用，让院士称号进一步回归荣誉性、学术性。2022年7月28日，科技部、财政部、教育部、中国科学院、国家自然科学基金委五部门联合印发《关于开展减轻青年科研人员负担专项行动的通知》，[4] 提出减轻青年科研人员负担专项行动（减负行动3.0）。此次行动聚焦青年科研人员面临的崭露头角机会少、起步成长通道窄、评价考核频繁、事务性负担重等问题，推动减负行动效果持续深化，保障青年科研人员将主要精力用于科研工作。

---

[1] 《科技部办公厅 人力资源社会保障部办公厅关于在北京市、上海市、重庆市、杭州市、广州市、深圳市开展外籍"高精尖缺"人才认定标准试点工作的通知》，2022年12月30日。

[2] 《人力资源社会保障部办公厅关于进一步做好职称评审工作的通知》，2022年11月30日。

[3] 《关于深化院士制度改革的若干意见》，2022年9月6日。

[4] 《科技部 财政部 教育部 中科院 自然科学基金委关于开展减轻青年科研人员负担专项行动的通知》，2022年7月28日。

五是加快推进各行业科技创新。2022年9~11月，科技部联合国家中医药管理局、应急管理部、生态环境部、住房和城乡建设部、气象局、林草局、国家卫生健康委等部门印发了"十四五"期间中医药①、公共安全与防灾减灾②、生态环境③、卫生与健康④、住房城建⑤等领域的科技创新规划。这些规划是行业中长期发展的纲领性文件，为行业创新发展指明了方向，布置了任务。

六是协调推进重点区域科技建设。从2022年7月开始，科技部、财政部联合地方政府发布了长三角⑥、黄河流域⑦、西部地区⑧、北京⑨等地的科技发展政策，内容涵盖科技攻关、科技创新、财税支持、科学城建设、创新中心等，各有侧重，促进东部、中西部地区科技创新协调发展。

七是加强科研诚信和科技监管建设。2022年8月25日，科技部、中央宣传部等二十二部门印发《科研失信行为调查处理规则》，⑩进一步规范了调查程序，统一了处理尺度，科研失信行为的调查处理工作有了更具操作性

---

① 《科技部　国家中医药局关于印发〈"十四五"中医药科技创新专项规划〉的通知》，2022年9月2日。
② 《科技部　应急部关于印发〈"十四五"公共安全与防灾减灾科技创新专项规划〉的通知》，2022年9月15日。
③ 《科技部　生态环境部　住房和城乡建设部　气象局　林草局关于印发〈"十四五"生态环境领域科技创新专项规划〉的通知》，2022年9月19日。
④ 《科技部　国家卫生健康委关于印发〈"十四五"卫生与健康科技创新专项规划〉的通知》，2022年11月1日。
⑤ 《科技部　住房城乡建设部关于印发〈"十四五"城镇化与城市发展科技创新专项规划〉的通知》，2022年11月18日。
⑥ 《科技部　上海市人民政府　江苏省人民政府　浙江省人民政府　安徽省人民政府关于印发〈长三角科技创新共同体联合攻关合作机制〉的通知》，2022年7月24日。
⑦ 《科技部关于印发〈黄河流域生态保护和高质量发展科技创新实施方案〉的通知》，2022年10月8日。
⑧ 《科技部等印发〈关于进一步支持西部科学城加快建设的意见〉的通知》，2023年3月31日。
⑨ 《科技部等印发〈深入贯彻落实习近平总书记重要批示精神　加快推动北京国际科技创新中心建设的工作方案〉的通知》，2023年5月8日。
⑩ 《科研失信行为调查处理规则》，2022年8月25日。

的规范。此次修订注重与《科学技术进步法》等法律制度的衔接，而且聚焦问题导向，针对3年试行中反映比较集中的问题作出补充完善，并将调查处理实践中积累的成功经验及时上升为相关制度规定。2023年3月2日，科技部印发《科学技术部行政处罚实施办法》① （科学技术部令第20号）。办法规范科学技术部行政处罚行为，保障和监督行政处罚的有效实施，维护公共利益和科技行政管理秩序，保护公民、法人和其他组织的合法权益。

八是完善科技奖励体系。2023年2月6日，科技部发布《社会力量设立科学技术奖管理办法》② （国科发奖〔2023〕11号）。目前，社会科技奖初步形成数量规模较大、主体结构多元、影响力持续提升的发展态势，但也存在少数奖项设奖定位不够清晰、办奖运行不够规范等情况，亟须研究建立统筹规范机制。办法旨在引导社会科技奖规范健康发展，提高社会科技奖整体水平，激发各类人才创新活力。

（三）文化事业单位改革发展

一是推进文化和旅游事业高质量发展。2022年7月，文化和旅游部等十部门印发《关于促进乡村民宿高质量发展的指导意见》，提出要形成布局合理、规模适度、内涵丰富、特色鲜明、服务优质的乡村民宿发展格局，通过推进乡村旅游提质升级为全面推进乡村振兴战略做出积极贡献。③ 为适应新形势下网络演出剧（节）目发展需要，文化和旅游部于2023年1月印发了《关于规范网络演出剧（节）目经营活动推动行业健康有序发展的通知》，从网络演出剧（节）目的基本定义、报批审批流程、内容、经营活动四个方面明确了网络演出剧（节）目的管理要求。④ 2023年3月，文化和旅

---

① 《科学技术部行政处罚实施办法》，2023年3月2日。
② 《科技部关于印发〈社会力量设立科学技术奖管理办法〉的通知》，2023年2月6日。
③ 《文化和旅游部 公安部 自然资源部 生态环境部 国家卫生健康委 应急管理部 市场监管总局 银保监会 国家文物局 国家乡村振兴局关于促进乡村民宿高质量发展的指导意见》，2023年7月8日。
④ 《文化和旅游部关于规范网络演出剧（节）目经营活动推动行业健康有序发展的通知》，2023年1月17日。

游部印发《文化和旅游部关于推动在线旅游市场高质量发展的意见》，鼓励在线旅游平台经营者整合旅游要素资源、带动交通等相关旅游经营者协同发展，营造良好的市场环境和规范的市场秩序。① 为加大对乡村旅游高质量发展的金融支持，文化和旅游部、中国银行于 2023 年 6 月印发《关于金融支持乡村旅游高质量发展的通知》，要求各级文化和旅游部门围绕数字提升、艺术提升、参与提升等乡村旅游质量效益提升重点工作，建立管理规范、运行有效的乡村旅游项目库。②

二是加快文化和旅游事业数字化、网络化、智能化建设。2022 年 12 月，文化和旅游部等三部门印发了《关于开展国家文化产业和旅游产业融合发展示范区建设工作的通知》，提到了将数字技术应用于各地业态模式的创新中，因地制宜打造出中小型、主题性、特色类旅游项目，推动文化和旅游领域深度融合。③ 2023 年 4 月，工业和信息化部、文化和旅游部印发了《关于加强 5G+智慧旅游协同创新发展的通知》，要求各文化和旅游厅（局）加强重点旅游区域 5G 网络覆盖、创新 5G+智慧旅游服务新体验、加强 5G+智慧旅游产品供给，推动 5G 在旅游业的创新应用。④ 2023 年 6 月，文化和旅游部发布了《非物质文化遗产数字化保护数字资源采集和著录》，为民间文学、传统音乐、传统舞蹈、传统戏剧等十一个部分确立行业标准，指导和规范我国各门类非遗代表性项目数字资源的采集和著录工作。⑤

三是加强文化事业人才队伍建设。2023 年 3 月 6 日，文化和旅游部办公厅发布《关于实施 2023 年全国美术馆青年策展人扶持计划的通知》，鼓励各级各类国有美术馆以及在民政部门登记注册的民营美术馆推荐在本单位

① 《文化和旅游部关于推动在线旅游市场高质量发展的意见》，2023 年 3 月 24 日。
② 《文化和旅游部　中国银行关于金融支持乡村旅游高质量发展的通知》，2023 年 6 月 30 日。
③ 《文化和旅游部　自然资源部　住房和城乡建设部联合印发〈关于开展国家文化产业和旅游产业融合发展示范区工作的通知〉》，2022 年 12 月 23 日。
④ 《工业和信息化部　文化和旅游部关于加强 5G+智慧旅游协同创新发展的通知》，2023 年 4 月 6 日。
⑤ 《文化和旅游部关于发布〈非物质文化遗产数字化保护数字资源采集和著录〉系列行业标准的公告》，2023 年 6 月 29 日。

任职的 1 名青年策展人参与申报，以培养和扶持全国美术馆青年策展人才自主策划展览的能力。① 2023 年 4 月 26 日，文化和旅游部艺术司发布《关于开展 2023 年全国美术馆专业人员培训工作的通知》，提供全国美术馆馆长培训班、全国美术馆展览策划培训班、全国美术馆公共教育培训班、全国美术馆藏品管理与研究培训班四类课程，以加强美术馆专业人员队伍建设，提升公共文化服务水平。② 2023 年 6 月 2 日，文化和旅游部办公厅、农业农村部办公厅印发《乡村文化和旅游带头人支持项目实施方案（2023~2025年）》，要求从 2023 年至 2025 年每年培养支持 500 名左右能扎根乡村、服务群众、引领一方、带动一片的全国乡村文化和旅游带头人，持续推动乡村和旅游带头人队伍增量培优。③ 为推动优秀中青年戏曲人才不断涌现，2023年 6 月 28 日，文化和旅游部艺术司发布《关于举办 2023 年全国地方戏精粹展演的通知》，从全国遴选约 40 个优秀地方折子戏，组成约 10 台专场演出，培育推出一批中青年戏曲人才。④

四是挖掘地方文化事业品牌优势。2022 年 11 月，文化和旅游部、国家文物局印发《支持贵州文化和旅游高质量发展的实施方案》，结合贵州省自身独特的存量文化资源优势和旅游产业实际建设情况，从传承弘扬长征精神和革命文化、加强文化遗产保护利用、提升文艺创作和公共服务水平、推动文化产业和旅游产业数字化发展、打造"山地公园省·多彩贵州风"旅游品牌五大方面进行了部署。⑤ 2023 年 3 月，文化和旅游部、国家发改委印发《东北地区旅游业发展规划》，提出了构建"三纵三横"旅游通道、打造"三圈两带"旅游板块的要求，通过为其"量身定制"合适的文旅发展规

---

① 《文化和旅游部办公厅关于实施 2023 年全国美术馆青年策展人扶持计划的通知》，2023 年 3 月 6 日。
② 《文化和旅游部艺术司发布〈关于开展 2023 年全国美术馆专业人员培训工作的通知〉》，2023 年 4 月 26 日。
③ 《文化和旅游部　农业农村部办公厅关于印发〈乡村文化和旅游带头人支持项目实施方案（2023~2025 年）〉的通知》，2023 年 6 月 2 日。
④ 《文化和旅游部关于举办 2023 年全国地方戏精粹展演的通知》，2023 年 6 月 28 日。
⑤ 《文化和旅游部　国家文物局关于印发〈支持贵州文化和旅游高质量发展的实施方案〉的通知》，2022 年 11 月 22 日。

划，推动形成优势互补的东北地区旅游业高质量发展格局。[1] 为深入贯彻落实党的二十大精神和中央民族会议精神，文化和旅游部、国家民委于2023年5月印发《"春雨工程"——文化和旅游志愿服务边疆行计划实施方案》，鼓励各地与边疆民族地区合作培育出兼具民族特色和时代精神的文化品牌，助力边疆民族地区文化和旅游高质量发展。[2]

（四）卫生事业单位改革发展

一是持续在细分领域制定"十四五"规划。2022年8月，国家卫生健康委印发《"十四五"卫生健康人才发展规划》[3]，提出要促进人才服务能力提高与结构优化，完善人才管理制度机制，营造人才发展的良好环境。同月，国家卫生健康委印发《食品安全标准与监测评估"十四五"规划》[4]，明确了"十四五"期间食品安全标准、监测评估与营养健康工作的指导思想、基本原则和发展目标，提出了以提升卫生健康系统基层食品安全风险防范能力为重点，发挥好食品安全标准与风险监测评估工作在"预防为主、风险管理、全程控制、社会共治"的食品安全治理体系中的基础性作用。2022年11月，国家卫生健康委、国家中医药管理局、国家疾控局发布《"十四五"全民健康信息化规划》，提出以引领支撑卫生健康事业高质量发展为主题，以数据资源为关键要素，以新一代信息技术为有力支撑，以数字化、网络化、智能化促进行业转型升级，重塑管理服务模式，实现政府决策科学化、社会治理精准化、公共服务高效化。[5] 2022年12月，国家卫生健康委印发《突发事件紧急医学救援"十四五"规划》，提出要以提高突发事

---

① 《文化和旅游部、国家发展改革委关于印发〈东北地区旅游业发展规划〉的通知》，2023年3月10日。
② 《文化和旅游部、国家民委关于印发〈"春雨工程"——文化和旅游志愿服务边疆行计划实施方案〉的通知》，2023年5月6日。
③ 《国家卫生健康委关于印发"十四五"卫生健康人才发展规划的通知》，2022年8月3日。
④ 《国家卫生健康委关于印发食品安全标准与监测评估"十四五"规划的通知》，2022年8月11日。
⑤ 《关于印发"十四五"全民健康信息化规划的通知》，2022年11月7日。

件紧急医学救援能力与水平为重点，加快构建科学高效、可持续发展的突发事件紧急医学救援体系。明确到 2025 年末，建立健全紧急医学救援管理机制，全面提升现场紧急医学救援处置能力和收治能力。[①] 2023 年 6 月，国家卫生健康委印发《"十四五"大型医用设备配置规划》，提出进一步推动形成区域布局更加合理、装备结构更加科学、配置数量与健康需求更加匹配、配置水平与经济社会发展和人民群众医疗服务需求更加适应的大型医用设备配置规划管理体系，促进医疗服务水平和能力提升。[②]

二是促进优质医疗资源扩容和区域均衡布局。2022 年 12 月，为进一步规范国家医学中心和儿童类别的国家区域医疗中心设置与管理，加强部门间协调配合，形成有利于双中心发展和发挥作用的政策环境，国家卫生健康委制定了《国家医学中心管理办法（试行）》和《国家区域医疗中心管理办法（试行）》。[③] 2023 年 1 月，国家卫生健康委等六部门印发《关于开展紧密型城市医疗集团建设试点工作的通知》，提出推进网格化布局建设紧密型城市医疗集团。在每个省份选择 2~3 个设区的市（直辖市的区），统筹区域内医疗资源，科学合理网格化布局紧密型城市医疗集团，推动医疗服务供给侧结构性改革。[④] 2023 年 1 月，国家卫生健康委、国家中医药管理局、国家疾病预防控制局印发《关于做好县域巡回医疗和派驻服务工作的指导意见》，提出优化县域医疗卫生服务供给，进一步强化县级医院和基层医疗卫生机构服务能力，采取"固定设施、流动服务"的方式，推动服务重心下移、优质医疗资源下沉。[⑤] 2023 年 2 月，中共中央办公厅、国务院办公厅印发《关于进一步深化改革促进乡村医疗卫生体系健康发展的意见》，要求加

---

① 《国家卫生健康委关于印发突发事件紧急医学救援"十四五"规划的通知》，2022 年 12 月 31 日。
② 《国家卫生健康委关于发布"十四五"大型医用设备配置规划的通知》，2023 年 6 月 21 日。
③ 《国家卫生健康委办公厅关于印发国家医学中心管理办法（试行）和国家区域医疗中心管理办法（试行）的通知》，2022 年 12 月 21 日。
④ 《关于开展紧密型城市医疗集团建设试点工作的通知》，2023 年 1 月 29 日。
⑤ 《国家卫生健康委 国家中医药管理局 国家疾病预防控制局关于做好县域巡回医疗和派驻服务工作的指导意见》，2023 年 1 月 17 日。

快县域优质医疗卫生资源扩容和均衡布局，推动重心下移、资源下沉，健全适应乡村特点、优质高效的乡村医疗卫生体系，让广大农民群众能够就近获得更加公平可及、系统连续的医疗卫生服务。①

三是着力推动公立医院综合改革和高质量发展。2022年9月，为保证高质量发展评价工作标准化、规范化，国家卫生健康委医政司对照《公立医院高质量发展评价指标（试行）》②中提出的党建引领、能力提升、结构优化、创新增效、文化聚力五个方面指标，组织编写了《公立医院高质量发展评价指标（试行）操作手册（2022版）》。③2023年2月，财政部提出在深化医药卫生体制改革期间，中央财政对地方推进公立医院综合改革高质量发展示范项目按规定给予补助。④2023年2月和4月，国家卫生健康委办公厅分别印发了《国家三级公立医院绩效考核操作手册（2023版）》⑤和《国家二级公立医院绩效考核操作手册（2023版）》⑥。2022年11月和2023年3月，国家卫生健康委公开通报了2021年度全国三级公立医院绩效考核国家监测分析情况⑦与2021年度全国二级公立医院绩效考核国家监测分析情况。⑧

四是促进基层医疗卫生服务能力水平不断提升。2022年7月，国家卫生健康委、国家中医药管理局印发《乡镇卫生院服务能力标准（2022版）》《社区卫生服务中心服务能力标准（2022版）》《村卫生室服务能力

---

① 《关于进一步深化改革促进乡村医疗卫生体系健康发展的意见》，2023年2月23日。
② 《关于印发公立医院高质量发展评价指标（试行）的通知》，2022年6月29日。
③ 《国家卫生健康委办公厅关于印发公立医院高质量发展评价指标（试行）操作手册（2022版）的通知》，2022年9月29日。
④ 《财政部办公厅 国家卫生健康委办公厅关于组织申报2023年中央财政支持公立医院改革与高质量发展示范项目的通知》，2023年2月20日。
⑤ 《国家卫生健康委办公厅关于印发国家三级公立医院绩效考核操作手册（2023版）的通知》，2023年2月27日。
⑥ 《国家卫生健康委办公厅关于印发国家二级公立医院绩效考核操作手册（2023版）的通知》，2023年4月11日。
⑦ 《国家卫生健康委办公厅关于2021年度全国三级公立医院绩效考核国家监测分析情况的通报》，2022年11月2日。
⑧ 《国家卫生健康委办公厅关于2021年度全国二级公立医院绩效考核国家监测分析情况的通报》，2023年3月13日。

标准（2022 版）》，持续加强基层医疗卫生机构能力建设。① 2022 年 11 月，为加快探索基层卫生健康高质量发展的有效路径，形成一批可复制可推广的经验，国家卫生健康委新增北京市密云区、广西壮族自治区防城港市上思县、海南省东方市、贵州省遵义市习水县等 4 个试验区。② 2023 年 3 月，为进一步了解和掌握试点地区紧密型县域医疗卫生共同体建设工作进展与成效，国家卫生健康委办公厅、国家医保局办公室、国家中医药管理局综合司决定继续开展 2022 年度紧密型县域医疗卫生共同体建设进展监测工作。③ 2023 年 4 月，为充实优化乡村医生队伍，提升乡村医疗卫生服务能力，国家卫生健康委等五部门印发《关于实施大学生乡村医生专项计划的通知》。④ 2023 年 4 月，为进一步落实分级诊疗制度，不断提升县医院医疗服务能力，国家卫生健康委组织开展县医院医疗服务能力第三方评估，对参评的 2116 家县医院 2021~2022 年度医疗服务能力评估情况予以通报。⑤

　　五是强化基本公共卫生服务。2022 年 7 月，为落实政府工作报告和《"十四五"国民健康规划》有关要求，统筹推进常态化疫情防控和基本公共卫生服务工作，持续提升基本公共卫生服务均等化水平，不断增强人民群众的获得感，国家卫生健康委、财政部、国家中医药管理局就做好 2022 年基本公共卫生服务工作进行了部署。⑥ 2023 年 3 月 23 日，中共中央办公厅、国务院办公厅印发了《关于进一步完善医疗卫生服务体系的意见》，对健全公共卫生体系，加强专业公共卫生机构和医院、基层医疗卫生机构的公共卫生科室标准化建设，加强疾病预防控制能力和队伍建设，

---

① 《关于印发乡镇卫生院服务能力标准（2022 版）等 3 项服务能力标准的通知》，2022 年 7 月 16 日。
② 《国家卫生健康委办公厅关于建立动态调整机制加快推进基层卫生健康综合试验区建设的通知》，2022 年 11 月 17 日。
③ 《关于组织开展 2022 年度紧密型县域医疗卫生共同体建设进展监测工作的通知》，2023 年 3 月 27 日。
④ 《关于实施大学生乡村医生专项计划的通知》，2023 年 4 月 15 日。
⑤ 《国家卫生健康委办公厅关于通报 2021~2022 年度县医院医疗服务能力评估情况的函》，2023 年 4 月 26 日。
⑥ 《关于做好 2022 年基本公共卫生服务工作的通知》，2022 年 7 月 5 日。

提升检验检测能力，健全监测预警体系，加强重大疫情防控救治体系和应急能力建设等提出了明确要求。① 2022 年 9 月，为贯彻落实《中共中央国务院关于促进中医药传承创新发展的意见》《国务院关于实施健康中国行动的意见》等要求，在健康中国行动中进一步发挥中医药作用，健康中国行动推进办、国家卫生健康委、国家中医药管理局决定在健康中国行动中开展中医药健康促进专项活动，② 以发挥中医治未病的独特优势和重要作用。2023 年 3 月，为落实《国务院关于实施健康中国行动的意见》要求，持续推动实施各项行动，确保各项任务目标如期实现，全方位、全周期保障人民健康，健康中国行动推进委员会办公室印发了《健康中国行动2023 年工作要点的通知》。③

六是加强医药领域综合监管。2023 年 5 月，国家卫生健康委以习近平新时代中国特色社会主义思想为指导，深入贯彻二十届中央纪委二次全会和国务院廉政工作会议精神，按照国务院组成部门和相关职能调整情况，对纠正医药购销领域和医疗服务中不正之风部际联席工作机制成员单位进行调整，④ 并对纠风工作进行了具体部署，明确提出要健全完善新时代纠风工作体系、整治行业重点领域的不正之风问题、强化医保基金监督管理、深入治理医疗领域乱象、切实推进工作取得实效，⑤ 以加强行风建设，推进全国医药领域腐败问题治理长效机制建设，进一步净化行业风气。

三　深入开展事业单位人事制度改革

2022 年 7 月至 2023 年 6 月，事业单位人事制度改革稳步推进，公开招

---

① 《关于进一步完善医疗卫生服务体系的意见》，2023 年 3 月 23 日。
② 《关于开展健康中国行动中医药健康促进专项活动的通知》，2022 年 9 月 8 日。
③ 《健康中国行动推进委员会办公室关于印发健康中国行动 2023 年工作要点的通知》，2023 年 3 月 2 日。
④ 《关于调整纠正医药购销领域和医疗服务中不正之风部际联席工作机制成员单位及职责分工的通知》，2023 年 5 月 8 日。
⑤ 《关于印发 2023 年纠正医药购销领域和医疗服务中不正之风工作要点的通知》，2023 年 5 月 8 日。

聘、岗位管理、考核奖惩、人才评价等人事人才政策不断调整完善，为加强事业单位自身建设、营造敬才爱才用才良好氛围、推动公共服务高质量发展做好支撑保障工作。

（一）改革完善事业单位人事管理制度

1.扎实做好高校毕业生招聘工作

高校毕业生就业工作关系国家未来发展，为贯彻落实党中央、国务院的决策部署，2023年4月4日，人力资源和社会保障部发布开展2023年高校毕业生等青年就业创业的推进计划。计划中，事业单位作为公共部门，参与稳岗扩岗行动，结合实际适当增加"三支一扶"、农村特岗教师、大学生志愿服务西部计划和科研助理岗位招聘人数，并加快招聘进度安排。[①]

2.完善中小学岗位设置

2022年9月2日，人力资源和社会保障部与教育部出台指导意见，进一步完善中小学岗位设置管理：健全中小学岗位等级设置，明确规定中小学设置正高级岗位的条件和数量控制比例，对中、初级岗位的结构比例不再在国家层面进行统一规定；授权省级人力资源和社会保障部门会同教育行政部门分学段、分类型科学设置岗位结构；实行岗位的县域统筹管理，县级教育行政部门可按照相关情况，在核定的岗位总量内，统筹调配各校岗位数量，并向同级人力资源和社会保障部门备案；实施特设岗位政策、乡村中小学"定向评价、定向使用"教师中高级岗位政策以及援藏援疆援青教师岗位聘用的倾斜政策等；规范开展岗位竞聘和聘后管理工作，全面考核教职工表现，加强考核结果在岗位聘用中的应用，解决能进不能出、能上不能下、工资能高不能低等问题。[②]

3.出台事业单位工作人员考核规定

2023年1月12日，为了贯彻落实党的二十大对干部考核提出的新要

---

① 《关于开展2023年高校毕业生等青年就业创业推进计划的通知》，2023年4月4日。
② 《关于印发〈关于进一步完善中小学岗位设置管理的指导意见〉的通知》，2022年9月2日。

求，并与《事业单位人事管理条例》《领导干部考核工作条例》《公务员考核规定》等政策保持衔接和平衡，中共中央组织部、人力资源和社会保障部印发《事业单位工作人员考核规定》（简称《考核规定》），全面准确考核事业单位工作人员、加强高素质专业化事业单位工作人员队伍建设。对于事业单位工作人员，在考核标准上，以岗位职责和所承担的工作任务为基本依据，全面考核德、能、勤、绩、廉，突出对德和绩的考核，坚持将政治标准放在首位；在考核内容上，按照人事管理体制要求，实行分级分类考核，体现不同行业、不同类型、不同层次、不同岗位工作人员的特点和具体要求；在考核方式上，主要分为年度考核和聘期考核，根据工作实际开展平时考核和专项考核；在考核结果应用上，坚持考用结合，与选拔任用、培养教育、管理监督、激励约束、问责追责等结合起来，作为岗位聘用、工资激励等的依据。①

（二）推动人才工作

1. 深化院士制度改革

2022年9月6日，中央全面深化改革委员会第二十七次会议审议通过深化院士制度改革的若干意见，让院士称号进一步回归荣誉性、学术性。会议强调，要注重在重大科学研究和国家重大工程中选拔院士，以重大贡献、学术水平、道德操守为准绳，防止增选中的不正之风；要加强引导规范，鼓励和支持院士专心致志开展科研工作，强化作风学风建设，排除非学术性因素干扰；要严格监督管理，强化院士科研伦理和学术规范责任，营造良好学术和科研环境。②

2023年是两院院士增选之年，也是贯彻落实深化院士制度改革的关键之年。中国科学院学部主席团审议通过了改进院士遴选机制、维护院士称号纯洁性、更好发挥院士作用等方面的有关制度文件；中国工程院研究修订了

---

① 《事业单位工作人员考核规定》，2023年1月12日。
② 《关于深化院士制度改革的若干意见》，2022年9月6日。

《中国工程院院士增选工作实施办法》等一系列制度文件，健全监督体系，把好院士队伍"入口关"。两院院士的增选还分别发布了增选指南，向国家急需的关键领域、新兴学科、交叉学科等倾斜。

2. 完善人才评价机制

2022年11月30日，人社部办公厅为贯彻落实党的二十大和中央人才工作会议精神，深化职称制度改革，对进一步做好职称评审工作印发通知。一是动态调整职称评审专业，明确不同层级管理主体的职称评审专业设立权限，支持各地设立特色评审专业；二是科学制定职称评审标准，建立体现思想品德、职业道德、专业能力、技术水平、学术影响力、创新成效、决策咨询、人才培养、公共服务多维度的职称评价指标体系；三是合理设置论文和科研成果要求，各职称系列逐步将论文"必选"转变为成果"多选"，建立"菜单式"评价指标体系；四是减少学历、奖项等限制性条件，不得将科研项目、经费数量、获奖情况、论文期刊层次、头衔、称号等作为职称评审的限制性要求；五是完善同行评价机制，发挥学术共同体在同行评价中的作用；六是畅通职称评审绿色通道，对做出突出重大贡献的专业技术人才，引进的海外高层次人才、急需紧缺人才，可采取"一事一议""一人一策"的方式直接申报高级职称；七是开展好职称"定向评价，定向使用"，以国家乡村振兴重点帮扶县为主体，在县以下基层开展职称评审"双定向"；八是发挥用人单位主体作用，根据单位类型和岗位特点有序下放职称评审权限；九是优化职称评审服务，进一步畅通职称申报渠道，优化流程，减少申报材料，加强职称评审信息化建设。①

（三）加强人事管理

1. 推进领导干部能上能下机制建设

2022年9月8日，中共中央办公厅发布文件，对推进领导干部能上能下进行了规定，事业单位中担任领导职务的人员，参照本规定执行。领导干

---

① 《关于进一步做好职称评审工作的通知》，2022年11月30日。

部的能上能下，重点是解决能下问题，对不适宜担任现职干部的领导职务进行组织调整。文件从德、能、勤、绩、廉五个方面，规范了不符合所任职务要求的 15 种情形；明确了党委（党组）及其组织（人事）部门的有关职责，深化对干部的日常了解，动态掌握干部现实表现；规定了组织调整程序和调整后的管理工作等。①

2. 明确处分违纪党员批准权限和程序

2022 年 9 月 22 日，中共中央印发文件，规定了党处分违纪党员批准权限和程序，贯彻落实了全面从严治党战略方针。实行党委领导下的行政领导人负责制的事业单位党委根据干部人事管理权限，可以批准给予其管理的人员中的党员党纪处分。实行行政领导人负责制的事业单位党组织根据干部人事管理权限和党组织在选人用人中的职责作用，经党政主要领导充分沟通后，相应可以批准给予其管理的人员中的党员党纪处分。事业单位未被赋予干部人事管理权限，由上级党组织统筹管理的，上级党组织可以批准给予该事业单位工作人员中的党员党纪处分。②

（四）为行业改革提供人事人才政策支撑

1. 科研行业

2022 年 7 月 28 日，科技部、财政部和教育部等五部门发布通知，开展减轻青年科研人员负担专项行动，直面青年科研人员机会少、成长路径窄、考核频繁、事务性负担重等突出问题。专项行动的内容包括挑大梁，确定国家重点研发计划中青年科研人员的比例；增机会，加大对青年科研人员的经费支持；减考核，减少考核频次，实行聘期考核、项目周期考核等中长周期考核评价，简化、淡化平时考核；保时间，确保青年专职科研人员工作日用于科研的时间不少于 4/5；强身心，开展各种工作保障青年科研人员身心健康。③

---

① 《推进领导干部能上能下规定》，2022 年 9 月 8 日。
② 《中国共产党处分违纪党员批准权限和程序规定》，2022 年 9 月 22 日。
③ 《关于开展减轻青年科研人员负担专项行动的通知》，2022 年 7 月 28 日。

2. 教育行业

2023 年 6 月，中共中央办公厅、国务院办公厅为构建优质均衡的基本公共教育服务体系，提出指导意见。[①] 意见提出要加快校际均衡发展，其重点就是教师资源的均衡化配置，主要通过校长教师的交流轮岗和培训制度实现。实施校长教师有序交流轮岗行动计划，科学推进教师"县管校聘"管理改革，完善交流轮岗保障与激励机制，将到乡村学校或办学条件薄弱学校任教 1 年以上作为申报高级职称的必要条件，3 年以上作为选任中小学校长的优先条件。积极探索建立新招聘教师在办学水平较高的学校见习培养制度，加大"国培计划"实施力度，推动省、市、县、学校开展校长教师全员培训。

3. 医疗卫生行业

2023 年 2 月，中共中央办公厅、国务院办公厅印发指导意见，对进一步深化改革促进乡村医疗卫生体系健康发展进行部署，[②] 为发展壮大乡村医疗卫生人才队伍，在人事薪酬政策方面也予以了充分的倾斜。一是多渠道引才用才。落实艰苦边远地区县乡医疗卫生机构公开招聘倾斜政策。二是创新人才使用机制。加强县域医疗卫生人才一体化配置和管理，有条件的地方可以实行县管乡用、乡聘村用。适当提高乡镇卫生院的中高级专业技术岗位比例，对符合一定工作年限的乡镇卫生院工作的专业技术人员，可适用职称评聘的"双定向"政策。逐步将实现乡村一体化管理的村卫生室执业（助理）医师纳入乡镇卫生院职称评聘。建立公共卫生专业技术人员和医疗机构临床医生交叉培训制度。三是完善收入和待遇保障机制。提升乡村医疗卫生机构全科医生工资水平，使其与当地县级公立医院同等条件临床医师工资水平相衔接。有条件的地方可以在乡村医疗卫生机构绩效工资内部分配时设立全科医生津贴项目并在绩效工资中单列。严格落实乡村医生各种补助政策，动态调整补助标准，逐步提高乡村医生收入和福利待遇。四是盘活用好县域编制

---

① 《关于构建优质均衡的基本公共教育服务体系的意见》，2023 年 6 月。
② 《关于进一步深化改革促进乡村医疗卫生体系健康发展的意见》，2023 年 2 月。

资源。以县为单位每 5 年动态调整乡镇卫生院人员编制总量，盘活用好存量编制。乡镇卫生院用于专业技术人员的编制不得低于编制总额的 90%。

2023 年 3 月，中共中央办公厅、国务院办公厅出台政策，对进一步完善医疗卫生服务体系提出指导意见，其中对事业单位人事薪酬制度改革提出了要求。在完善编制和人事制度方面，建立编制的动态核增机制，改革公立医院岗位管理制度，优化基层医务人员招聘标准和程序，以及深化卫生专业技术人员职称制度改革。深化薪酬制度改革方面，落实"两个允许"要求，建立健全适应医疗卫生行业特点的薪酬制度。全面深化公立医院薪酬制度改革，合理核定公共卫生机构和基层医疗卫生机构绩效工资总量和水平，落实公共卫生医师和乡村医生待遇。①

四　总结与展望

2022 年下半年至 2023 年上半年，事业单位改革取得了重要进展。事业单位改革由试点省份扩展至部分非试点省份，并进行重塑性改革；各行业立足于增强人民群众的幸福感、获得感，不断推动实现高质量发展；事业单位人事制度改革将更加体现新时代新要求。展望未来，事业单位改革可能呈现如下趋势。

一是事业单位改革或将迈入重塑性改革阶段。随着事业单位改革的不断推进，未来事业单位改革或将稳步深化，通过强化公益属性、优化布局结构、重塑职能体系等方式推进事业单位机构功能重塑再造和整体效能提升，促进公共事业更好更快发展。

二是服务中国式现代化建设将成为各行业事业单位改革的重要任务。各行业事业单位将贯彻落实党的二十大重大决策部署，围绕"十四五"规划纲要重点任务和体制机制改革要求，深入实施科教兴国战略、人才强国战略、创新驱动发展战略、健康中国战略，聚焦重点领域，加强公共服务力

---

① 《关于进一步完善医疗卫生服务体系的意见》，2023 年 3 月。

量，推动各行业事业单位不断塑造发展新动能新优势，更好服务于人民群众对美好生活的向往。

三是事业单位人事制度改革将更加体现新时代新要求。事业单位人事制度改革将以党的二十大重要部署为引领，完善符合事业单位特点和人才成长规律的人事管理制度，坚持分级分类管理，营造知才、爱才、敬才、用才的良好环境，激发事业单位队伍生机活力，建设德才兼备的高素质事业单位工作人员队伍，为全面建设社会主义现代化国家提供人事人才支撑和保障。

行业动态篇
Industry Trends Reports

B.2
教育事业单位发展状况与趋势分析

胡轶俊*

摘　要： 本文收集、汇总 2021 年《全国教育事业发展统计公报》《中国教育统计年鉴》《全国教育经费执行情况统计公告》《中国教育经费统计年鉴》中的相关数据，分析了我国教育事业发展、教育人才队伍建设、高等学校科研情况和教育经费投入等方面内容。在数据分析的基础上，本文提出我国教育事业单位发展呈现以下三个发展趋势：教育服务水平持续提升、现代职业教育体系逐步建立和高等学校科研能力不断增强。

关键词： 教育事业单位　人才队伍　高等学校　教育经费

2021 年是"十四五"的开局之年，我国教育事业进入高质量发展阶段。

---

* 胡轶俊，中国人事科学研究院事业单位管理研究室助理研究员，主要研究方向为事业单位人事管理。

为深入了解过去一年中我国在教育事业方面的工作情况，本文基于 2021 年《全国教育事业发展统计公报》《中国教育统计年鉴》《全国教育经费执行情况统计公告》《中国教育经费统计年鉴》等资料，对 2021 年我国教育事业发展、教育人才队伍建设、高等教育科研情况和教育经费投入等方面进行了描述与分析。

一 教育事业发展状况

2021 年，我国各级各类公办学校①中，学前教育、普通小学、普通初中、职业初中、普通高中、中职教育②、本科院校、高职院校和本科层次职业学校的数量为 34.10 万所（在高职教育统计中，首次对高职教育中的专科和本科层次学校进行了区分）③，较 2020 年增加了 663 所，增长率为 0.19%；在校学生数量为 22466.71 万人，增加了 750.90 万人，增长率为 3.46%。以下将分级分类介绍我国教育的毛入学率④、学校数量、在校生数量和生师比，以此来描述我国 2021 年教育事业发展状况。

（一）毛入学率

毛入学率统计的是在校人数与学龄人口的比例。2021 年我国学前教育、高中阶段和高等教育阶段的毛入学率虽低于 100%，但延续了近几年的增长趋势，与 2020 年相比，分别增加了 2.9 个百分点、0.2 个百分点和 3.4 个百分点，体现了这些阶段教育相对规模的持续扩大。小学阶段和初中阶段的毛入学率保持稳定。2017～2021 年各级教育毛入学率具体见表 1。

---

① 公办学校：由年鉴中的各级各类学校总数减去各级各类民办学校总数而得，下文公办学校在校生数量、专任教师数量由相同方法获得。
② 年鉴中的中等职业教育的数据未包含技工学校。
③ 文中采用以万为单位的数据描述中，由于四舍五入，与部分计算结果会略有出入，此时以表中数据为准。
④ 毛入学率和生师比反映的是我国教育事业整体状况，此处不区分公办教育和民办教育。

表1 2017~2021年各级教育毛入学率

单位：%

年份	学前教育	小学阶段	初中阶段	高中阶段	高等教育
2017	79.6	104.8	103.5	88.3	45.7
2018	81.7	103.2	100.9	88.8	48.1
2019	83.4	103.0	102.6	89.5	51.6
2020	85.2	102.9	102.5	91.2	54.4
2021	88.1	102.9	102.5	91.4	57.8

资料来源：《中国教育统计年鉴2021》。

（二）学校数量

2021年，我国各级各类公办学校数量增长的有学前教育、普通高中、本科院校和高职教育（含专科和本科层次）学校，分别增加了4371所、36所、12所、15所。在高职教育学校中，专科和本科层次学校分别为1136所和10所。数量减少的有普通小学、普通初中、职业初中和中职教育学校，分别减少了3522所、44所、1所和204所。2017~2021年各级各类公办学校数量具体见表2。

表2 2017~2021年各级各类公办学校数量

单位：所

年份	学前教育	义务教育		普通高中	本科院校	职业教育			
		普通小学	普通初中			职业初中	中职教育	高职院校（专科）	本科层次职业学校
2017	94578	160902	46603	10553	817	14	6162	1068	/
2018	100898	155632	46511	10521	826	11	5857	1088	/
2019	107938	153920	46613	10537	831	9	5701	1011	/
2020	123759	151792	46756	10541	836	8	5520	1131	/
2021	128130	148270	46712	10577	848	7	5316	1136	10

资料来源：《中国教育统计年鉴2021》。

（三）在校生数量

2021 年，在公办学校的在校生数量中，除职业初中外，都有所增长，学前教育增长 337.37 万人，普通小学增长 67.79 万人，普通初中增长 102.16 万人，普通高中增长 61.52 万人，本科院校增长 61.86 万人，中职教育增长 25.75 万人，高职院校（含专科和本科层次）增长 94.57 万人。高职院校中，专科和本科层次学校的在校生人数分别为 1229.59 万人和 1.38 万人。职业初中学生数量减少了 1288 人。2017～2021 年各级各类公办学校在校生数量具体见表 3。

表 3 2017～2021 年各级各类公办学校在校生数量

单位：人

年份	学前教育	义务教育		普通高中	本科院校	职业教育			
		普通小学	普通初中			职业初中	中职教育	高职院校（专科）	本科层次职业学校
2017	20277959	92795260	38641114	20682876	12469510	2681	10569609	8713257	/
2018	20166357	94546795	40160861	20471022	12802483	1949	10039254	8958703	/
2019	20644409	96163307	41393001	20546285	13117897	4356	9917981	10068621	/
2020	21558008	97593184	41949205	20931630	13575589	2108	10184337	11363983	/
2021	24931751	98271068	42970824	21546861	14194196	820	10441817	12295891	13830

资料来源：《中国教育统计年鉴 2021》。

（四）生师比

2021 年，我国各级普通学校生师比统计情况为：普通小学下降 0.34，初中下降 0.09，普通高中下降 0.06，中等职业学校下降 0.68，本科院校增长 0.39，专科院校下降 0.43。其中，生师比最高的为专科院校 19.85，其次是本科层次职业学校 19.38。2017～2021 年各级普通学校生师比具体见表 4。

表4 2017~2021年各级普通学校生师比

年份	普通小学	初中	普通高中	中等职业学校	普通高校			
					全国	本科院校	本科层次职业学校	专科院校
2017	16.98	12.52	13.39	19.59	17.52	17.42	/	17.74
2018	16.97	12.79	13.10	19.10	17.56	17.42	/	17.89
2019	16.85	12.88	12.99	18.94	17.95	17.39	/	19.24
2020	16.67	12.73	12.90	19.54	18.37	17.51	/	20.28
2021	16.33	12.64	12.84	18.86	18.54	17.90	19.38	19.85

资料来源：《中国教育统计年鉴2021》。

二 人才队伍建设状况

2021年，我国学前教育①、普通小学、普通初中、普通高中、本科院校、职业初中、中职教育、专科院校和本科层次职业学校的专任教师数量为1488.91万人，比2020年增加61.09万人，增长率达4.28%。

（一）专任教师数量

2021年，专任教师数量有所增长的为学前教育、普通初中、普通高中、本科院校、中职教育和高职院校（含专科和本科层次），其中，学前教育专任教师增加16.95万人，普通初中专任教师增加25.20万人，普通高中专任教师增加45.88万人②，本科院校专任教师增加2.92万人，中职教育专任教师增加6769人，高职院校（含专科和本科层次）专任教师增加3.12万人。高职院校中，专科和本科层次院校的专任教师人数分别为47.73万人

① 学前教育的专任教师不包含幼儿园园长，下同。
② 普通高中教师大幅增加的主要原因是统计口径的变化。2021年以前，十二年一贯制学校和完全中学的专任教师数量是按照教育层次进行归类统计的。但在《中国教育统计年鉴2021》中，表《各级各类学校、教职工、专任教师情况》（第2页）和表《各级各类民办学校校数、教职工、专任教师情况》（第4页）内的十二年一贯制学校和完全中学的专任教师都计入高中阶段教育。

和9237人。专任教师数量下降的为普通小学和职业初中，分别下降了33.65万人和98人。2017~2021年各级各类公办学校专任教师数量具体见表5。

表5 2017~2021年各级各类公办学校专任教师数量

单位：人

| 年份 | 学前教育 | 义务教育 | | 普通高中 | 本科院校 | 职业教育 | | | |
		普通小学	普通初中			职业初中	中职教育	高职院校（专科）	本科层次职业学校
2017	921861	5524811	3209183	1586455	919375	436	560426	397061	/
2018	972427	5626681	3257867	1604978	939680	283	552637	408093	/
2019	1070118	5760396	3642385	1627738	1104693	348	551858	425523	/
2020	1294640	5894523	3397529	1667187	1008412	304	560218	455376	/
2021	1464115	5558073	3649549	2125971	1037614	206	566987	477310	9237

资料来源：《中国教育统计年鉴2021》。

（二）专任教师学历结构

对于专任教师学历结构的分析，本文主要聚焦学前教育、小学、初中、普通高中、普通高校和职业教育院校的专任教师。2021年，这几个教育阶段的教师学历大多集中在本科及以上，具体分析如下。

1. 学前教育专任教师

2021年，学前教育专任教师中，本科毕业为28.84%，研究生毕业为0.24%，这两种学历的人群占比较2020年有所增长，其中本科毕业的占比增加较多，增加了2.59个百分点。研究生毕业中，硕士学历的有7423人，博士学历的有66人。专科及以下毕业的占比都有所下降，专科毕业的占比为58.52%，下降了0.02个百分点，高中阶段毕业的占比为11.43%，下降了2.11个百分点，高中阶段以下毕业的占比为0.97%，下降了0.47个百分点。2017~2021年学前教育专任教师学历结构具体见表6。

表6　2017~2021年学前教育专任教师学历结构

单位：人，%

项目		研究生毕业	本科毕业	专科毕业	高中阶段毕业	高中阶段以下毕业
2017年	人数	4347	513723	1404501	466674	42893
	占比	0.18	21.12	57.75	19.19	1.76
2018年	人数	4856	581592	1503628	448850	42437
	占比	0.19	22.53	58.25	17.39	1.64
2019年	人数	5406	664370	1616244	432105	44979
	占比	0.20	24.04	58.49	15.64	1.63
2020年	人数	6475	764834	1705518	394558	42041
	占比	0.22	26.25	58.54	13.54	1.44
2021年	人数	7489	920388	1867484	364760	30868
	占比	0.24	28.84	58.52	11.43	0.97

资料来源：《中国教育统计年鉴2021》。

2. 小学专任教师

2021年，小学教师中68.42%的为本科毕业，较上年提高4.02个百分点；研究生毕业的占比1.89%，提高了0.30个百分点。研究生毕业中，硕士学历的有12.42万人，博士学历的有339人。专科毕业和高中阶段毕业的占比都出现了下降，分别为28.12%和1.55%，下降了3.77个百分点和0.55个百分点。2017~2021年小学专任教师学历结构具体见表7。

表7　2017~2021年小学专任教师学历结构

单位：人，%

项目		研究生毕业	本科毕业	专科毕业	高中阶段毕业	高中阶段以下毕业
2017年	人数	56460	3217461	2389380	279341	2268
	占比	0.95	54.12	40.19	4.70	0.04
2018年	人数	69711	3531559	2276957	211818	1863
	占比	1.14	57.97	37.38	3.48	0.03
2019年	人数	85135	3833676	2178498	170109	1666
	占比	1.36	61.15	34.75	2.71	0.03

项目		研究生毕业	本科毕业	专科毕业	高中阶段毕业	高中阶段以下毕业
2020 年	人数	102583	4143762	2051722	134811	1300
	占比	1.59	64.40	31.89	2.10	0.02
2021 年	人数	124565	4516064	1856305	102507	1358
	占比	1.89	68.42	28.12	1.55	0.02

资料来源:《中国教育统计年鉴 2021》。

3. 初中专任教师

2021 年,初中专任教师中,本科毕业的占比为 85.47%,研究生毕业的占比为 4.58%,分别提高了 0.89 个百分点和 0.60 个百分点。研究生毕业中,硕士学历的有 18.08 万人,博士学历的有 1003 人。专科毕业的占比 9.86%,高中阶段毕业的占比 0.08%,分别下降了 1.47 个百分点和 0.02 个百分点。2017~2021 年初中专任教师学历结构具体见表 8。

表 8 2017~2021 年初中专任教师学历结构

单位:人,%

项目		研究生毕业	本科毕业	专科毕业	高中阶段毕业	高中阶段以下毕业
2017 年	人数	92411	2910727	539517	5783	250
	占比	2.60	82.02	15.20	0.16	0.01
2018 年	人数	110659	3026933	496449	4824	134
	占比	3.04	83.18	13.64	0.13	0.00
2019 年	人数	131646	3141892	469255	4496	140
	占比	3.51	83.84	12.52	0.12	0.00
2020 年	人数	153485	3265589	437513	3950	204
	占比	3.98	84.58	11.33	0.10	0.01
2021 年	人数	181824	3394217	391597	3338	145
	占比	4.58	85.47	9.86	0.08	0.01

资料来源:《中国教育统计年鉴 2021》。

4. 普通高中专任教师

2021 年，普通高中专任教师中，本科毕业的占比最高，为 86.43%，其次为研究生毕业，占比为 12.40%，专科毕业的占比 1.15%，高中阶段毕业的占比 0.02%。其中，研究生毕业的占比提高了 0.93 个百分点，研究生毕业中，硕士学历的有 24.87 万人，博士学历的有 2544 人。本科毕业的下降了 0.89 个百分点，专科毕业的下降了 0.04 个百分点，高中阶段毕业的提高了 0.01 个百分点。2017~2021 年高中专任教师学历结构具体见表 9。

表 9　2017~2021 年普通高中专任教师学历结构

单位：人，%

项目		研究生毕业	本科毕业	专科毕业	高中阶段毕业	高中阶段以下毕业
2017 年	人数	158550	1582588	32175	615	25
	占比	8.94	89.21	1.81	0.03	0.00
2018 年	人数	177968	1605873	28229	489	25
	占比	9.82	88.60	1.56	0.03	0.00
2019 年	人数	197002	1636615	25257	349	19
	占比	10.60	88.03	1.36	0.02	0.00
2020 年	人数	221734	1688101	23101	285	7
	占比	11.47	87.32	1.19	0.01	0.00
2021 年	人数	251269	1753185	23370	500	17
	占比	12.40	86.43	1.15	0.02	0.00

资料来源：《中国教育统计年鉴 2021》。

5. 普通高校专任教师

2021 年，普通高校专任教师中，博士研究生毕业的占比最高，为 41.42%，其次为硕士研究生毕业，占比为 38.15%，再次为本科毕业，占比为 20.19%。其中占比提高的为硕士研究生和博士研究生，分别提高了 1.05 个百分点和 13.67 个百分点。2017~2021 年普通高校专任教师学历结构具体见表 10。

表10 2017~2021年普通高校专任教师学历结构

单位：人，%

项目		博士研究生毕业	硕士研究生毕业	本科毕业	专科及以下毕业
2017年	人数	397974	596302	621137	17835
	占比	24.37	36.51	38.03	1.09
2018年	人数	433807	612308	611594	15044
	占比	25.93	36.60	36.56	0.90
2019年	人数	475787	639922	610369	14067
	占比	27.34	36.77	35.08	0.81
2020年	人数	513874	687132	636608	14319
	占比	27.75	37.10	34.38	0.77
2021年	人数	525957	484467	256366	3020
	占比	41.42	38.15	20.19	0.24

资料来源：《中国教育统计年鉴2021》。

6. 职业教育①

2021年，中等职业机构中，博士研究生、硕士研究生、本科和专科及以下毕业的占比分别为0.09%、8.39%、85.09%和6.43%，绝大部分集中在本科毕业。专科层次职业高校中，占比分别为2.32%、38.50%、57.77%和1.41%，本科毕业和硕士研究生毕业为主体。本科层次职业高校中，占比分别为5.57%、47.70%、45.16%、1.57%，硕士研究生毕业和本科毕业为主体，硕士研究生毕业的占比最高。2021年职业教育专任教师学历情况具体见表11。

表11 2021年职业教育专任教师学历结构

单位：人，%

项目		博士研究生毕业	硕士研究生毕业	本科毕业	专科及以下毕业
中等职业学校(机构)	人数	627	58365	591755	44700
	占比	0.09	8.39	85.09	6.43
专科层次职业高校	人数	13253	219495	329413	8010
	占比	2.32	38.50	57.77	1.41

---

① 由于职业教育的统计口径发生了变化，无法与2020年进行比较。因此，此处仅对2021年的职业教育专任教师的学历进行描述。

项目		博士研究生毕业	硕士研究生毕业	本科毕业	专科及以下毕业
本科层次	人数	1423	12192	11543	402
职业高校	占比	5.57	47.70	45.16	1.57

资料来源：《中国教育统计年鉴2021》。

（三）专任教师专业技术职称结构

2021年，学前教育专任教师的专业技术职称结构中，未定职级的占比最高，为73.48%；其次为初级（助理级和员级），占比17.95%；再次为中级，占比为7.41%；副高级为1.15%；正高级为0.01%，全国有425名正高级学前教育专任教师。

小学专任教师中，中级教师占比最高，为40.97%；第二为初级教师，助理级和员级占比总和为32.33%；第三为未定职级的教师，占比为16.66%；第四为副高级教师，占比为10.00%；第五为正高级，占比为0.04%，人数为2589人。

初中专任教师中，中级教师占比最高，为38.04%；第二为初级教师，助理级和员级占比总和为27.00%；第三为副高级教师，占比为21.14%；第四为未定职级教师，占比为13.72%，第五为正高级教师，占比为0.10%，人数为3985人。

普通高中专任教师中，占比第一的为中级教师，占比35.24%；第二为副高级教师，占比26.81%；第三为初级教师，助理级和员级占比总和为24.50%；第四为未定职级教师，占比13.07%；第五为正高级教师，占比0.37%，人数为7589人。

普通高校专任教师中，占比第一的为中级教师，为37.74%；第二为副高级教师，占比32.09%；第三为正高级教师，占比为16.88%；第四为初级教师，占比7.05%；第五为未定职级的教师，占比6.24%。

中等职业学校（机构）专任教师中，中级教师占比最高，为35.95%；

第二为副高级教师，占比 24.08%；第三为初级教师，为 22.22%；第四为未定职级教师，占比 17.11%；最后为正高级教师，占比 0.64%，人数为 4462 人。

专科层次职业高校专任教师中，中级教师占比最高，为 38.13%；第二为副高级教师，占比 24.86%；第三为初级教师，为 17.94%；第四为未定职级教师，占比 14.21%；第五为正高级教师，占比 4.86%，人数为 27694 人。

本科层次职业高校专任教师中，中级教师占比最高，为 34.50%；第二为副高级教师，占比 26.06%；第三为未定职级教师，为 15.92%；第四为初级教师，占比 15.39%；第五为正高级教师，占比 8.13%，人数为 2077 人。2021 年各级各类教师职称结构具体见表 12。

表 12　2021 年各级各类教师职称结构

单位：人，%

项目		正高级	副高级	中级	初级		未定职级
					助理级	员级	
学前教育	人数	425	36620	236556	420977	151705	2344706
	占比	0.01	1.15	7.41	13.19	4.76	73.48
小学	人数	2589	660273	2704163	1936240	197826	1099708
	占比	0.04	10.00	40.97	29.33	3.00	16.66
初中	人数	3985	839480	1510438	1003307	68956	544955
	占比	0.10	21.14	38.04	25.26	1.74	13.72
普通高中	人数	7589	543817	714834	468573	28450	265078
	占比	0.37	26.81	35.24	23.10	1.40	13.07
普通高校	人数	214361	407449	479242	89560		79198
	占比	16.88	32.09	37.74	7.05		6.24
中等职业学校（机构）	人数	4462	167481	250022	154525		118957
	占比	0.64	24.08	35.95	22.22		17.11
专科层次职业高校	人数	27694	141762	217431	102258		81026
	占比	4.86	24.86	38.13	17.94		14.21
本科层次职业高校	人数	2077	6662	8818	3935		4068
	占比	8.13	26.06	34.50	15.39		15.92

资料来源：《中国教育统计年鉴 2021》。

（四）专任教师性别结构

2021 年，除学前教育和普通高校外，女性专任教师的占比都有所提高。小学女性专任教师占比为 72.29%，比 2020 年提高了 1.12 个百分点；初中女教师占比 59.77%，提高了 0.96 个百分点；普通高中女教师占比 56.52%，提高了 0.88 个百分点。学前教育占比最高，为 97.61%，但比 2020 年降低了 0.17 个百分点。普通高校占比为 49.59%，降低了 1.63 个百分点。2017~2021 年各级教育专任教师性别结构具体见表 13。

表 13 2017~2021 年各级教育专任教师性别结构

单位：人，%

项目		学前教育	小学	初中	普通高中	普通高校
2017 年	总数	2432138	5944910	3548688	1773953	1633248
	女	2378291	3994105	1974445	941702	813837
	占比	97.79	67.19	55.64	53.08	49.83
2018 年	总数	2581363	6091908	3638999	1812584	1672753
	女	2525667	4188201	2066233	976982	841680
	占比	97.84	68.75	56.78	53.90	50.32
2019 年	总数	2763104	6269084	3747429	1859242	1740145
	女	2702111	4389430	2165951	1017816	883138
	占比	97.79	70.02	57.80	54.74	50.75
2020 年	总数	2913426	6434178	3860741	1933228	1832982
	女	2848609	4578915	2270332	1075617	938789
	占比	97.78	71.17	58.81	55.64	51.22
2021 年	总数	3190989	6600799	3971121	2028341	1269810
	女	3114588	4772017	2373454	1146403	629756
	占比	97.61	72.29	59.77	56.52	49.59

资料来源：《中国教育统计年鉴 2021》。

本文还对 2021 年女性专任教师的职称结构进行了分析。结合上文，小学女教师总占比为 72.29%。在初级职称中，女教师占比为 79.51%（助理级）和 80.35%（员级）；中级职称中，女教师占比为 66.35%；副高级中，女教师占比为54.12%；正高级职称中，女教师占比为55.00%。

初中专任教师中，女教师占比59.77%。在初级职称中，女教师占比70.07%（助理级）和70.11%（员级）；中级职称中，女教师占比为55.79%；副高级职称中，女教师占比为45.70%；正高级职称中，女教师占比42.81%。

普通高中专任教师中，女教师占比为56.52%。在初级职称中，女教师占比为69.35%（助理级）和66.84%（员级）；中级职称中，女教师占比56.62%；副高级职称中，女教师占比为39.84%；正高级职称中，女教师占比28.32%。

普通高校专任教师中，女教师占比为49.59%。在初级职称中，女教师占比63.65%；中级职称中，女教师占比为55.81%；副高级职称中，女教师占比47.38%；正高级职称中，女教师占比30.76%。2021年各级教育女性专任教师职称结构具体见表14。

表14 2021年各级教育女性专任教师职称结构

单位：人，%

项目		正高级	副高级	中级	初级		未定职级
					助理级	员级	
小学	总数	2589	660273	2704163	1936240	197826	1099708
	女	1424	357312	1794110	1539504	158949	920718
	占比	55.00	54.12	66.35	79.51	80.35	83.72
初中	总数	3985	839480	1510438	1003307	68956	544955
	女	1706	383648	842624	703003	48347	394126
	占比	42.81	45.70	55.79	70.07	70.11	72.32
普通高中	总数	7589	543817	714834	468573	28450	265078
	女	2149	216641	404720	324949	19017	178927
	占比	28.32	39.84	56.62	69.35	66.84	67.50
普通高校	总数	214361	407449	479242	89560		79198
	女	65928	193058	267458	57002		46310
	占比	30.76	47.38	55.81	63.65		58.47

资料来源：《中国教育统计年鉴2021》。

三　高等学校科研情况

高等学校除了教育职能外，还承担了大量的科研工作。本文将从人力情况、科技经费情况和研究与发展课题成果情况等几个方面对2021年高等学校科研情况进行描述与分析。

（一）人力情况

2021年，普通高等学校中研究与发展全时人员为33.43万人，其中科学家和工程师为32.76万人，研究与发展成果应用及科技服务全时人员为4.47万人，其中科学家和工程师为4.39万人。较2020年的增长率分别为7.99%、8.18%、11.34%和12.19%。2017~2021年普通高等学校科技人力情况具体见表15。

表15　2017~2021年普通高等学校科技人力情况

单位：人

年份	研究与发展全时人员		研究与发展成果应用及科技服务全时人员	
	合计	其中:科学家和工程师	合计	其中:科学家和工程师
2017	248892	244638	29263	28851
2018	267070	262263	34734	34182
2019	509668	377065	64465	47812
2020	309617	302838	40191	39169
2021	334343	327596	44749	43945

资料来源：《中国教育统计年鉴2021》。

2021年，普通高等学校中社科活动人员数量为89.70万人，研究与发展人员数量为69.75万人。较2020年的增长率分别为6.47%、12.85%。2017~2021年普通高等学校人文、社会科学人力情况具体见表16。

表 16 2017~2021 年普通高等学校人文、社会科学人力情况

单位：人

年份	社科活动人员	研究与发展人员
2017	731023	498616
2018	764235	539023
2019	797470	564931
2020	842462	618048
2021	896954	697460

资料来源：《中国教育统计年鉴 2021》。

（二）科技经费情况①

2021 年，普通高校科技经费拨入总计为 2828.57 亿元，较 2020 年增加 255.40 亿元，增幅为 9.93%，其中政府资金、企事业单位委托资金、其他经费投入的增幅分别为 1.78%、24.44% 和 161.07%。普通高等学校科技经费情况具体见表 17。

2021 年，普通高校人文、社会科学研究与发展经费拨入总计为 312.48 亿元，较 2020 年增加 41.15 亿元，增幅为 15.17%。其中，政府资金、企事业单位委托资金和其他经费投入的增幅分别为 7.10%、29.64% 和 18.94%。支出总计 294.79 亿元，较 2020 年增加 40.28 亿元，增幅为 15.83%。其中，科研人员费、业务费、转拨给外单位经费和其他的增幅分别为 15.31%、17.74%、31.74% 和 11.42%。2017~2021 年普通高等学校人文、社会科学研究与发展经费情况具体见表 18。

（三）研究与发展课题成果情况

2021 年普通高等学校的研究与发展课题成果较上一年均有所增加。出版科技专著增加了 660 部，增长 10.73%；发表学士论文增加了 7.35 万篇，增长 6.50%；成果获奖增加了 430 项，增长 9.46%；技术转让收入增加 8.57 亿元，增长 20.59%；知识产权授权数增加 4.01 万项，增长 14.94%；

① 2021 年可能受疫情影响，科技经费支出出现异动，因此本文未对其进行分析。

表 17 2017~2021 年普通高等学校科技经费情况

单位：千元

年份	拨入				合计	支出			
	合计	政府资金	企事业单位委托	其他		劳务费	业务费	转拨外单位经费	其他
2017	177289273	113368145	50088082	13833046	155411687	26822073	77551524	12763600	38274490
2018	205269400	133482611	56000704	15786085	185630061	33593927	92816119	15807508	43412507
2019	245820225	159023487	64750419	22046319	223381397	43032876	109497222	19038852	51812447
2020	257317243	165746354	68109745	23461144	237509173	48603482	112274741	21949097	54681853
2021	282856896	168697351	84754144	61249112	710179	242941480	60414613	19389318	171213912

资料来源：《中国教育统计年鉴 2021》。

表 18 2017~2021 年普通高等学校人文、社会科学研究与发展经费情况

单位：千元

年份	拨入				合计	支出			
	合计	政府资金	企事业单位委托	其他		科研人员费	业务费	转拨外单位经费	其他
2017	17973199	10790538	4098049	3084611	16186808	4413538	7612921	141223	4019126
2018	21298705	12373304	4976183	3949218	19211826	5270757	9054838	157393	4728838
2019	25273464	14126409	6508759	4638295	23528056	6315493	11690088	223412	5299063
2020	27133155	15018340	7056661	5058154	25450570	7263512	12296764	300285	5590010
2021	31248185	16083976	9148182	6016027	29478514	8375580	14478824	395599	6228511

注：此处对表格进行了简化处理。拨入部分的政府资金包含政府资金、科技活动人员工资、科研基建费三项，其他含金融机构贷款、自筹经费、国外资金和其他收入；支出部分的其他含科研基建费、仪器设备费、图书资料费、管理费和其他。

资料来源：《中国教育统计年鉴 2021》。

专利出售实现金额增加 19.06 亿元，增长 23.50%。2017~2021 年普通高等学校研究与发展课题成果情况见表 19。

表 19　2017~2021 年普通高等学校研究与发展课题成果情况

年份	出版科技专著（部）	发表学士论文（篇）	成果获奖(项)		技术转让		知识产权授权数（项）	专利出售	
			合计	其中：国家奖	合同数（份）	收入（千元）		数量（项）	实现金额（千元）
2017	13824	957332	4787	280	12363	3659731	163157	5899	2931998
2018	5955	1026200	4774	311	11207	3405840	184934	6115	3390858
2019	6058	1083321	5325	317	13918	2874573	206036	9229	4039648
2020	6150	1129917	4547	9	19936	4161746	268450	15169	8108857
2021	6810	1203369	4977	246	23416	5018494	308548	16015	10014590

资料来源：《中国教育统计年鉴 2021》。

2021 年普通高等学校人文、社会科学研究与发展课题成果与上一年相比，出版专著数减少 158 部，下降 0.91%。发表论文数总计增加 1479 篇，增长 0.40%；研究与咨询报告被采纳数增加 6408 篇，增长 41.19%。2017~2021 年普通高等学校人文、社会科学研究与发展课题成果情况见表 20。

表 20　2017~2021 年普通高等学校人文、社会科学研究与发展课题成果情况

单位：部，篇

年份	出版专著	发表论文				研究与咨询报告	
		合计	国内学术刊物	国外学术刊物	港澳台刊物	合计	其中：被采纳数
2017	17584	350769	336751	13399	619	17749	8613
2018	17145	363712	348467	14757	488	22086	9474
2019	17306	364015	344888	18723	404	25805	11539
2020	17361	373614	349806	23384	424	33689	15559
2021	17203	375093	345871	28801	421	44874	21967

资料来源：《中国教育统计年鉴 2021》。

四　教育经费投入状况

根据《2021 年全国教育经费执行情况统计公告》，2021 年，全国教育

经费总投入为57873.67亿元，比上年增长9.13%。其中，国家财政性教育经费为45835.31亿元，比上年增长6.82%。

（一）全国一般公共预算教育经费

2021年全国一般公共预算教育经费（包括教育事业费、基建经费和教育费附加）为37463.36亿元，同口径比上年增长5.17%。其中，中央财政教育经费5612.00亿元，同口径比上年增长3.66%。[1]

（二）生均一般性公共预算教育经费

2021年全国按在校学生人数平均的一般公共预算教育经费为15356.59元，同口径比上年增长2.35%。[2] 各级教育中，生均一般性公共预算教育经费均有所增长。幼儿园为9505.84元，增幅最大，同口径比上年增长4.68%。普通小学为12380.73元，同口径比上年增长2.22%。普通初中为17772.06元，同口径比上年增长1.74%。普通高中为18808.71元，同口径比上年增长2.95%。中等职业学校为17095.26元，同口径比上年增长0.58%。普通高等学校为22586.42元，同口径比上年减少1.65%。2021年各级教育生均一般公共预算教育经费情况具体见表21。

表21　2021年各级教育生均一般公共预算教育经费情况

单位：元，%

项目	幼儿园	普通小学	普通初中	普通高中	中等职业学校	普通高等学校
2021年	9505.84	12380.73	17772.06	18808.71	17095.26	22586.42
同口径增幅	4.68	2.22	1.74	2.95	0.58	1.65

数据来源：《2021年全国教育经费执行情况统计公告》。

---

[1] 中华人民共和国教育部：《2021年全国教育经费执行情况统计公告》，http://www.moe.gov.cn/srcsite/A05/s3040/202212/t20221230_1037263.html。

[2] 中华人民共和国教育部：《2021年全国教育经费执行情况统计公告》，http://www.moe.gov.cn/srcsite/A05/s3040/202212/t20221230_1037263.html。

五 趋势分析

2021 年，面对内外环境的深刻变化，我国把教育看作新发展格局中的优先要素，全面提升教育事业发展水平，深化教育改革创新，推动教育高质量发展，实现了教育"十四五"的良好开端。根据上文的数据分析，我国教育事业单位的发展趋势总结如下。

（一）教育服务水平持续提升

教育服务水平的提升，表现在以下三个方面。一是实现各级各类教育全面普及。我国各级各类公办学校中，学校数量较 2020 年增加了 663 所，增长率为 0.19%；在校学生数量增加了 750.90 万人，增幅为 3.46%；专任教师数量增加 61.09 万人，涨幅达 4.28%。二是师资力量进一步优化。学历方面，各级各类教育中的教师学历层次不断提升，小学、初中、高中教师主体学历是本科及以上，高等学校教师学历则以博士研究生为多数。职称方面，各级各类教育中的教师职称结构逐步优化。小学、初中、高中和普通高校具有中高级职称教师的占比分别为 51.01%、59.28%、62.42% 和 86.71%。三是教育经费投入持续攀升。教育投入一直是公共财政的第一大支出，2021年，国家财政性教育经费占国内生产总值比例为 4.01%，连续十年做到"不低于 4%"。

（二）现代职业教育体系逐步建立

2021 年，职业教育发展迎来机遇期，我国连续出台职业教育利好政策，例如，出台《职业教育法》，从立法层面确立了职业教育与普通教育具有同等重要地位；出台《关于推动现代职业教育高质量发展的意见》，要求职业本科教育规模不低于高等职业教育招生规模的 10%；出台《本科层次职业学校设置标准（试行）》和《本科层次职业教育专业设置管理办法（试行）》，对本科层次职业教育学校和专业设置条件与要求、设置程序、设置指导与监督等作出了规定。2021年我国本科层次职业教育学校10所，学生13830人，专任教师9237人，完备了现代职业教育体系。

（三）高等学校科研能力不断增强

高等学校是科研创新的主力军和重大科技突破的重要策源地，其重要性不断攀升。2021年，普通高校科技经费拨入总计为2828.57亿元，较2020年增加255.40亿元，增幅为9.93%；普通高校人文、社会科学研究与发展经费拨入总计为312.48亿元，较2020年增加41.15亿元，增幅为15.17%。在科研经费的有力保障下，高等学校科研队伍不断壮大，科技成果转化成果丰硕：2021年，知识产权授权数增加4.01万项，增长14.94%；专利出售实现金额增加19.06亿元，增长23.50%；研究与咨询报告被采纳数增加6408篇，增长41.19%。

B.3
科研事业单位发展状况与趋势分析

毕苏波*

摘　要： 2021年，面对百年变局和世纪疫情，科研行业平稳发展，科研事业单位提供了强有力的支撑。本文基于《中国科技统计年鉴》等资料，分别从科研机构、人才队伍建设、科研经费、科研产出四个方面对科研事业单位发展状况进行描述，并由此得出：科研事业单位改革扎实推进，地方科研力量进一步发展，人员结构持续优化，基础研究占比稳步提高，科研产出量质齐升。

关键词： 科研事业单位　人才队伍建设　科研经费　科研产出

2021年是党和国家历史上具有里程碑意义的一年，我们隆重庆祝党的百年华诞，如期实现了第一个百年奋斗目标，在中华大地上全面建成了小康社会，历史性地解决了绝对贫困问题。同时，我们沉着应对百年大变局和世纪大疫情，构建新发展格局迈出新步伐，高质量发展取得新成效。2021年，科研事业进一步发展，作为科研行业中坚力量的科研事业单位发挥了不可忽视的作用。这一年，"强化国家战略科技力量""揭榜挂帅""基础研究""扩大经费使用自主权"等成为行业的关键词。本文基于《中国科技统计年鉴2021》等资料，分别从科研机构、人才队伍建设、科研经费、科研产出四个方面对科研事业单位进行描述，并以此分析未来发展趋势。

---

* 毕苏波，中国人事科学研究院事业单位管理研究室研究实习员，主要研究方向为事业单位岗位管理、人事制度等。

一 科研机构发展状况

（一）各级机构数量变化

2021 年，科研事业单位数量首次下降至 3000 家以下，为 2962 家，与 2020 年相比，减少 147 家，缩减 4.7%。从隶属关系来看，中央属单位增加 15 家，地方属单位减少了 162 家（见图 1）。

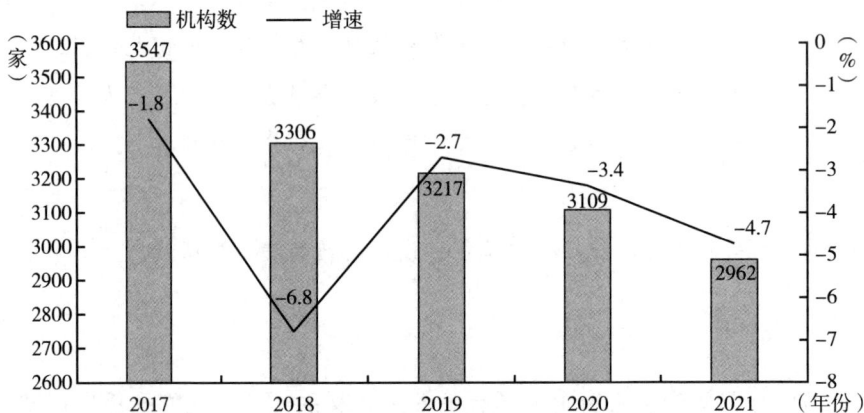

图 1　2017~2021 年科研事业单位数量变化

资料来源：《中国科技统计年鉴》，由笔者自制而成，下同。

（二）不同门类学科的机构数量变化

总体上，农业科学类和工程与技术科学类科研单位占比最大，分别为 993 家和 962 家，分别占比 33.5% 和 32.5%；人文与社会科学占比 17.8%，自然科学和医药科学分别占比 8.7% 和 7.5%（见图 2）。

相较于 2020 年，自然科学类科研事业单位数量不变，其他学科科研单位数量均下降，其中医药科学类科研单位数量下降 9%，幅度最大（见表 1）。

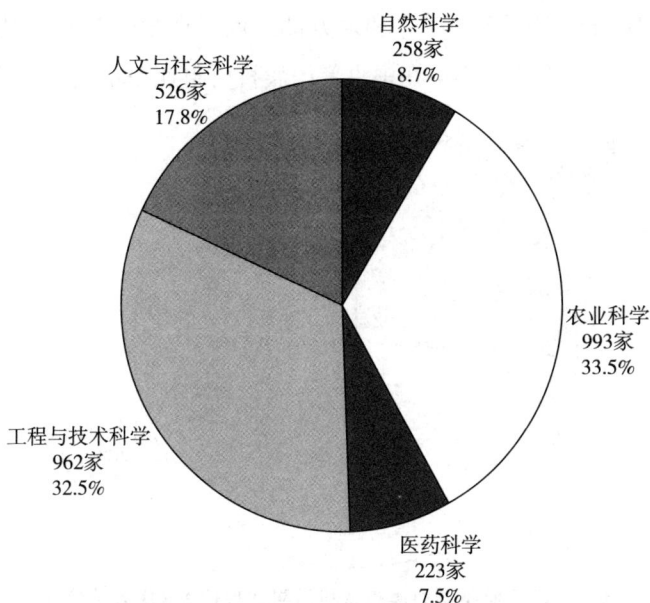

图 2　2021 年科研事业单位学科分布

表 1　2020~2021 年不同门类学科科研事业单位数量变化

单位：家，%

按门类学科分组	2020 年	2021 年	变化幅度
自然科学	258	258	0.0
农业科学	1074	993	−7.5
医药科学	245	223	−9.0
工程与技术科学	971	962	−0.9
人文与社会科学	561	526	−6.2

二　人才队伍建设状况

（一）研究与试验发展人员总量变化

2021 年，科研事业单位 R&D 人员数量为 52.9 万人，与上年相比增加 9000 余人，增长 1.9%。

按隶属关系划分，中央部门属科研事业单位 R&D 人员下降 0.7%，地方部门属单位增长 10.1%，中央和地方部门属科研事业单位占比基本保持不变，将近 3/4 的人员仍集中在中央部门属科研事业单位（见图 3）。

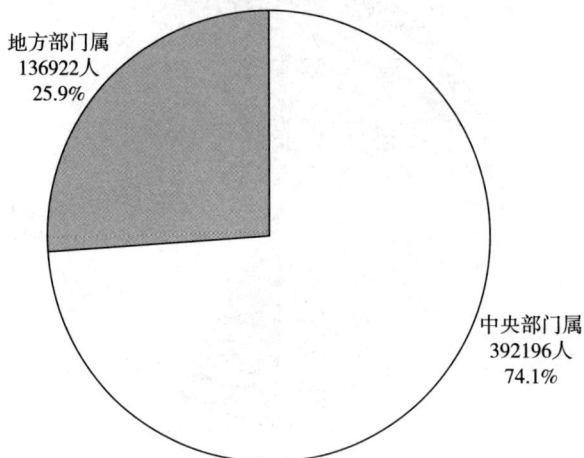

地方部门属
136922人
25.9%

中央部门属
392196人
74.1%

图 3　2021 年不同隶属关系科研事业单位 R&D 人员分布

按门类学科划分，2021 年，工程与技术科学 R&D 人员占比最大，为 57.3%，其次为自然科学 20.0%、农业科学 12.8%、医药科学 6.4%、人文与社会科学 3.5%（见图 4）。

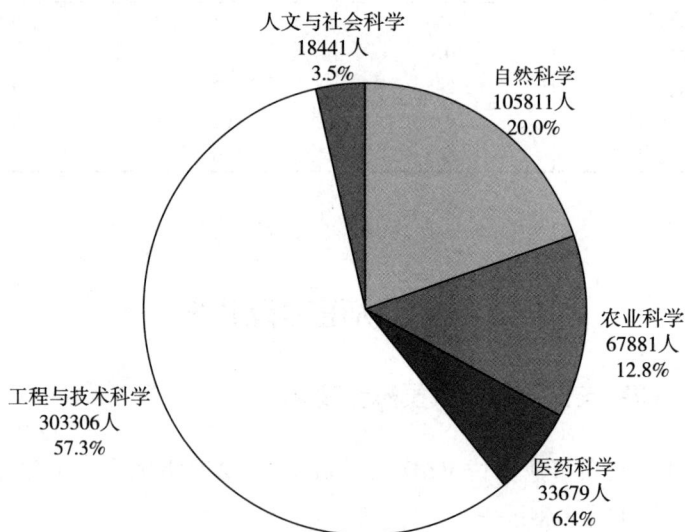

人文与社会科学
18441人
3.5%

自然科学
105811人
20.0%

农业科学
67881人
12.8%

医药科学
33679人
6.4%

工程与技术科学
303306人
57.3%

图 4　2021 年不同门类学科科研事业单位 R&D 人员分布

自然科学类研究人员增长 9.5%，增幅最大，农业科学、人文与社会科学、医药科学分别增长 5.2%、1.5%、0.1%，工程与技术科学下降了 1.0%。

（二）研究与试验发展机构人员性别结构变化

2021 年，科研事业单位中女性人员为 17.9 万人，占比达到 33.8%。与 2020 年相比，科研事业单位中女性人数增长 3.1%。

从隶属关系看，中央部门属科研事业单位女性人员 12.5 万人，地方部门属科研事业单位女性人员 5.4 万人。地方部门属科研事业单位中女性增长 6.5%，中央部门属科研事业单位女性增长 1.6%（见表 2）。

表 2　2020~2021 年不同隶属关系科研事业单位女性人员数量变化

单位：人，%

隶属关系	2020 年	2021 年	变化幅度
中央部门属	122917	124938	1.6
地方部门属	50421	53713	6.5

从学科来看，与 2020 年相比，自然科学类科研事业单位女性人员增幅最大，增长 12.5%，其次为农业科学、人文与社会科学、医药科学，增幅分别为 4.3%、4.1% 和 0.2%，工程与技术科学下降 0.6%（见表 3）。

表 3　2020~2021 年不同门类学科科研事业单位女性人员数量变化

单位：人，%

按门类学科分组	2020 年	2021 年	变化幅度
自然科学	35030	39399	12.5
农业科学	25706	26818	4.3
医药科学	18545	18574	0.2
工程与技术科学	85636	85090	-0.6
人文与社会科学	8421	8770	4.1

截至 2021 年，医药科学类科研事业单位女性研究人员占比超过半数，达到 55.2%，人文与社会科学类科研事业单位女性占比 47.6%，工程与技术科学类科研事业单位女性人员占比 28.1%（见图 5）。

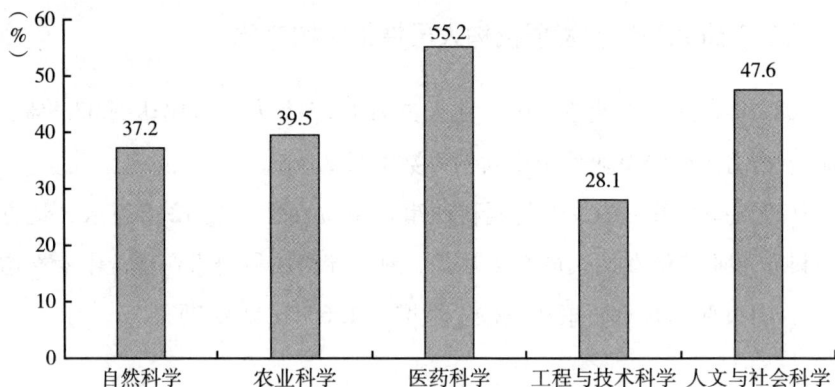

图 5　2021 年各门类学科科研事业单位女性人员占比情况

（三）研究与试验发展机构人员学历结构变化

2021 年，科研事业单位学历层次进一步提高。R&D 人员中拥有博士学历的人数为 12.3 万人，占比 23.3%；硕士学历人数 20.2 万人，占比 38.1%。目前科研事业单位学历以硕士学历为主。博士和硕士学历人数呈上升趋势，其中博士增长 17.9%，硕士增长 2.7%（见图 6）。

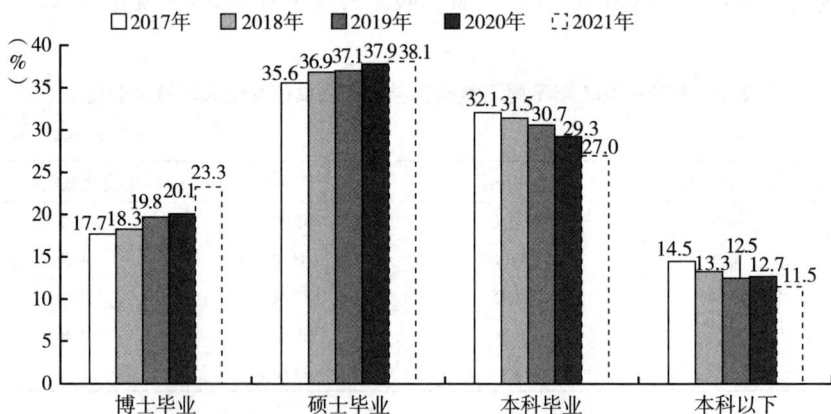

图 6　2017~2021 年科研事业单位各层次学历变化

从门类学科来看，与 2020 年相比，自然科学类科研事业单位博士人数增幅最大，为 25.8%，工程与技术科学、农业科学、医药科学类科研事业单位博士人数分别增长 14.9%、14.8%、14.8%，人文与社会科学类科研事业单位博士人数下降了 1.3%（见表 4）。

表4　2020~2021 年不同门类学科科研事业单位博士数量变化

单位：人，%

按门类学科分组	2020 年	2021 年	变化幅度
自然科学	37891	47677	25.8
农业科学	12319	14141	14.8
医药科学	8279	9501	14.8
工程与技术科学	40043	46024	14.9
人文与社会科学	6066	5985	-1.3

截至 2021 年，自然科学类科研事业单位的硕博比例最高，为 71.3%，其次为人文与社会科学 66.2%。医药科学、工程与技术科学、农业科学分别为 59.7%、59.7%、53.9%（见图 7）。

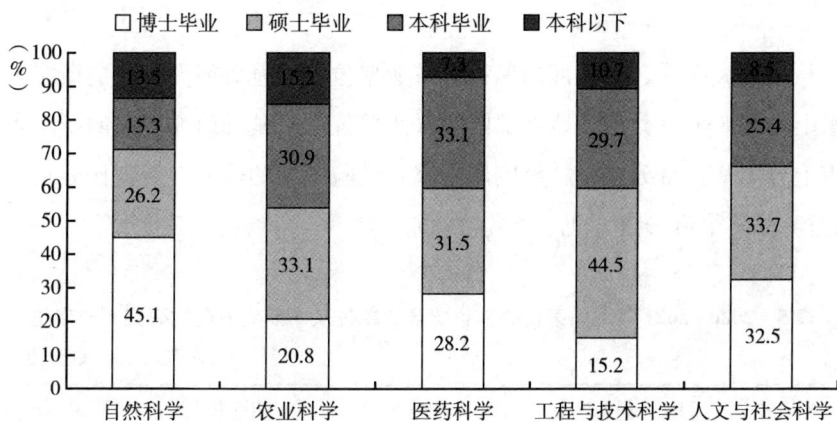

图7　2021 年不同门类学科科研事业单位学历情况

（四）研究与试验发展机构人员研究方向变化

总体上，科研事业单位中从事基础研究和应用研究的研究人员比重上升，分别增加 0.9 个百分点和 0.7 个百分点，从事试验发展的研究人员比重下降 1.7 个百分点。2021 年，以试验发展为主、应用研究和基础研究为辅的研究人员投入格局维持不变（见图 8）。

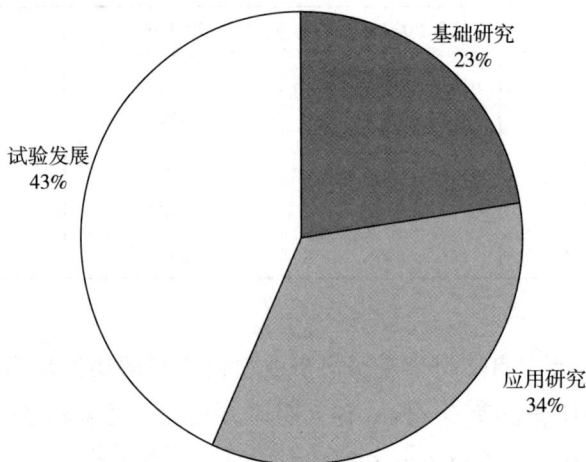

图 8　2021 年科研事业单位学科分布

从隶属关系看，中央部门属科研事业单位从事基础研究方向的研究人员比重上升 0.8 个百分点。地方部门属科研单位从事基础研究方向的研究人员比重上升 1.9 个百分点，从事应用研究、试验发展的研究人员占比分别下降 1.5 个、0.4 个百分点（见表 5）。

表 5　2020~2021 年不同隶属关系科研事业单位从事研究方向的研究人员变化

单位：%，百分点

隶属关系	研究方向	2020 年	2021 年	变化幅度
	基础研究	23.4	24.2	0.8
中央部门属	应用研究	34.5	36.0	1.5
	试验发展	42.1	39.8	-2.3

续表

隶属关系	研究方向	2020 年	2021 年	变化幅度
地方部门属	基础研究	20.2	22.1	1.9
	应用研究	33.1	31.6	−1.5
	试验发展	46.7	46.3	−0.4

从门类学科看，医药科学、人文与社会科学、农业科学、工程与技术科学类科研事业单位从事基础研究的研究人员占比进一步增长，分别增加4.7个、4.4个、2.2个、1.2个百分点，自然科学类科研事业单位从事基础研究的研究人员占比下降4.0个百分点（见表6）。

表6 2020~2021年各门类学科科研事业单位从事研究方向的研究人员变化

单位：%，百分点

门类学科	研究方向	2020 年	2021 年	变化幅度
自然科学	基础研究	55.8	51.8	−4.0
	应用研究	30.2	32.7	2.5
	试验发展	14.0	15.5	1.5
农业科学	基础研究	16.8	19.0	2.2
	应用研究	24.0	23.7	−0.3
	试验发展	59.2	57.3	−1.9
医药科学	基础研究	33.4	38.1	4.7
	应用研究	46.0	42.1	−3.9
	试验发展	20.7	19.8	−0.9
工程与技术科学	基础研究	12.5	13.7	1.2
	应用研究	35.3	36.6	1.3
	试验发展	52.2	49.7	−2.5
人文与社会科学	基础研究	37.4	41.8	4.4
	应用研究	49.3	46.8	−2.5
	试验发展	13.3	11.4	−1.9

截至 2021 年，各个学科形成了具有各自特点的研究方向分布：自然科学以基础性研究为主，农业科学、工程与技术科学以试验发展为主，医药科学、人文与社会科学以应用研究为主（见图9）。

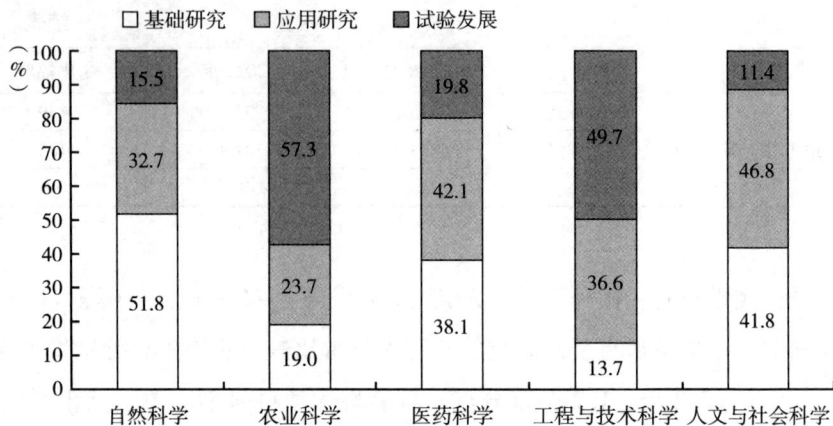

图9 各门类学科研究方向的研究人员占比情况

三 科研经费状况

科研经费支出包括内部支出和外部支出，内部支出指机构用于内部开展R&D活动（基础研究、应用研究和试验发展）的实际支出；外部支出则指本机构委托外单位或与外单位合作而拨给对方的经费。本文主要研究内部支出状况。

（一）R&D经费内部支出总量

2021年，R&D经费内部支出增长放缓。截至2021年，R&D经费内部支出为3717.9亿元，相比2020年增长9.1%（见图10）。

从学科层面看，工程与技术科学内部支出占比最大，达到72%，其次为自然科学（15%）（见图11）。

自然科学支出增幅较大，增长16.3%，人文与社会科学、医药科学、工程与技术科学、农业科学增幅分别为15.8%、8.6%、7.8%、5.6%（见表7）。

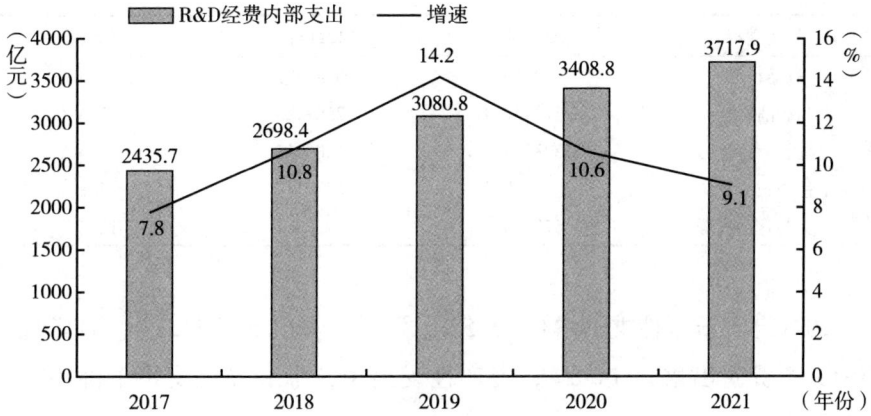

图 10 2017～2021 年来 R&D 经费内部支出变化

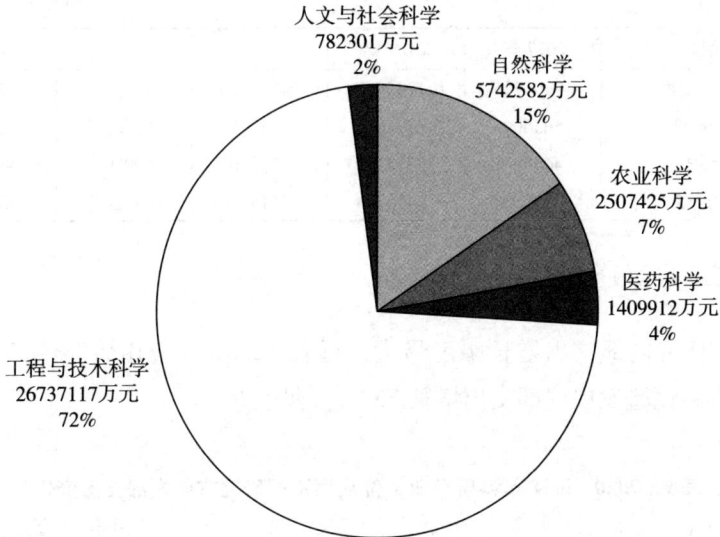

图 11 2021 年各学科科研事业单位内部支出分布

表7 2020~2021年不同门类学科科研事业单位内部支出变化

单位：万元，%

门类学科	2020年	2021年	变化幅度
自然科学	4939516.5	5742582	16.3
农业科学	2373977.4	2507425	5.6
医药科学	1298548.4	1409912	8.6
工程与技术科学	24800660.1	26737117	7.8
人文与社会科学	675505.9	782301	15.8

2021年，日常性支出增长13.5%，资产性支出下降11.4%。日常性支出中劳务费支出增长14.8%，资产性支出中仪器和设备支出下降10.5%（见表8）。

表8 2017~2021年科研事业单位内部支出具体项目变化

单位：万元

项目	2017年	2018年	2019年	2020年	2021年
日常性支出	19707125	21705145	24817236	27990286	31765671
#劳务费	5636095	6791098	7732363	8652903	9930656
资产性支出	4649855	5278398	5991060	6097922	5401974
#仪器和设备支出	2885534	3410724	3619938	3922898	3510927

（二）R&D经费内部支出结构

基础研究内部支出增长幅度最大，增长12.6%，应用研究内部支出增长10.3%，试验发展内部支出增长7.3%（见表9）。

表9 2020~2021年科研事业单位从事不同研究方向内部支出变化

单位：万元，%

研究方向	2020年	2021年	变化幅度
基础研究	5739237.5	6461090	12.6
应用研究	10845161.8	11963472	10.3
试验发展	17503809	18774446	7.3

基础研究内部支出占比进一步上升，由 2020 年的 16.8% 升至 2021 年的 17.4%。

从学科来看，自然科学应用研究和试验发展支出占比上升，分别增长 2.0 个和 0.8 个百分点，基础研究支出占比下降 2.8 个百分点。农业科学基础研究和应用研究支出占比分别上升 2.3 个、0.3 个百分点，试验发展占比下降 2.7 个百分点。医药科学基础研究支出占比增大，应用研究和试验发展支出占比分别下降 4.8 个、2.3 个百分点。工程与技术科学基础研究和应用研究支出占比分别上升 0.1 个、0.3 个百分点，试验发展支出占比下降 0.4 个百分点。人文与社会科学基础研究和试验发展支出占比增加，应用研究支出占比呈现下降趋势（见表 10）。

表 10　2020～2021 年各门类学科科研事业单位从事不同研究方向内部支出变化

单位：%，百分点

门类学科	研究方向	2020 年	2021 年	变化幅度
自然科学	基础研究	49.6	46.8	-2.8
	应用研究	34.3	36.3	2.0
	试验发展	16.1	16.9	0.8
农业科学	基础研究	13.7	16.0	2.3
	应用研究	23.9	24.2	0.3
	试验发展	62.4	59.7	-2.7
医药科学	基础研究	29.9	37.0	7.1
	应用研究	45.0	40.2	-4.8
	试验发展	25.1	22.8	-2.3
工程与技术科学	基础研究	9.3	9.4	0.1
	应用研究	31.0	31.3	0.3
	试验发展	59.8	59.4	-0.4
人文与社会科学	基础研究	40.3	42.6	2.3
	应用研究	47.6	43.9	-3.7
	试验发展	12.1	13.5	1.4

（三）R&D 经费支出来源

R&D 经费内部支出中，来源于政府资金增长 5.6%，来源于企业资金增长 50.9%，国外资金增长 16.5%（见表 11）。

表 11　2020~2021 年科研事业单位 R&D 经费支出来源变化

单位：万元，%

来源	2020 年	2021 年	变化幅度
政府资金	28473979.1	30070999	5.6
企业资金	1351321.9	2038944	50.9
国外资金	37246.1	43402	16.5
其他资金	4225661.2	5025992	18.9

在占比上，同比变化波动不大，截至 2021 年，政府资金占比 80.9%，其他资金①占比 13.5%，企业资金占比 5.5%，国外资金占比 0.1%（见图 12）。

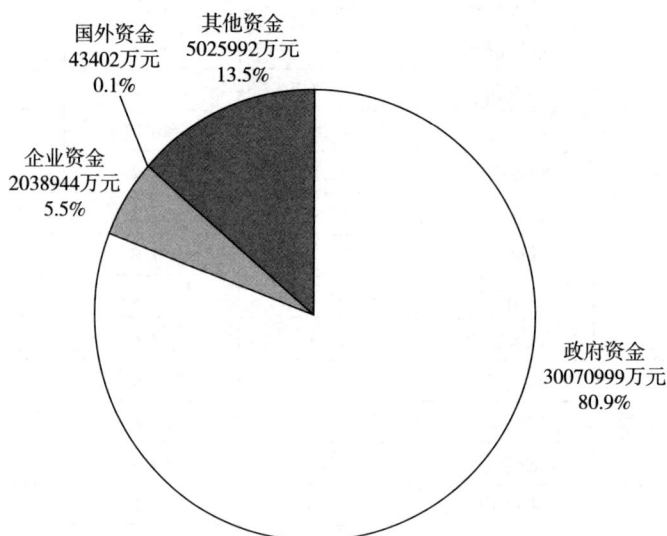

国外资金
43402万元
0.1%

其他资金
5025992万元
13.5%

企业资金
2038944万元
5.5%

政府资金
30070999万元
80.9%

图 12　2021 年科研事业单位 R&D 经费支出来源分布

---

① 其他资金主要包括社会组织等在内的机构提供的科研资金。

四　科研产出状况

2021年，我国科研事业稳步发展，取得了丰硕成果，在课题、论文、著作、专利申请等方面均增长迅速。

（一）研发与开发机构课题

2021年，我国科研事业单位课题数增长4.4%，达到13.6万项。其中，中央部门属科研事业单位课题数增长4.6%，地方部门属事业单位课题数增长4.1%。

在学科上，自然科学、工程与技术科学、医药科学、人文与社会科学的课题数均出现增长，增幅分别为8.4%、4.0%、3.6%、1.4%。农业科学课题数与上年基本持平（见表12）。

表12　2020~2021年不同门类学科科研事业单位课题数量变化

单位：项，%

门类学科	2020年	2021年	变化幅度
自然科学	42682	46263	8.4
农业科学	26092	26089	0.0
医药科学	10464	10836	3.6
工程与技术科学	43280	45000	4.0
人文与社会科学	7571	7679	1.4

（二）研究与开发机构科技论文

2021年，我国发表科技论文195668篇，增长0.9%，其中国外发表的科技论文数量增长4.8%。

从隶属关系上看，中央部门属科研事业单位科技论文数量增长2.6%，地方部门属科研事业单位科技论文数量下降2.6%。中央部门属科研事业单位科技论文数量占比进一步上升（见图13）。

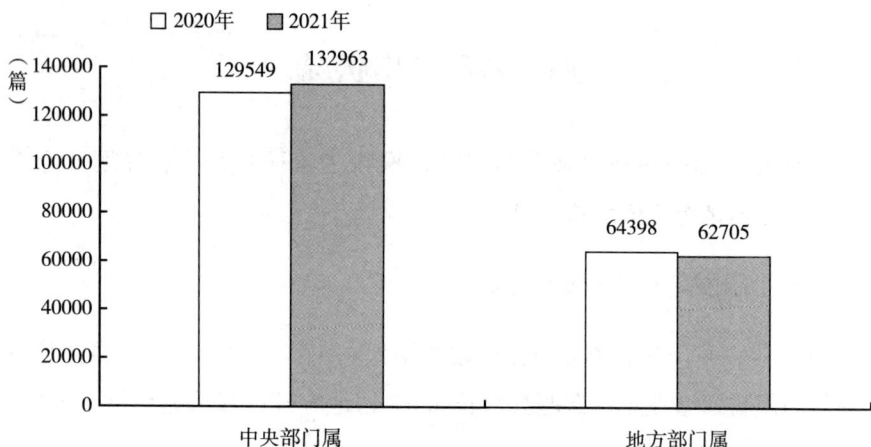

图13　2020～2021年不同隶属关系科技论文数量变化

从门类学科上看，2021年，医药科学科技论文数量增长最快，增幅达8.7%，其次为自然科学、农业科学，分别增长1.0%、0.9%。人文与社会科学、工程与技术科学分别下降2.6%、0.5%（见表13）。

表13　2020～2021年不同门类学科科研事业单位科技论文数量变化

单位：篇，%

门类学科	2020年	2021年	变化幅度
自然科学	46680	47135	1.0
农业科学	34299	34602	0.9
医药科学	21944	23857	8.7
工程与技术科学	68681	68321	-0.5
人文与社会科学	22343	21753	-2.6

（三）研究与开发机构科技著作

出版科技著作从2020年的5706种下降到2021年的5619种，下降1.5%。

从隶属关系上看，中央部门属科研事业单位科技著作种类和地方部门属科技著作种类均有下降，分别下降1.6%、1.4%。2021年，中央部门属事业单位发表科技著作种类占比 51.9%，地方占比 48.1%。

从门类学科来看，工程与技术科学类科研事业单位科技著作种类增幅较大，增长 10.8%，其次为农业科学，增长 9.5%，医药科学、人文与社会科学、自然科学分别下降 18.3%、7.3%、4.9%（见表 14）。

表 14　2020～2021 年不同门类学科科研事业单位科技著作数量变化

单位：种，%

门类学科	2020 年	2021 年	变化幅度
自然科学	639	608	−4.9
农业科学	1148	1257	9.5
医药科学	772	631	−18.3
工程与技术科学	1134	1256	10.8
人文与社会科学	2013	1867	−7.3

（四）研究与开发机构专利数

专利申请数增长 9.8%，截至 2021 年，已达 8.2 万件，其中发明专利增长 11.6%。有效发明专利增长 10.1%（见表 15）。

表 15　2020～2021 年科研事业单位专利情况变化

单位：件，%

项目	2020 年	2021 年	变化幅度
专利申请数	74601	81879	9.8
#发明专利	57477	64132	11.6
有效发明专利	192340	211737	10.1

从隶属关系上看，中央部门属科研事业单位专利申请数量增长 6.4%，地方部门属科研事业单位专利申请数量增长 21.8%，比重上升。中央部门属科研事业单位有效发明专利增长 7.2%，地方部门属科研事业单位有效发明专利增长 26.0%（见表 16）。

表16　2020～2021年不同隶属关系科研事业单位专利情况变化

单位：件，%

项目	隶属关系	2020年	2021年	变化幅度
专利申请数	中央部门属	58301	62030	6.4
	地方部门属	16300	19849	21.8
#发明专利	中央部门属	48210	52688	9.3
	地方部门属	9267	11444	23.5
有效发明专利	中央部门属	162940	174690	7.2
	地方部门属	29400	37047	26.0

从门类学科看，农业科学、医药科学、工程与技术科学、自然科学专利申请数量分别增长14.4%、9.9%、9.3%、7.5%，人文与社会科学下降3.9%。有效发明专利上，自然科学、农业科学、医药科学、工程与技术科学分别增长19.1%、14.4%、14.2%、6.4%，人文与社会科学下降4.4%（见表17）。

表17　2020～2021年不同门类学科科研事业单位专利情况变化

单位：件，%

项目	门类学科	2020年	2021年	变化幅度
专利申请数	自然科学	11567	12436	7.5
	农业科学	10656	12189	14.4
	医药科学	2663	2926	9.9
	工程与技术科学	49563	54182	9.3
	人文与社会科学	152	146	−3.9
#发明专利	自然科学	10014	10502	4.9
	农业科学	5996	7067	17.9
	医药科学	1391	1800	29.4
	工程与技术科学	40010	44691	11.7
	人文与社会科学	66	72	9.1
有效发明专利	自然科学	35312	42067	19.1
	农业科学	26615	30446	14.4
	医药科学	6455	7374	14.2
	工程与技术科学	123685	131589	6.4
	人文与社会科学	273	261	−4.4

（五）研究与开发机构成果转化

总的来看，2021年我国专利所有权转让及许可数为4720件，增长1.6%，专利所有权转让及许可收入为300286万元，增长98.8%。

从隶属关系上看，中央部门属科研事业单位专利所有权转让及许可数呈现下降趋势，专利所有权转让及许可收入增长也慢于地方部门属科研事业单位（见表18）。

表18　2020~2021年不同隶属关系科研事业单位成果转化情况变化

项目	隶属关系	2020年	2021年	变化幅度(%)
专利所有权转让及许可数(件)	中央部门属	4054	3852	-5.0
	地方部门属	591	868	46.9
专利所有权转让及许可收入(万元)	中央部门属	141822.1	271238	91.3
	地方部门属	9241.7	29048	214.3

从门类学科看，在专利所有权转让及许可数上，自然科学、农业科学、工程与技术科学均保持上升趋势，其中自然科学增长幅度最大，增长114.4%，医药科学、人文与社会科学呈下降趋势，分别下降82.3%、80.0%；在专利所有权转让及许可收入方面，工程与技术科学、农业科学、自然科学、医药科学分别增长136.2%、127.5%、71.0%、21.5%（见表19）。

表19　2020~2021年不同门类学科科研事业单位成果转化情况变化

项目	门类学科	2020年	2021年	变化幅度(%)
专利所有权转让及许可数(件)	自然科学	630	1351	114.4
	农业科学	501	786	56.9
	医药科学	1314	232	-82.3
	工程与技术科学	2195	2350	7.1
	人文与社会科学	5	1	-80.0

续表

项目	门类学科	2020 年	2021 年	变化幅度（%）
专利所有权转让及许可收入（万元）	自然科学	57574	98443	71.0
	农业科学	7945	18072	127.5
	医药科学	15907	19329	21.5
	工程与技术科学	69617	164443	136.2
	人文与社会科学	21	——	——

五 趋势分析

1.科研事业单位改革扎实推进

自 2014 年以来，科研事业单位机构数实现九连降。江苏省、内蒙古自治区、黑龙江省、山西省等省份均在 2021 年完成试点工作。2021 年 10 月 7日，黑龙江省已经如期完成改革任务，全省精简事业单位 2735 个，收回事业编制 8.3 万人。2021 年 5 月 14 日，山西省事业单位重塑性改革总结大会召开，山西省直事业单位机构从 1205 个精简为 370 个，精简 69%；编制从6.7 万名减至 2.7 万名，精简约 60%。而市、县两级的事业单位改革也于2021 年 6 月底前基本完成。江西省、山东省、河北省、北京市、四川省、河南省等省份也已启动试点工作。其中值得注意的便是河南省事业单位重塑性改革。2021 年 11 月 30 日，河南省直事业单位重塑性改革动员部署会议召开。此次重塑性改革重点便是人员结构的优化和职能功能的再造，强调要强化公益属性，重塑职能体系，把优化功能职能放在首位，按照专业性、技术性、研究性定位，划分公益类别；立足协同高效，优化布局结构，着力解决规模过小、职责交叉等问题；着眼统筹使用，科学配置编制，该减的坚决核减，该充实的切实加强，真正把编制资源用在刀刃上；坚持协调联动，推进专项改革。坚持"一类事项原则上由一个单位统筹、一件事情原则上由一个单位负责"；突出建章立制，完善治理体系。在此背景下，以河南省科学院重建重振、河南省社会科学院重塑性改革为代表的科研单位改革也取得了突破性的进展。河南省科学院按照"大部制"+"以研究所办院""以实验室办院""以产业研究院办院"模式，确立在党委领导下的新型研发机构定位，对机构、项目、人才等实行分类管理，创新科研管理、项目运行、资金运作、成果转化、激励评价等机制，加强法治保障，营造良好生态，充分调动科研人员的积极性、创造性。

2. 地方科研力量进一步发展

前文数据显示，2021年，地方科研事业单位集中了25.9%的R&D人员，汇聚了24%的硕博学历人员，创造了30%的课题量，产出了32%的科技论文、48.1%的科技著作、24%的专利申请数、18%的发明专利、17%的有效发明专利、18%的专利所有权转让及许可数。相较于2020年，这些数据均有所上升。

3. 人员结构持续优化

科研人员学历层次进一步提高。2021年R&D人员中拥有硕博学历的人数为32.5万人，占比61%，相较于2020年的58%，增加3个百分点。女性占比进一步提升。2021年科研事业单位中女性人员为17.9万人，占比达到33.8%。与2020年相比，科研事业单位中女性人数增长3.1%。同时，在国家层面，为进一步激发女性科技人才创新活力，科技部等13个部门于2021年6月印发《关于支持女性科技人才在科技创新中发挥更大作用的若干措施》，要求坚持性别平等、机会平等，为女性科技人才成长进步、施展才华、发挥作用创造更好环境。

4. 基础研究占比稳步提高

基础研究的人员投入抑或是经费投入均呈现上升趋势。在人员投入上，科研事业单位中从事基础研究的人员比重上升，增加0.9个百分点。从隶属关系看，中央部门属科研事业单位从事基础研究方向的人员比重上升0.8个百分点，地方比重上升1.9个百分点。从门类学科看，医药科学、人文与社会科学、农业科学、工程与技术科学类科研事业单位从事基础研究的人员占比进一步增长，分别增加4.7个、4.4个、2.2个、1.2个百分点。

5.科研产出量质齐升

2021年，我国在课题、论文、专利申请等关键指标上稳中有增。2021年，我国课题数达到13.6万项，增长4.4%；科技论文数量195668篇，增长0.9%，其中国外发表的科技论文数量增长4.8%；专利申请数增长9.8%，截至2021年，已达8.2万件，其中发明专利增长11.6%。有效发明专利增长10.1%。专利所有权转让及许可数为4720件，增长1.6%，专利所有权转让及许可收入为300286万元，增长98.8%。

B.4
文化事业单位发展状况与趋势分析

甘亚雯*

摘　要： 发展文化事业是满足人民精神文化需求、保障人民文化权益的基本途径。我国文化事业发展正面临结构性变革，本文主要从文化事业发展、人才队伍、经费状况等方面对以公共图书馆、博物馆、艺术表演场馆、文物保护管理机构、美术馆等为代表的主要文化机构进行分析，提出我国公共文化服务模式不断创新，更具专业化、标准化、智慧化、数字化等特点。

关键词： 文化事业单位　人才队伍　数字化

一　文化事业发展状况

文化事业单位是满足人民精神文化需求的重要载体。本文统计的文化事业单位主要包括公共图书馆、博物馆、艺术表演场馆、文物保护管理机构、美术馆、群众文化机构等。

（一）公共图书馆

2021 年，全国公共图书馆总藏量 126178 万册（件），较上年增加了 8248 万册（件），增幅为 6.99%；总流通人次 74614 万，较上年增加了 20468 万，增幅为 37.80%（见图 1）；书刊、文献外借 58730 万册次，较上

---

* 甘亚雯，中国人事科学研究院事业单位管理研究室助理研究员，主要研究方向为事业单位绩效考核等。

年增加了 16643 万册次，增幅为 39.54%；本年新购藏量 7407 万册（件），较上年增加了 675 万册（件），增幅为 10.03%（见图 2）；外借 23809 万人次，较上年增加了 6342 万人次，增幅为 36.31%；为读者举办各种活动（包括组织各类讲座、举办展览与培训班）150713 次，较上年降低了 9593 次，参加人次 11892.49 万，较上年增长了 28.16%。

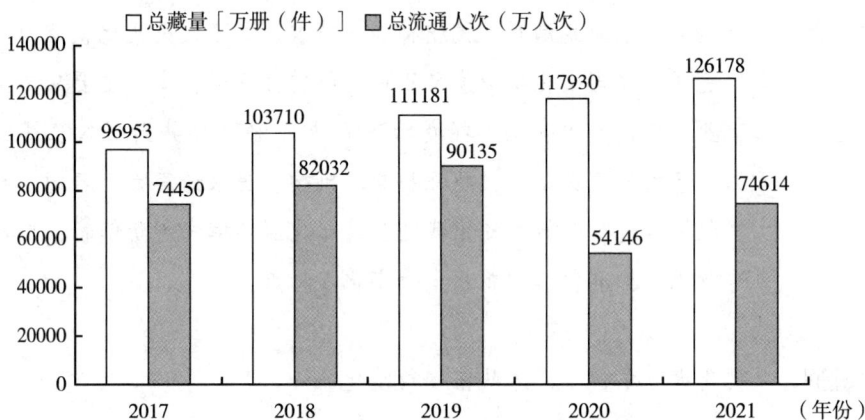

图 1　2017~2021 年公共图书馆总藏量与总流通人次

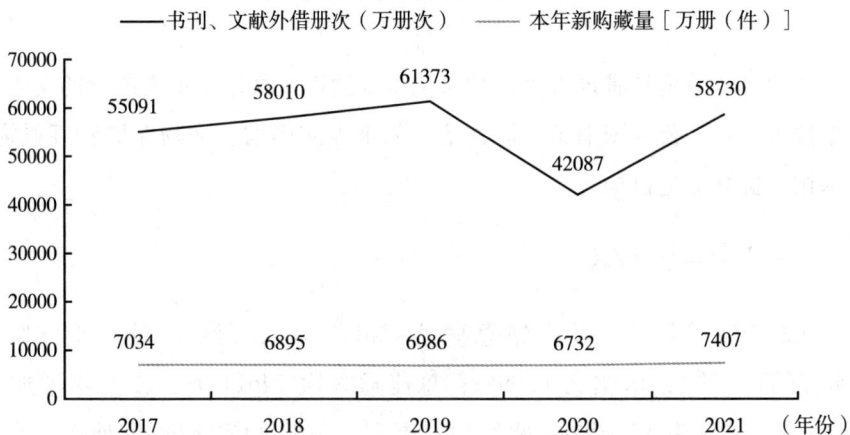

图 2　2017~2021 年公共图书馆书刊、文献外借册次及本年新购藏量

资料来源：《中国文化文物和旅游统计年鉴》。

2021 年，全国公共图书馆实际使用房屋建筑面积 1914.2 万平方米，较上年增加了 128.4 万平方米；全国每万人公共图书馆建筑面积 135.5 平方米，较上年增加了 9.0 平方米；全国公共图书馆阅览室座席 134.4 万个，较上年增加了 7.9 万个；全国人均拥有公共图书馆藏量 0.89 册（件），较上年增加了 0.05 册（件）。

（二）博物馆

近年来，我国博物馆的社会功能逐步完善，展陈质量不断提升，在文化传播中发挥重要作用。2021 年，全国博物馆藏品 4664.83 万件（套），较上年增长了 8.0%；本年新增藏品数 68.29 万件（套），较上年降低了 47.21%；基本陈列 16799 个，临时展览 15132 个，分别较上年增长了 8.57% 和 23.57%；参观 74850.45 万人次，较上年增长了 42.16%（见表 1），其中，未成年参观 18122.24 万人次，较上年增长了 48.34%。全年举办社会教育活动 323244 次，参加活动 29538.21 万人次，举办线上展览 13619 个。

表 1 2020~2021 年博物馆藏品数、基本陈列、展览数及参观人次

年份	藏品数 ［万件（套）］	基本陈列 （个）	临时展览 （个）	参观人次 （万人次）
2020	4319.09	15473	12246	52652.35
2021	4664.83	16799	15132	74850.45
增幅（%）	8.0	8.57	23.57	42.16

资料来源：《中国文化文物和旅游统计年鉴》。

全国博物馆按机构类型可以划分为综合性博物馆、历史类博物馆、自然科技类博物馆、艺术类博物馆、其他博物馆等。目前我国博物馆主要以综合性博物馆和历史类博物馆为主，2021 年，全国博物馆机构数 5772 个，其中，综合性博物馆 1985 个，历史类博物馆 1955 个，占比分别为 34.39% 和 33.87%，艺术类博物馆 593 个，自然科技类博物馆 222 个，其他博物馆 1017 个，占比分别为 10.27%、3.85% 和 17.62%（见图 3）。

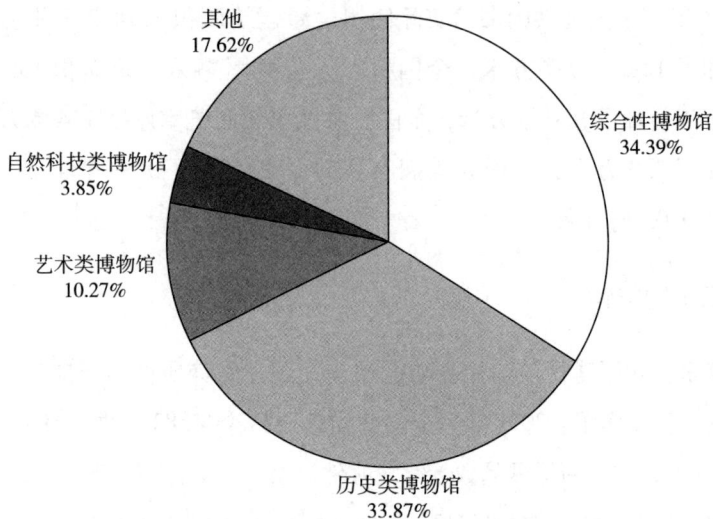

图3　主要类型博物馆的占比情况

资料来源：《中国文化文物和旅游统计年鉴》。

（三）艺术表演团体

2021年，全国文化和旅游部门执行事业会计制度的艺术表演团体共演出20万场，演出观众13058万人次，较上年分别增长了5.25%和下降了0.02%（见表2），其中，国内演出19.51万场，农村演出13.07万场，国内演出观众12670.61万人次，农村观众8276.84万人次。本团原创首演剧目1464个，较上年增长了2.8%；线上演出展播18.23万场，较上年降低了10.59%，线上演出展播观众112159.57万人次，较上年增长了11.52%。政府采购的公益演出8.99万场，观众5714.02万人次，分别比上年降低了1.75%和3.23%。

表2　2017~2021年执行事业会计制度的艺术表演团体演出场次及观众人次

单位：万场，万人次

项目	2017年	2018年	2019年	2020年	2021年
演出场次	28	29	29	19	20
观众人次	25619	23306	22353	13061	13058

资料来源：《中国文化文物和旅游统计年鉴》。

（四）艺术表演场馆

2021 年，全国文化和旅游部门执行事业会计制度的艺术表演场馆演出 16 万场，较上年增加了 60%，演出观众 1427 万人次，较上年增长了 28.56%（见表 3）。座席数 455876 个，较上年降低了 6.32%；演（映）出 15.82 万场，较上年增长了 57.41%，其中，惠民演出 0.81 万场，较上年降低了 30.17%。

表 3　2017~2021 年执行事业会计制度的艺术表演场馆演出场次及观众人次

单位：万场，万人次

项目	2017 年	2018 年	2019 年	2020 年	2021 年
演出场次	48	35	32	10	16
观众人次	3319	3370	2980	1110	1427

资料来源：《中国文化文物和旅游统计年鉴》。

（五）群众文化活动机构

2021 年，全国群众文化活动机构提供文化服务 2521666 次，文化服务惠及 83289.37 万人次，分别较上年增长了 30.9% 和 47.87%；组织文艺活动 1391490 次，参加人次 62140.26 万，分别较上年增长了 27.78% 和 44.06%；举办展览 167497 个，参观人次 14258.57 万，分别较上年增长了 21.42% 和 64.04%。举办训练班 920740 次，较上年增长了 37.64%；组织公益性讲座 41939 次，较上年增长了 36.85%（见表 4）。

表 4　2020~2021 年群众文化机构业务基本情况

年份	文化服务次数（次）	文艺活动次数（次）	展览个数（个）	训练班次（次）	公益性讲座次数（次）
2020	1926480	1088949	137945	668940	30646
2021	2521666	1391490	167497	920740	41939
增幅（%）	30.90	27.78	21.42	37.64	36.85

资料来源：《中国文化文物和旅游统计年鉴》。

（六）文物保护管理机构

2021 年，全国文物保护管理机构拥有文物藏品 882221 件（套），较上年增长了 1.41%；本年新增藏品 48683 件（套），较上年增长了 120.06%；基本陈列、临时展览 1220 个，较上年增长了 3.21%；参观人次 9415.1 万，较上年增长了 7.72%，其中，未成年人参观人次 1757.67 万，较上年增长了 31.17%（见表 5）。

表 5　2020~2021 年文物保护管理机构业务基本情况

年份	文物藏品数（件）	本年新增藏品（件）	基本陈列、展览（个）	参观人次（万人次）	未成年人参观人次（万人次）
2020	869933	22123	1182	8740.52	1339.91
2021	882221	48683	1220	9415.1	1757.67
增幅(%)	1.41	120.06	3.21	7.72	31.17

资料来源：《中国文化文物和旅游统计年鉴》。

（七）美术馆

2021 年，全国美术馆藏品数为 668259 件，较上年增长了 5.04%；全年共举办年度展览 7526 个，较上年增长了 25.68%；参观人次达 3515.84 万，其中未成年人参观人次为 788.28 万，分别较上年增长了 60.78% 和 47.61%。

表 6　2020~2021 年美术馆业务基本情况

年份	藏品数（件）	年度展览总量（个）	参观人次（万人次）	未成年人参观人次（万人次）
2020	636186	5988	2186.76	534.02
2021	668259	7526	3515.84	788.28
增幅(%)	5.04	25.68	60.78	47.61

资料来源：《中国文化文物和旅游统计年鉴》。

二　机构基本情况

（一）主要文化机构数

2021 年，我国主要文化机构数整体较上年有所下降。公共图书馆 3215 个，较上年增长了 0.09%；博物馆 5772 个，较上年增长了 5.87%；全国文化和旅游部门执行事业会计制度的艺术表演场馆 705 个，较上年降低了 5.87%；文物保护管理机构 2257 个，较上年降低了 33.09%；美术馆 682 个，较上年增加了 10.36%；群众文化机构 43531 个，较上年降低了 0.36%。（见表 7）。

表 7　2020~2021 年全国主要文化机构数及增幅

单位：个，%

年份	公共图书馆	博物馆	艺术表演场馆	文物保护管理机构	美术馆	群众文化机构
2020	3212	5452	749	3373	618	43687
2021	3215	5772	705	2257	682	43531
增幅	0.09	5.87	-5.87	-33.09	10.36	-0.36

资料来源：《中国文化文物和旅游统计年鉴》。

（二）经费状况

近年来，文化和旅游事业费占国家财政支出的比重整体呈增长趋势，人均文化和旅游事业费不断增加。2021 年，全国文化和旅游事业费 1132.88 亿元，较上年增加了 44.62 亿元，增幅为 4.1%；文化和旅游事业费占财政总支出的比重为 0.46%，较上年增加 0.02 个百分点；全国人均文化和旅游事业费 80.2 元，较上年增加了 3.12 元，增幅为 4.05%（见表 8）。

表8 2017~2021年全国文化事业经费基本情况

年份	2017	2018	2019	2020	2021
全国文化和旅游事业费(亿元)	855.90	928.33	1065.02	1088.26	1132.88
占国家财政比重(%)	0.42	0.42	0.45	0.44	0.46
全国人均文化和旅游事业费(元)	61.56	66.53	76.07	77.08	80.2

资料来源:《中国文化文物和旅游统计年鉴》。

三 人才队伍情况

(一)主要文化机构从业人员基本情况

2021年,全国执行事业会计制度的文化机构从业人员681535人,较上年增加12157人,增幅为1.82%。其中,公共图书馆从业人员59301人,较上年增长了2.28%;博物馆从业人员125704人,较上年增长了5.71%;公有制艺术表演团体从业人员73635人,较上年降低了1.72%;公有制艺术表演场馆从业人员10088人,较上年降低了12.5%;文物保护管理机构从业人员30212人,较上年降低了5.47%;美术馆从业人员6249人,较上年增加了14.3%(见表9)。

表9 2020~2021年全国主要文化机构从业人数

单位:人,%

年份	公共图书馆	博物馆	艺术表演场馆	艺术表演团体	文物保护管理机构	美术馆
2020	57980	118913	11531	74923	31959	5467
2021	59301	125704	10088	73635	30212	6249
增幅	2.28	5.71	−12.5	−1.72	−5.47	14.3

资料来源:《中国文化文物和旅游统计年鉴》。

(二)主要文化机构专业技术人员基本情况

2021年,全国执行事业会计制度的文化机构共有专业技术人员256752

人，较上年降低了0.28%，具有正高级职称的人员9948人，占比为3.87%；具有副高级职称的人员36830人，占比为14.34%；具有中级职称的人员92943人，占比为36.20%（见表10）。

表10　2020~2021年执行事业会计制度的文化机构专业技术人员基本情况

单位：人，%

年份	人数及占比	正高级职称	副高级职称	中级职称
2020	人数	9759	35249	91976
	占比	3.79	13.69	35.72
2021	人数	9948	36830	92943
	占比	3.87	14.34	36.20

2021年，公共图书馆正高级职称938人，副高级职称6475人，中级职称18979人；博物馆正高级职称2350人，副高级职称6518人，中级职称17228人；执行事业会计制度的艺术表演团体正高级职称3263人，副高级职称9861人，中级职称20286人；执行事业会计制度的艺术表演场馆正高级职称79人，副高级职称352人，中级职称1310人；文物保护管理机构正高级职称165人，副高级职称1151人，中级职称3800人；美术馆正高级职称272人，副高级职称680人，中级职称1470人（见表11）。

表11　2021年执行事业会计制度的主要文化机构专业技术人员基本情况

单位：人，%

项目	正高级职称		副高级职称		中级职称	
	人数	较上年增长	人数	较上年增长	人数	较上年增长
公共图书馆	938	1.63	6475	5.63	18979	0.59
博物馆	2350	6.14	6518	6.64	17228	4.10
艺术表演团体	3263	-2.36	9861	1.84	20286	0.12
艺术表演场馆	79	-17.71	352	-17.18	1310	-10.15
文物保护管理机构	165	10.0	1151	6.57	3800	0.16
美术馆	272	7.94	680	14.86	1470	7.22

资料来源：《中国文化文物和旅游统计年鉴》。

四 我国文化事业单位发展总体特点

综合以上数据，我国文化事业单位发展主要呈现以下几个特点。

（一）文化事业发展注重群众需求，推进公共文化服务模式创新

近年我国主要文化机构为满足观众需求提供的基本陈列、展览以及演出展播等各类文艺活动种类多样、数量繁多，参观人次屡创新高。为方便更多观众参与，文化事业单位注重将数字技术应用于公共文化服务创新，线上展览、演出展播次数进一步增加，服务方式更加智慧化、数字化。

（二）人才队伍稳步增长，公共文化服务水平进一步提升

我国执行事业会计制度的文化机构从业人员数量整体呈增长趋势，以博物馆、文物保护管理机构、美术馆为代表的文化机构，高级职称人才数量增幅较明显，国家注重文化领域专业人才队伍建设，进一步推进公共文化服务水平提升。

五 我国文化事业单位发展趋势

（一）文化事业发展态势良好，市场前景广阔

国家高度重视弘扬中华优秀传统文化，注重文物和文化遗产保护传承，支持文化产业发展。我国初步建成覆盖城乡的公共文化服务设施网络，主要文化产品和文化服务规模位居世界前列，文化发展的全面性、协调性和可持续性不断彰显，全民族的文化创造力得到充分激发。

（二）系统推进文化事业高质量发展

推动文化事业高质量发展，要坚持政府主导、社会参与、共建共享等原

则，增强公共文化服务发展动力，提升公共文化服务效能，提供优质文化产品，培育和促进文化消费。与此同时，健全文化事业法律体系，为保障人民群众的文化权益和文化事业的繁荣发展提供法律支撑。

（三）提升基本公共文化服务数字化水平

国家从顶层设计层面，对如何建设国家文化数据库做出了全局性、系统性部署，绘就了未来一段时期推动数字文化产业高质量发展的新蓝图，依托国家文化大数据体系建设形成系统的数字化采集、管理与开发模式，积极优化数字化基础建设，开展文化数字共享，强化文化数据库建设，提升文化数字化传播水平。

B.5
卫生事业单位发展状况
与趋势分析

朱祝霞　彭志文　刘洋[*]

摘　要： 本文在分析 2021 年全国卫生事业基本状况、卫生机构发展情况、人才队伍状况和卫生经费等相关数据的基础上，提出我国卫生事业单位的发展呈现以下四个趋势：服务能力上升，医疗卫生事业向高质量发展迈进；队伍规模不断壮大，人员结构进一步优化；公立医院薪酬水平提高，医务人员待遇得到相应保障；专业公共卫生机构投入保持在较高水平，公共卫生服务职能得以巩固。

关键词： 医疗卫生　事业单位　公立医院

2021 年，我国卫生事业立足于贯彻实施健康中国战略，坚持以人民健康为中心，不断深化医药卫生体制改革。卫生事业单位在认真落实党中央、国务院关于实施健康中国战略和深化医药卫生体制改革的决策部署中发挥着重要作用。本文以《中国卫生健康统计年鉴》等数据为基础，分析 2020～2021 年我国卫生事业单位发展状况及其发展趋势。

---

* 朱祝霞，管理学博士，中国人事科学研究院事业单位管理研究室副主任、副研究员，主要研究方向为事业单位管理、公务员管理；彭志文，经济学博士，北京邮电大学经济管理学院副教授、博士生导师，主要研究方向为宏观经济；刘洋，北京邮电大学经济管理学院硕士研究生，主要研究方向为数字经济。

一 卫生事业基本状况

2021 年，全国医疗卫生机构总诊疗人次达 847203.3 万人次，居民平均就诊次数为 6.0 人次；全国医疗卫生机构入院人次数达 24732 万人次，居民年住院率为 17.53%；全国医疗卫生机构床位 945.01 万张，病床使用率为 69.28%。公立医院诊疗人次为 327098.3 万人次；入院人次数为 16409.9 万人次；公立医院床位数为 520.77 万张，病床使用率为 80.3%。

（一）医疗卫生机构总体情况

1.总诊疗人次

2021 年，全国医疗卫生机构总诊疗人次达 847203.3 万人次。其中，医院、基层医疗卫生机构和专业公共卫生机构诊疗人次分别为 388380.1 万人次、425023.7 万人次和 33671.2 万人次，占比分别为 45.84%、50.17% 和 3.97%。

与 2020 年相比，全国医疗卫生机构总诊疗人次增加了 73098.5 万人次，增幅为 9.44%。其中，医院、基层医疗卫生机构和专业公共卫生机构诊疗人次分别增加了 56092.2 万人次、13418.3 万人次和 3618.7 万人次，增幅分别为 16.88%、3.26% 和 12.04%。医院和专业公共卫生机构诊疗人次占比分别提高了 2.91 个百分点和 0.09 个百分点，基层医疗卫生机构诊疗人次占比下降了 3.0 个百分点（见表1）。

表1 2020~2021 年各类医疗卫生机构诊疗人次及其占比

单位：万人次，%

项目	人次及其占比	医院	基层医疗卫生机构	专业公共卫生机构	其他医疗卫生机构	合计
2020 年	人次	332287.9	411614.4	30052.5	150.0	774104.8
	占比	42.93	53.17	3.88	0.02	100.00
2021 年	人次	388380.1	425023.7	33671.2	128.3	847203.3
	占比	45.84	50.17	3.97	0.02	100.00

2. 总入院人次数

2021 年，全国医疗卫生机构入院人次数达 24732 万人次。其中，医院、基层医疗卫生机构和专业公共卫生机构入院人次数分别为 20155 万人次、3592 万人次和 963 万人次，占比分别为 81.49%、14.52% 和 3.89%。

与 2020 年相比，全国医疗卫生机构入院人次数增加了 1719 万人次，增幅为 7.47%。其中，医院和专业公共卫生机构入院人次数分别增加了 1803 万人次和 32 万人次，增幅分别为 9.82% 和 3.44%。基层医疗卫生机构入院人次数减少了 115 万人次，降幅为 3.10%。医院入院人次数占比上升了 1.75 个百分点，基层医疗卫生机构和专业公共卫生机构入院人次数占比分别下降了 1.59 个和 0.16 个百分点（见表 2）。

表 2　2020~2021 年各类医疗卫生机构入院人次数及其占比

单位：万人次，%

项目	人次数及其占比	医院	基层医疗卫生机构	专业公共卫生机构	其他医疗卫生机构	合计
2020 年	人次数	18352	3707	931	22	23013
	占比	79.74	16.11	4.05	0.10	100.00
2021 年	人次数	20155	3592	963	22	24732
	占比	81.49	14.52	3.89	0.09	100.00

3. 总床位数

2021 年，全国医疗卫生机构床位数为 945.01 万张。其中，医院、基层医疗卫生机构和专业公共卫生机构床位数分别为 741.42 万张、169.98 万张和 30.16 万张，占比分别为 78.45%、17.99% 和 3.19%。

与 2020 年相比，全国医疗卫生机构总床位数增加了 34.94 万张，增幅为 3.84%。其中，医院、基层医疗卫生机构和专业公共卫生机构床位数分别增加了 28.30 万张、5.04 万张和 0.55 万张，增幅分别为 3.97%、3.05% 和 1.85%。医院床位数占比上升了 0.09 个百分点，基层医疗卫生机构和专业公共卫生机构床位数占比分别下降了 0.13 个和 0.06 个百分点（见表 3）。

表3　2020~2021年各类医疗卫生机构床位数

单位：万张，%

项目	床位数及其占比	医院	基层医疗卫生机构	专业公共卫生机构	其他医疗卫生机构	合计
2020年	床位数	713.12	164.94	29.61	2.41	910.07
	占比	78.36	18.12	3.25	0.26	100.00
2021年	床位数	741.42	169.98	30.16	3.45	945.01
	占比	78.45	17.99	3.19	0.37	100.00

2021年，全国医疗卫生机构病床使用率为69.28%。其中，医院、基层医疗卫生机构和专业公共卫生机构病床使用率分别为74.60%、47.38%和58.79%。

与2020年相比，全国医疗卫生机构病床使用率上升了1.63个百分点。其中，医院和专业公共卫生机构病床使用率分别上升了2.30和0.96个百分点。基层医疗卫生机构病床使用率下降了1.83个百分点（见表4）。

表4　2020~2021年各类医疗卫生机构病床使用率

单位：%

项目	医院	基层医疗卫生机构	专业公共卫生机构	其他医疗卫生机构	合计
2020年	72.30	49.21	57.83	44.44	67.65
2021年	74.60	47.38	58.79	44.55	69.28

（二）公立医疗卫生机构情况

1. 公立医院诊疗人次

2021年，公立医院诊疗人次为327098.3万人次，占医院诊疗人次的84.22%，占所有医疗卫生机构总诊疗人次的38.61%。与2020年相比，公立医院诊疗人次增加了47904.5万人次，增幅为17.16%，占医院诊疗人次的比重上升了0.20个百分点，占所有医疗卫生机构总诊疗人次的比重上升了2.54个百分点（见表5）。

表5 2020~2021年公立医院诊疗人次及其占比情况

单位：万人次，%

项目	诊疗人次	诊疗人次/医院诊疗人次	诊疗人次/总诊疗人次
2020年	279193.8	84.02	36.07
2021年	327098.3	84.22	38.61

2.公立医院入院人次数

2021年，公立医院入院人次数为16409.9万人次，占医院入院人次数的81.42%，占所有医疗卫生机构总入院人次数的66.35%。与2020年相比，公立医院入院人次数增加了1574.5万人次，增幅为10.61%，占医院入院人次数的比重上升了0.58个百分点，占所有医疗卫生机构总入院人次数的比重上升了1.88个百分点（见表6）。

表6 2020~2021年公立医院入院人次数及其占比情况

单位：万人次，%

项目	入院人次数	公立入院人次数/医院入院人次数	公立入院人次数/总入院人次数
2020年	14835.4	80.84	64.47
2021年	16409.9	81.42	66.35

3.公立医院床位数

2021年，公立医院床位数为520.77万张，占医院床位数的70.24%，占所有医疗卫生机构床位数的55.11%。与2020年相比，公立医院床位数增加了11.71万张，增幅为2.30%，占医院床位数的比重下降了1.14个百分点，占所有医疗卫生机构总床位数的比重下降了0.83个百分点（见表7）。

表7 2020~2021年公立医院床位数及其占比情况

单位：万张，%

项目	床位数	床位数/医院床位数	床位数/总床位数
2020年	509.06	71.38	55.94
2021年	520.77	70.24	55.11

2021年公立医院病床使用率为80.3%，比2020年增加了2.9个百分点。

二 卫生机构发展情况

2021年，全国医疗卫生机构数为1030935个，其中，医院、基层医疗卫生机构和专业公共卫生机构占比分别为3.55%、94.84%和1.29%。公立医疗卫生机构数为535520个，其中，公立医院、基层医疗卫生机构（公立）和专业公共卫生机构（公立）占比分别为2.20%、95.07%和2.41%。

（一）机构数总量

2021年，全国医疗卫生机构数为1030935个。其中，医院、基层医疗卫生机构和专业公共卫生机构数分别为36570个、977790个和13276个，占比分别为3.55%、94.84%和1.29%。

与2020年相比，全国医疗卫生机构增加了8013个，增幅为0.78%。其中，医院和基层医疗卫生机构分别增加了1176个和7754个，增幅分别为3.32%和0.80%，专业公共卫生机构减少了1216个，降幅为8.39%。医院和基层医疗卫生机构占比分别上升了0.09个百分点和0.01个百分点，专业公共医疗卫生机构占比下降了0.13个百分点（见表8）。

表8 2020~2021年各类医疗卫生机构数及其占比

单位：个，%

项目	机构数及其占比	医院	基层医疗卫生机构	专业公共卫生机构	其他医疗卫生机构	合计
2020年	机构数	35394	970036	14492	3000	1022922
	占比	3.46	94.83	1.42	0.29	100.00
2021年	机构数	36570	977790	13276	3299	1030935
	占比	3.55	94.84	1.29	0.32	100.00

（二）公立机构数

2021年，全国公立医疗卫生机构数为535520个。其中，公立医院、基层医疗卫生机构（公立）和专业公共卫生机构（公立）分别为11804个、509128个和12906个，占比分别为2.20%、95.07%和2.41%。

与2020年相比，全国公立医疗卫生机构减少了3247个，降幅为0.60%。其中，公立医院、基层医疗卫生机构（公立）和专业公共卫生机构（公立）分别减少了66个、1761个和1300个，降幅分别为0.56%、0.34%和9.15%。基层医疗卫生机构（公立）占比上升了0.24个百分点，公立医院占比无变化，专业公共医疗卫生机构（公立）占比下降了0.23个百分点（见表9）。

表9　2020~2021年各类公立医疗卫生机构数及其占比

单位：个，%

项目	机构数及其占比	公立医院	基层医疗卫生机构（公立）	专业公共卫生机构（公立）	其他医疗卫生机构（公立）	合计
2020年	机构数	11870	510889	14206	1802	538767
	占比	2.20	94.83	2.64	0.33	100.00
2021年	机构数	11804	509128	12906	1682	535520
	占比	2.20	95.07	2.41	0.31	100.00

三　人才队伍状况

2021年，全国卫生人员总数为1398.54万人，其中，卫生技术人员为1124.42万人，执业（助理）医师为428.76万人，注册护士为501.94万人，医护比为1∶1.17；全国医师日均担负诊疗人次为7.3人次，日均担负住院床日为1.6床日。公立机构卫生人员数为1031.17万人，其中，卫生技术人员为835.37万人，执业（助理）医师为308.25万人，注册护士为372.63万人，医护比为1∶1.21；公立医院医师日均担负诊疗人次为7.0人次，日均担负住院床日为2.2床日。

（一）卫生人员总体情况

1. 卫生人员总数

2021 年，全国卫生人员数为 1398.54 万人。其中，医院、基层医疗卫生机构和专业公共卫生机构卫生人员数分别为 848.12 万人、443.16 万人和 95.82 万人，占比分别为 60.64%、31.69% 和 6.85%。

与 2020 年相比，全国卫生人员数增加了 51.04 万人，增幅为 3.79%。其中，医院、基层医疗卫生机构和专业公共卫生机构卫生人员数分别增加了 36.92 万人、9.19 万人和 3.33 万人，增幅分别为 4.55%、2.12% 和 3.60%。医院卫生人员数占比上升了 0.44 个百分点，基层医疗卫生机构和专业公共卫生机构卫生人员数占比分别下降了 0.52 个百分点和 0.01 个百分点（见表 10）。

表 10　2020~2021 年各类医疗卫生机构卫生人员数及其占比

单位：万人，%

项目	人数及其占比	医院	基层医疗卫生机构	专业公共卫生机构	其他医疗卫生机构	合计
2020 年	人数	811.20	433.97	92.49	9.83	1347.50
	占比	60.20	32.21	6.86	0.73	100.00
2021 年	人数	848.12	443.16	95.82	11.44	1398.54
	占比	60.64	31.69	6.85	0.82	100.00

2. 卫生技术人员数

2021 年，卫生技术人员为 1124.42 万人，在卫生人员中占比为 80.40%。与 2020 年相比，增加了 56.62 万人，增幅为 5.30%（见表 11）。

表 11　2020~2021 年卫生人员数及其占比

单位：万人，%

项目	卫生技术人员	卫生人员	卫生技术人员占比
2020 年	1067.80	1347.50	79.24
2021 年	1124.42	1398.54	80.40

2021年，卫生技术人员中，执业（助理）医师为428.76万人，注册护士为501.94万人，医护比为1∶1.17。

与2020年相比，执业（助理）医师增加了20.19万人，增幅为4.94%。注册护士增加了31.07万人，增幅为6.60%。医护比略有提升（见表12）。

表12　2020~2021年医护人员数与医护比

单位：万人

项目	执业（助理）医师	注册护士	医护比
2020年	408.57	470.87	1∶1.15
2021年	428.76	501.94	1∶1.17

3. 医师工作负荷

2021年，全国医师日均担负诊疗人次为7.3人次。其中，医院、基层医疗卫生机构和专业公共卫生机构医师日均担负诊疗人次分别为6.5人次、8.5人次和7.6人次。与2020年相比，全国医师日均担负诊疗人次增加了0.5人次。其中，医院、基层医疗卫生机构和专业公共卫生机构医师日均担负诊疗人次分别增加了0.6人次、0.2人次和0.5人次。

2021年，全国医师日均担负住院床日为1.6床日。其中，医院、基层医疗卫生机构和专业公共卫生机构医师日均担负住院床日分别为2.2床日、0.5床日和1.0床日。与2020年相比，全国医师日均担负住院床日基本无变化，仅基层医疗卫生机构减少了0.1床日。

（二）公立机构卫生人员情况

1. 公立机构卫生人员总数

2021年，全国公立机构卫生人员数为1031.17万人。其中，公立医院、基层医疗卫生机构（公立）和专业公共卫生机构（公立）卫生人员数分别为646.38万人、286.37万人和93.72万人，占比分别为62.68%、27.77%和9.09%。

与 2020 年相比，全国公立机构卫生人员数增加了 26.85 万人，增幅为 2.67%。其中，公立医院和专业公共卫生机构（公立）卫生人员数分别增加了 25.09 万人和 3.12 万人，增幅分别为 4.04% 和 3.45%。公立医院和专业公共卫生机构（公立）卫生人员数占比分别上升了 0.82 个和 0.07 个百分点（见表 13）。

表 13　2020~2021 年各类公立医疗卫生机构卫生人员数及其占比

单位：万人，%

项目	人数及其占比	公立医院	基层医疗卫生机构（公立）	专业公共卫生机构（公立）	其他医疗卫生机构（公立）	合计
2020 年	人数	621.29	287.44	90.60	4.99	1004.32
	占比	61.86	28.62	9.02	0.50	100.00
2021 年	人数	646.38	286.37	93.72	4.69	1031.17
	占比	62.68	27.77	9.09	0.46	100.00

2. 公立机构卫生技术人员数

2021 年，卫生技术人员为 835.37 万人，在卫生人员中占比为 81.01%。与 2020 年相比，增加了 32.48 万人，增幅为 4.05%（见表 14）。

表 14　2020~2021 年公立机构卫生技术人员数及其占比

单位：万人，%

项目	卫生技术人员	卫生人员	卫生技术人员占比
2020 年	802.89	1004.32	79.94
2021 年	835.37	1031.17	81.01

2021 年，卫生技术人员中，执业（助理）医师为 308.25 万人，注册护士为 372.63 万人，医护比为 1∶1.21。

与 2020 年相比，执业（助理）医师增加了 11.68 万人，增幅为 3.94%。注册护士增加了 18.47 万人，增幅为 5.22%。医护比略有提升（见表 15）。

表 15　2020~2021 年医护人员数与医护比

单位：万人

项目	执业（助理）医师	注册护士	医护比
2020 年	296.57	354.16	1∶1.19
2021 年	308.25	372.63	1∶1.21

3. 公立医院医师工作负荷

2021 年，公立医院医师日均担负诊疗人次为 7.0 人次，与 2020 年相比增加 0.7 人次；日均担负住院床日为 2.2 床日，与 2020 年相比基本持平。

四　卫生经费状况

2021 年，全国各类医疗卫生机构总收入为 54824.02 亿元，财政补助收入占比为 16.66%；医院门诊病人次均医药费用为 329.1 元，住院病人人均医药费用为 11002.3 元；人均人员经费为 13.54 万元。全国各类公立医疗卫生机构总收入为 46113.53 亿元，财政拨款收入占比为 19.62%；公立医院门诊病人次均医药费用为 320.9 元，住院病人人均医药费用为 11673.7 元；人均人员经费为 16.02 万元。

（一）医疗卫生机构总体情况

1. 收入情况

2021 年，全国各类医疗卫生机构总收入为 54824.02 亿元。其中，医院、基层医疗卫生机构和专业公共卫生机构收入分别为 40904.56 亿元、8900.17 亿元和 3934.12 亿元，占比分别为 74.61%、16.23% 和 7.18%。

与 2020 年相比，全国医疗卫生机构总收入增加了 6134.04 亿元，增幅为 12.60%。其中，医院、基层医疗卫生机构和专业公共卫生机构收入分别增加了 4034.26 亿元、1380.50 亿元和 300.23 亿元，增幅分别为 10.94%、18.36% 和 8.26%。医院收入占比下降了 1.11 个百分点，基层医疗卫生机构和专业公共卫生机构收入占比分别提高了 0.79 个百分点和下降了 0.28 个百分点（见表 16）。

表 16　2020~2021 年各类医疗卫生机构收入及其占比

单位：亿元，%

项目	收入及其占比	医院	基层医疗卫生机构	专业公共卫生机构	其他医疗卫生机构	合计
2020 年	收入	36870.30	7519.67	3633.89	666.12	48689.98
	占比	75.72	15.44	7.46	1.37	100.00
2021 年	收入	40904.56	8900.17	3934.12	1085.17	54824.02
	占比	74.61	16.23	7.18	1.98	100.00

2021 年，全国各类医疗卫生机构总收入中的财政拨款收入占比为 16.66%。其中，医院、基层医疗卫生机构和专业公共卫生机构的财政补助收入占比分别为 10.58%、30.05% 和 47.24%。

与 2020 年相比，全国各类医疗卫生机构总收入中的财政拨款收入占比降低了 3.29 个百分点。其中，医院、基层医疗卫生机构和专业公共卫生机构财政拨款收入占比分别降低了 3.39 个、3.03 个和 5.45 个百分点（见表 17）。

表 17　2020~2021 年各类医疗卫生机构财政拨款收入占比

单位：%

项目	医院	基层医疗卫生机构	专业公共卫生机构	其他医疗卫生机构	合计
2020 年	13.97	33.08	52.69	24.16	19.95
2021 年	10.58	30.05	47.24	25.27	16.66

2021 年，全国各类医疗卫生机构总收入中的事业收入占比为 77.93%。其中，医院、基层医疗卫生机构和专业公共卫生机构的事业收入占比分别为 86.71%、59.72% 和 44.55%。

与 2020 年相比，全国各类医疗卫生机构总收入中的事业收入占比上升了3.06个百分点。其中，医院、基层医疗卫生机构和专业公共卫生机构的事业收入占比分别上升了4.10个、1.97个和3.25个百分点（见表18）。

表18 2020~2021年各类医疗卫生机构事业收入占比

单位：%

项目	医院	基层医疗卫生机构	专业公共卫生机构	其他医疗卫生机构	合计
2020年	82.61	57.75	41.30	22.95	74.87
2021年	86.71	59.72	44.55	17.17	77.93

2.门诊费用与住院费用

2021年，医院门诊病人次均医药费用为329.1元，其中，药费为123.2元，检查费为62.7元，占比分别为37.4%和19.1%。

与2020年相比，门诊病人次均医药费用增加了4.7元，增幅为1.45%。药费减少了3.7元，降幅为2.92%；检查费增加了1.1元，增幅为1.79%。药费占比下降了1.6个百分点，检查费占比无变化（见表19）。

表19 2020~2021年医院门诊病人次均医药费用及占比

单位：元，%

项目	门诊病人次均医药费			门诊医药费占比	
	总费用	药费	检查费	药费	检查费
2020年	324.4	126.9	61.6	39.1	19.0
2021年	329.1	123.2	62.7	37.4	19.1

2021年，医院住院病人人均医药费用为11002.3元，其中，药费为2759.4元，检查费为1099.1元，占比分别为25.1%和10.0%。

与2020年相比，医院住院病人人均医药费用增加了383.1元，增幅为3.61%。药费减少了27.2元，降幅为0.98%；检查费增加了65.4元，增幅为6.33%。药费占比下降了1.1个百分点，检查费占比提高了0.3个百分点（见表20）。

表20 2020~2021年医院住院病人人均医药费用及占比

单位：元，%

项目	住院病人人均医药费			住院医药费占比	
	总费用	药费	检查费	药费	检查费
2020 年	10619.2	2786.6	1033.7	26.2	9.7
2021 年	11002.3	2759.4	1099.1	25.1	10.0

3. 人均人员经费

2021 年，全国各类医疗卫生机构人均人员经费为 13.54 万元。其中，医院、基层医疗卫生机构和专业公共卫生机构人均人员经费分别为 16.26 万元、7.69 万元和 15.20 万元。

与 2020 年相比，全国各类医疗卫生机构人均人员经费增加了 1.06 万元，增幅为 8.50%。其中，医院、基层医疗卫生机构和专业公共卫生机构人均人员经费分别增加了 1.05 万元、0.89 万元和 0.46 万元，增幅分别为 6.88%、13.09%和 3.12%（见表21）。

表21 2020~2021年各类医疗卫生机构人均人员经费

单位：万元

项目	医院	基层医疗卫生机构	专业公共卫生机构	合计
2020 年	15.21	6.80	14.74	12.48
2021 年	16.26	7.69	15.20	13.54

（二）公立医疗卫生机构情况

1. 收入情况

2021 年，全国各类公立医疗卫生机构总收入为 46113.53 亿元。与 2020 年相比，全国各类公立医疗卫生机构总收入增加了 4183.61 亿元，增幅为 9.98%。

2021 年，公立医院总收入为 35382.45 亿元。与 2020 年相比，公立医院总收入增加了 3236.64 亿元，增幅为 10.07%（见表22）。

表 22　2020~2021 年公立医疗卫生机构收入

单位：亿元

项目	公立医院	公立医疗卫生机构	各类医疗卫生机构合计
2020 年	32145.81	41929.92	48689.98
2021 年	35382.45	46113.53	54824.02

2021 年，公立医疗卫生机构总收入中的财政拨款收入占比为 19.62%，比 2020 年下降了 3.36 个百分点。

2021 年，公立医院总收入中的财政拨款收入占比为 12.13%，比 2020 年下降了 3.79 个百分点（见表 23）。

表 23　2020~2021 年公立医疗卫生机构财政拨款收入占比

单位：%

项目	公立医院	公立医疗卫生机构	各类医疗卫生机构合计
2020 年	15.92	22.98	19.95
2021 年	12.13	19.62	16.66

2021 年，全国各类公立医疗卫生机构总收入中的事业收入占比为 76.63%，比 2020 年上升 3.56 个百分点。

2021 年，公立医院总收入中的事业收入占比为 85.22%，比 2020 年上升了 4.41 个百分点（见表 24）。

表 24　2020~2021 年各类公立医疗卫生机构事业收入占比

单位：%

项目	公立医院	公立医疗卫生机构	各类医疗卫生机构合计
2020 年	80.81	73.07	74.87
2021 年	85.22	76.63	77.93

2. 门诊费用与住院费用

2021 年，公立医院门诊病人次均医药费用为 320.9 元，其中，药费为

124.6 元，检查费为 65.3 元，占比分别为 38.83% 和 20.35%。

与 2020 年相比，公立医院门诊病人次均医药费用增加了 0.7 元，增幅为 0.22%。药费减少了 5.2 元，降幅为 4.01%；检查费增加了 0.90 元，增幅为 1.40%。药费占比减少了 1.67 个百分点，检查费占比增加了 0.25 个百分点（见表 25）。

表 25　2020~2021 年公立医院门诊病人次均医药费用及占比

单位：元，%

项目	门诊病人次均医药费			门诊医药费占比	
	总费用	药费	检查费	药费	检查费
2020 年	320.2	129.8	64.4	40.5	20.1
2021 年	320.9	124.6	65.3	38.83	20.35

2021 年，公立医院住院病人人均医药费用为 11673.7 元，其中，药费为 2895.3 元，检查费为 1195.3 元，占比分别为 24.80% 和 10.24%。

与 2020 年相比，公立医院住院病人人均医药费用增加了 309.4 元，增幅为 2.72%。药费降低了 57.9 元，降幅为 1.96%；检查费增加了 63.7 元，增幅为 5.63%。药费占比减少了 1.2 个百分点，检查费占比增加了 0.24 个百分点（见表 26）。

表 26　2020~2021 年公立医院住院病人人均医药费用及占比

单位：元，%

项目	住院病人人均医药费			住院医药费占比	
	总费用	药费	检查费	药费	检查费
2020 年	11364.3	2953.2	1131.6	26.0	10.0
2021 年	11673.7	2895.3	1195.3	24.80	10.24

3. 人均人员经费

2021 年，公立医疗卫生机构人均人员经费为 16.02 万元，比 2020 年增加 1.24 万元，增幅为 6.96%。

2021 年，公立医院人均人员经费为 18.90 万元，比 2020 年增加 1.23 万元，增幅为 8.39%（见表 27）。

表 27 2020~2021 年公立医疗机构人均人员经费

单位：万元

项目	公立医院	公立医疗卫生机构	各类医疗卫生机构合计
2020 年	17.67	14.78	12.48
2021 年	18.90	16.02	13.54

五 趋势分析

由以上的数据分析可知，2020~2021 年，我国卫生事业单位的发展呈现以下几个趋势。

（一）服务能力上升，医疗卫生事业向高质量发展迈进

2020~2021 年，公立医疗卫生机构服务供给能力不断提升。尽管全国公立医疗卫生机构数量从 2020 年的 538767 个减少到 2021 年的 535520 个，公立医疗卫生机构的服务能力持续提高。以公立医院为例，诊疗人次从 279193.8 万人次增至 327098.3 万人次，增加了 47904.5 万人次，增幅为 17.16%；入院人次数从 14835.4 万人次增至 16409.9 万人次，增加了 1574.5 万人次，增幅为 10.61%。随着医疗卫生体制改革的不断推进，公立医疗卫生机构为人民群众提供的医疗卫生服务质量和效率不断提升，医疗卫生事业不断向高质量发展迈进。

（二）队伍规模不断壮大，人员结构进一步优化

2020~2021 年，全国公立医疗卫生机构卫生人员队伍规模从 1004.32 万人增至 1031.17 万人，增加了 26.85 万人，队伍力量得到不断增强。与此同时，

队伍结构也在不断得到优化。首先，卫生技术人员在卫生人员中的占比从79.94%增至81.01%，公立医疗卫生机构卫生人员队伍的专业化能力得到进一步提升。其次，执业（助理）医师从296.57万人增至308.25万人；注册护士从354.16万人增至372.63万人，医护比从1∶1.19上升至1∶1.21，医护比有所提高。

（三）公立医院薪酬水平提高，医务人员待遇得到相应保障

建立符合医疗行业特点、体现以知识价值为导向的公立医院薪酬制度，是深化医药卫生体制改革和事业单位收入分配制度改革的重要内容。2020～2021年，公立医疗卫生机构的人均人员经费从14.78万元提高到16.02万元，公立医院的人均人员经费从17.67万元提高到18.90万元，扭转了前一年度因疫情导致收入下降的局面。医务人员待遇得到相应保障。

（四）专业公共卫生机构投入保持在较高水平，公共卫生服务职能得以巩固

就机构数量而言，近年来，随着事业单位改革的不断深化，事业单位数量呈下降趋势，专业公共卫生机构（公立）数也呈现同样的趋势。2020～2021年，专业公共卫生机构（公立）数从14206个减少到12906个，降幅为9.15%。就财政拨款而言，公立医疗卫生机构的财政拨款收入占比由22.98%降至19.62%，降低了3.36个百分点，但相比于疫情之前，政府对业公共卫生机构的财政投入维持在相对较高水平，表明政府对公共卫生体系和人民生命健康的高度重视。

地方实践篇
Local Practice Reports

B.6
十八大以来山西省工程系列正高级职称评审改革的发展路径与对策研究

安　乐[*]

摘　要： 党的十八大以来，山西省工程系列正高级职称评审改革不断深入，尤其是自 2016 年底开始，随着国家深化职称改革大幕的拉开，山西省工程系列正高级职称评审从制度到实施各个层面，都进行了全方位的改革创新，收效显著。2022 年，国家《关于进一步做好职称评审工作的通知》文件的出台，对山西省工程系列正高级职称评审指出了新的改革方向，因此有必要对过往经验进行总结并探索实施新办法。本文从党的十八大以来，山西省工程系列正高级职称评审工作中评价标准的完善、评价方式的创新两个方面进行了阐述，针对目前存在的评价指标不够丰富、信息化手段不够完备等不足，提出了意见与建议，希望通过构建完善的评审信息化系统等办法，推进山西省工程系列正高级职称评审

---

* 安乐，山西省留学人员和专家服务中心高级经济师。

改革实现新突破。

关键词： 工程系列 正高级工程师 职称评审改革 山西省

一 工程系列正高级职称评审的发展历程

人才是全面建设社会主义现代化国家的第一资源。党的二十大报告专门部署人才工作，把人才强国战略摆在了更加突出的位置，彰显了党中央对新时代人才工作的高度重视和对人才工作规律的准确把握。

职称评审作为一项专业技术人才评定工作，是新时代人才工作的重要一环。工程技术人才是建设创新型国家和世界科技强国的重要力量。深化工程技术人才职称制度改革，对于提高我国原始创新能力、实现关键核心技术突破、促进产业结构优化升级具有重要意义。

山西省工程系列职称改革同全省职称改革一样总体上历经了三个阶段，第一阶段即自 1949 年至 1977 年，职称工作在国家处于探究、局部施行和断断续续的情况，山西省在此阶段未开展相关工作。第二阶段从 1978 年国家召开全国科学大会开始，山西省开始重新设立职称，到 1986 年，全省职称改革工作会议召开，按照先事业、后企业，先试点取得经验，经批准再全面推开的要求，在全省积极、慎重、循序、陆续展开。前后五年多的时间，一大批工程专业技术人员取得了职称。第三阶段是从 1986 年开始至今，这一阶段是职称工作全面启动，几乎涉及科学技术领域各个方面的一个时期。山西省工程系列正高级职称在这一时期经历了从无到有的转变，从成绩优异的高级工程师再到正高级工程师的转变。1990 年，山西省根据原中央职称改革工作领导小组《关于试行提高部分成绩优异的工程师职务工资的通知》精神，开展了首批全省成绩优异的高级工程师评审，自此结束了山西省工程系列副高级职称就是天花板的时代。1993 年、1994 年、1997 年又集中进行了三批评审。2001 年开始至 2017 年，转入每年度常态评审。2018 年，根据人力资源和社会保障部《关于在部分职称系列设置正高级职称有关问题的通知》及省人力资源和社会保障厅《关于做好 2018 年度专业技术职称评审工作的通知》精神，全省工程系列增设正高级职称，名称为正高级工程师。截至 2018 年，山西省共有成绩优异的高级工程师近 3500 名。2019 年，对已有的成绩优异的高级工程师进行重新认定，确认其具备正高级工程师职称。目前山西省正高级工程师人数达到 5100 余名，是山西省工程技术领域的中坚骨干力量，为山西省高质量发展发挥着重要作用。

二 工程系列正高级职称评审的现状

党的十八大以来，从国务院、人社部到山西省委省政府出台了一系列关于职称制度改革的政策文件，尤其是 2016 年底中共中央办公厅、国务院办公厅发布《关于深化职称制度改革的意见》，全国深化职称改革的大幕拉开，山西省工程系列正高级职称评审改革步入快车道。2017 年，山西省委组织部、省人社厅共同制定了《关于进一步改进职称评审工作的通知》，对进一步改进职称评审工作提出了新的要求，其中，实行职称评聘分离，专业技术人才不受用人单位岗位限制，符合条件即可申报；取消计算机、外语考试要求等，对于职称评审改革意义重大。尤其是实行职称评聘分离后，申报评审不再受限于岗位职数的限制，当年成绩优异的高级工程师申报人数一度井喷，由之前的年均 100 余名，骤增至 800 余名。

2017 年底，山西省委办公厅、省政府办公厅印发《关于深化职称制度改革的实施方案》，指出"创新职称评价方式。建立以同行评审为基础的业内评价机制，注重引入市场评价和社会评价。应用研究和技术开发人才突出市场和社会评价，注重技术成果的经济社会效益和市场潜力"。2018 年，山西省委办公厅、省政府办公厅发布《山西省分类推进人才评价机制改革的实施方案》，提出"坚持德才兼备，把品德作为人才评价的首要内容，坚持凭能力、实绩、贡献评价人才，克服唯学历、唯资历、唯论文等倾向，建立评价标准动态更新调整机制"。2019 年，人社部、工信部发布《关于深化工程技术人才职称制度改革的指导意见》。同年 10 月，山西省人社厅发布《山西省在工程技术领域实现高技能人才与工程技术人才职业发展贯通实施方案》，打通高技能人才与工程技术人才职业发展通道。同年，人社部发布《职称评审管理暂行规定》。2021 年，山西省人社厅发布《职称评审管理实施细则》。2022 年人社部办公厅发布《关于进一步做好职称评审工作的通知》。

这一系列文件的密集出台，使得山西省工程系列正高级职称评审改革不断推进，从评价标准的完善、评价方式的创新两个方面进行了全面的改良，为山西省经济社会快速发展提供了重要的人才智力支撑。目前，山西省正高级工程师评审每年开展一次，年均申报人数为 500~600 名，年均通过人数400 名左右。评委库由山西省职称工作主管部门有关领导和相关专业专家组成，实行核准备案制。评委库根据有关需要和变化，定期不定期地动态调整。评审采取面试答辩、综合量化赋分的办法，并率先在山西省正高级职称序列评审中启用了线上申报和线上答辩的方式。

（一）评价标准不断完善

山西省工程系列正高级职称评审标准的改革从 2017 年开始逐步深入，主要集中在申报范围、申报专业、申报条件和申报程序四个部分。从 2019 年起，申报范围由之前的"申报评审者须是我省各类企事业单位、非公经济组织和社会组织中，从事工程系列相应专业技术工作，并符合申报条件的人员。国家公务员（含参照国家公务员管理的人员）不得申报"，增加了在受处分期间不得申报的具体要求。

申报专业从 2012 年的 14 个专业门类增加到 2022 年的 17 个，目前设有地勘工程、测绘工程、国土工程、林业、建设工程、环境工程、质量计量和标准化、冶金工程、矿山和能源、水利工程、交通运输、机电工程、化工工程、轻工工程、纺织工程、广播电视、通信 17 个大类专业。围绕近两年战略性新兴产业集群增设的相关专业全部涵盖在内。

申报条件的改革主要集中在：①从 2017 年起，明确"职称外语和计算机应用能力考试成绩不再作为申报的必要条件，可自愿提供合格证作为评审的参考依据";②破格申报要求由 2012 年"不允许学历和任现职年限双重破格"变为 2022 年"符合品德条件、考核条件和继续教育要求,并具备相应业绩要求即可申报";③学术技术条件由 2012 年"必须有本专业国家级学术论文"变为"有符合条件的专业技术报告也可申报",同时"学术论文和专业技术报告均可作为答辩材料";④工作业绩能力条件可选项不断丰富,由 2012 年的 3 项增加到 2022 年的 14 项,基本覆盖了工程领域大部分的工作业绩与成果,同时也引入经济指标等市场评价;⑤增加引进高层次人才职称认定,从 2017 年起,引进的海内外高层次人才,由用人单位按照职称评审申报渠道,将其专业工作经历、学术技术成果印证材料报高级评委会审核认定相应职称。

申报程序从 2017 年起变为"个人自主申报。实行职称评聘分离,专业技术人员不受用人单位岗位职数限制,符合条件即可申报"。2018 年又增加了"从机关流动到企事业单位从事专业技术工作 1 年以上、业绩成果符合条件的,可比照本单位同等学历、同等资历人员,直接申报正高级工程师"。

(二)评审方式逐步信息化

2019 年,山西省工程系列正高级工程师评审改变了过去评审申报一直沿用的线下纸质材料报送的方式,搭建了正高级工程师评审申报系统,首次实现了正高级工程师评审网上申报、网上审核、网上反馈,系统囊括了申报人员信息的录入、申报资料的分级审核、申报结果的反馈以及评审材料与表格的生成这四项基本功能。近四年,线上申报人数达 2600 余名。系统上线不仅优化了评审申报程序,也实现了让数据多跑腿、申报人员少跑腿的便捷服务。评审后续工作如备案、下文、证书印制,也可以直接利用申报系统提取、整理所需要的信息,大幅提升了工作的效率和准确率。

2022 年,又实现了正高级工程师评审线上答辩,即答辩过程变为面对面远程视频问答。评审期间组织专家线下封闭,利用相应会议软件同答辩人员进行视频答辩,节省了过去线下答辩需要的人力、物力成本,解决了答辩人员因疫情或其他特殊原因等无法到场的问题。

评审信息化进程的不断推进，一是解决了过去评审申报过程中的纸质材料整理难、审阅慢、搬运难、留存难的问题。二是通过系统的自动识别等功能，减少了申报录入过程中相关错误信息的出现率，保证了信息的准确性。三是优化了评审程序，提升了评审各环节的工作效率，同时为后续的评审全流程信息化建设奠定了基础。四是提升了评审服务，做到了"不见面"申报，让申报人员不跑腿也可以完成职称申报。目前，除了申报系统，该项评审工作还利用微信公众号等平台及时发布评审的相关须知、政策，在做好评审服务的同时，不断加大职称政策的宣讲力度。

三　工程系列正高级职称评审中存在的不足

（一）评价标准有待进一步创新

2022 年，人社部办公厅出台的《关于进一步做好职称评审工作的通知》提出了，科学制定职称评审标准，以破"四唯"和立"新标"为突破口，以激发专业技术人才创新活力为目标。根据不同学科领域特点探索建立能够识别有天赋、有潜力人才的评价标准。

针对破"四唯"，山西省正高级工程师评审多措并举，尤其是在破除"唯论文""唯奖项"上，将技术报告、技术方案、技术发展规划都纳入工作能力条件选项、可替代论文的专业技术报告范畴内，在业绩成果中也将专利、标准、规程规范、科技鉴定成果以及新产品、新材料、新设备、新工艺、新技术等都列为可以申报的选项，为广大工程技术人才减少了限制性申报条件，增设了更为丰富的、能体现其能力和贡献的评价指标，为山西省选拔出了一大批优秀的正高级工程师。但是如何继续完善"破四唯"，又如何"立新标"，仍需要加大评审改革创新力度。现阶段的评价指标还不够丰富，对于专业人数较多、行业发展比较快的"大专业"门类，如交通、建设，没有设置更加细化的、能实现专业内优中选优的评价指标；对于专业人数较少、行业发展相对滞后的"小专业"门类，如轻工、纺织，缺少更加丰富、同时能够体现其专业发展前沿动态的评价指标。与此同时，在评价指标的更新上缺乏系统性的指标体系，能够结合山西省实际，对应专业最新发展动态，实现动态调整，真正发挥"指挥棒"和风向标的作用，全面准确地用于下一年度评审标准的制定。

（二）信息化手段覆盖不完全

现阶段，正高级工程师评审已经实现了线上申报和线上答辩，但是评审全流程信息化还未完成。尤其是在评审答辩环节，仍然需要集中专家进行线下的评审材料的审议、命题和评分。过程中需要相应的纸质评审材料和相应的人员辅助，不仅工作环节增多，降低了工作效率，也增加了人工成本和人为干扰的因素。比如评审命题环节，如果利用信息化手段，那么专家各自登录系统就可以完成评审材料的调阅、题目的录入和加密，不需要命题完毕再交由评委会密封保管，待到答辩时再取出；评分环节，评委直接在系统上查看申报人员的个人情况，根据评价标准完成在线打分，这样就省去了评委线下打分后再由评委会将分数录入电脑。

在评审备案环节，虽然数据提取已经满足了评审后续工作的需要，但它仅仅停留在提取表格所需内容，并未被有效利用起来，许多统计、分析的功能还未实现，无法发挥数据功能，为本年度的评审工作总结及下一年度的评审前期工作提供更多的数据支持。

评审全流程信息化的建设，不仅要优化流程，提升效率和服务，规避线下工作中可能存在的风险点，还要实现评审工作数据化，让评审工作变成信息可视化，为评审管理提供最直观、最有效、最快捷的数据窗口。

四 工程系列正高级职称评审的对策研究

当下，如何能激发工程技术人才创新潜能，充分发挥人才评价"指挥棒"和风向标作用，突出技术性、实践性和创新性成为下一步职称评审工作的重心。面对当前山西省工程系列正高级工程师评审工作中存在的问题与不足，建议从以下三个方面着手。

（一）构建评审信息化系统

正高级工程师评审工作主要包含了申报、答辩、备案三大环节，只有把三大环节全部实现信息化，才能够真正实现对于正高级工程师评审工作全流程信息化管理。在现有的线上申报、在线审核、线上视频答辩基础上，构建评审信息化系统。重点解决评审答辩过程中命题、评议、统分三大环节，达到评审全流程无纸化，评委独立登录系统即可完成全部评审工作。

继续完善备案数据的处理。备案数据是年度评审结果数据的汇总，它不仅要满足评审通过文件下发和资格证书打印等后续评审工作，还需要经过整理、分析，实现更加全面的查询、汇总等功能，做到宏观能了解评审整体情况，微观能了解申报人员个人情况，为后续的评审政策、制度的制定出台提供完整的数据支撑。

同时，持续做好系统的优化，提高系统与大数据的关联度，减少申报人员对于个人基础信息的手工录入，增加申报审核过程中相关业绩成果的自动核验，减少证明材料，提升系统整体服务能力。

（二）建立正高级工程师评价指标体系

目前，山西省正高级工程师评审共设置 17 大类专业，包括地勘工程、测绘工程、国土工程、林业、建设工程、环境工程、质量计量和标准化、冶金工程、矿山和能源、水利工程、交通运输、机电工程、化工工程、轻工工程、纺织工程、广播电视、通信，各大类专业的设置按照工程各行业进行划分，那么在正高级工程师评审标准制定过程中，如果从各专业或者说各行业职业标准、技术标准、行业标准中提炼评价标准，建立更加量化、更加权威的评价体系，就可以实现动态化的精准评价。具体来说，就是提炼能够反映工程各行业前沿技术与发展动态的发明创造、研究成果、技术报告、奖项等工作业绩评价标准纳入评估体系，根据年度各行业发展状况、技术更新情况，动态更新评价标准，及时淘汰不适用的标准，形成分专业、分类别的年度评价指标体系，用于正高级工程师的评审标准的制定。以此精准地反映评价的时效性与准确度，更彻底地破除"唯论文""唯奖项"，识别有创新能力和关键领域科技攻关能力的正高级工程技术人才。

（三）形成动态化评审效果反馈机制

形成动态化的评审效果反馈机制，增加评审结果反馈与建议环节。通过问卷调查、结构化访谈等方式对年度参评人员进行意见收集，主要聚焦参评人员对年度评审中评审标准、评审流程等信息的掌握度以及对评审工作的满意度。通过意见收集的分类整理，形成年度评审效果数据，找出年度评审中存在的不足与改进方向。与此同时，在年度评审工作开展之前增加调研力度。面向工程各行业主管部门与行业专家，形成调研常态化、动态化，以座谈、研讨、线上会议等多种形式，对年度评审工作，尤其是评审政策的制定进行深入探讨，结合上年度评审效果数据，形成年度评审工作依据。

B.7

安徽高校人才队伍建设服务工作实践

李程　王钰　王成　葛晓伟　陈涛*

摘　要： 高等教育的高质量发展，直接关系到党的二十大教育、科技、人才"三位一体"战略布局的实现。人才是支撑高等教育高质量发展的关键。服务和指导高校结合人才队伍实际，科学制定、合理执行人事管理政策，对激发工作积极性、助推教学进步和科研创新、实现创新驱动发展战略具有至关重要的作用。当前安徽省高校人事管理工作取得了较好成效，但与此同时，也出现了一些新情况、新问题。本文立足政府对高校人事工作的管理服务职能，通过对安徽省高校精准调研，提出进一步优化高校人才队伍建设服务工作建议。

关键词： 高校　人事管理　公开招聘　岗位管理　职称评审　待遇保障

教育兴则国家兴，教育强则国家强。党的二十大指出，"教育、科技、人才是全面建设社会主义现代化国家的基础性、战略性支撑"。高等教育学校，是人才汇聚之处，是为国育才之所，是科技强国之基，是深入实施科教兴国战略、人才强国战略、创新驱动发展战略的主阵地。加强高等教育学校人事管理工作，充分调动广大工作人员干事创业积极性，对加快建设教育强国、科技强国、人才强国，全面提高人才自主培养质量，着力造就拔尖创新人才，具有十分重要的意义。安徽省高校在全国高校中争先进、创一流，为

---

* 李程，安徽省人社厅事业单位人事管理处一级主任科员；王钰，安徽省人社厅专业技术人员管理处四级主任科员；王成，安徽省人社厅工资福利处一级主任科员；葛晓伟，安徽省人社厅工资福利处二级主任科员；陈涛，安徽省人社厅事业单位人事管理处二级主任科员。

服务国家重大战略做贡献，为建设现代化美好安徽增动能，离不开一支过硬的人才队伍。本文通过分析安徽省高校人事管理工作现状，探索如何通过更加科学的人事管理，推动高校人才队伍建设。

按照有关规定，国家在事业单位建立岗位管理制度，确定事业单位通用的岗位类别和等级，根据事业单位的功能、规格、规模以及隶属关系等情况，对岗位实行总量、结构比例和最高等级控制。[①] 各省在国家指导下，结合本省实际制定具体标准。安徽省高校岗位设置依据《安徽省事业单位机构设置和编制管理规定》，以核定的事业编制数为基数。事业单位根据职责任务和工作需要，按照国家有关规定自主设置岗位，自主聘用人员，实行按需设岗、竞聘上岗、按岗聘用、合同管理。高校可根据用人需求和人才市场规律，自主制订招聘岗位条件和标准、自主发布招聘公告、自主组织考试（考核）。考核、奖励、处分、申诉、回避、工资等，按照有关单项规定执行。本文主要就公开招聘、职称评审、岗位管理、待遇保障等业务进行探讨。

一 有关工作开展情况

（一）公开招聘工作

高校肩负为党育人、为国育才重任。要想全面提高人才自主培养质量，着力造就拔尖创新人才，关键在招聘和培养一支水平高、能力强、品德优的教师队伍。招聘工作是高校引才聚才的重要途径，其是否规范高效决定了高校能否招聘到合格人才。2018 年之前，安徽省高校正式人员的公开招聘结果需报省教育厅审批。2018 年，省人社厅、省教育厅根据国家和安徽省有关文件精神，出台《关于进一步做好省属高校公开招聘工作的通知》，将高校招聘公告备案、结果审批等有关职能调整到安徽省人社厅。

安徽省人社厅在充分调研的基础上，根据高校人才招聘的需求，专门面

---

① 《事业单位人事管理条例》，《劳动保障世界》2014 年第 6 期。

向高校制定公开招聘的有关政策，提出对招聘普通工作人员，要规范公开招聘各环节；对招聘高层次急需紧缺人才，可简化公开招聘程序。按照这一政策，安徽省属高校根据用人需求和人才市场规律，自主制订招聘岗位条件和标准、自主发布招聘公告、自主组织考试（考核）。全年不限时间，随时发布公告随时招聘，因工作需要，可适当调整招聘计划。博士、副高级以及紧缺专业人才招聘，采用直接考察的方式开展，简化不必要的比、选程序。采取参加平台招聘、专业分类招聘、自主专项招聘、校园招聘等方式开展招聘工作。省人社厅还专门制定省属高校公开招聘工作指南，指导高校招聘方案及时备案，对招聘人员结果实行随报随批，不受时间、批次限制，在受理申请后的10个工作日内办结备案手续，极大提高了工作效率。同时，压实高校主体责任，注重事中事后监管，采取定期抽查、实地调研、问询了解等方式，督促指导高校进一步做好公开招聘和人才引进工作。2018年以来，安徽省属高校招聘人数逐年上升，从1000余人，增长至2300余人，增幅达108%，学历构成稳步优化，招聘的博士学历人员从600余人增长至1500余人，增幅达161%。

（二）职称评审工作

建立以创新价值、能力、贡献为导向的人才评价体系，有利于引导人才潜心教学、研究和创新。安徽省通过系列举措，赋予了高校更多的人才评价自主权。2002~2010年，安徽大学、安徽理工大学、安徽工业大学、安徽师范大学、安徽农业大学等5所高校先后获得试点，获得高校教师系列正高级以下专业技术资格的自主评审权。部分本科院校部分学科的高校教师系列副高级以下评审权也同期下放。2016年起，全面下放评审权限，授权高校开展教师系列正高级以下、实验系列副高级以下职称自主评审。2021年，授权高校实验系列开展正高级实验师职称评审。2022年，授权高校开展工程系列和自然科学研究系列技术经济专业职称评审。为确保下放的权限接得住、用得好，2020年印发《安徽省高校教师和卫生系列职称评审巡查工作制度（试行）》，对高校职称评审全过程监督，对职称评审中弄虚作假、徇私舞弊、师德缺失、师风不正的，严肃查处，依规处置。

（三）岗位管理工作

把师德师风、真才实学、质量贡献作为岗位聘任的主要依据，引导高校根据教书育人情况、学科领域活跃度和影响力、承担参与国家重大项目情况等科学开展岗位聘任工作，并结合实际合理调整优化高校岗位聘任政策。2016年，安徽省在全国率先出台《关于进一步完善全省教育事业单位岗位设置管理的意见》，结合安徽省教育事业单位实际，优化提高教育事业单位岗位结构比例。各高校按照文件，调整岗位设置方案并开展聘任工作。同时，根据省人社厅出台的《关于完善事业单位岗位统筹管理机制的意见》，高校聘用的海外高层次人才和急需紧缺人才，可不受岗位结构比例限制，采取"一事一议"方式评聘相应专业技术职务；对超结构比例严重的部分岗位，采取"退二聘一"等办法实施调控。自2016年以来，安徽省省属高校聘用专业技术高级岗位人员比例从37%逐年提高至45%，截至2022年底，省属28所本科高校聘用专业技术岗位高级、中级、初级比例为45∶43∶12。

安徽大学等高校在岗位聘后管理方面做了积极探索。实践中，院系对教师的工作量、业务水平、取得成绩更加了解，更能制定出符合本院系教师实际的岗位聘用条件，以引导教师担当作为。学校把副高级及以下专业技术岗位聘用、中级及以下岗位聘任权限下放院系，科研团队成员由院系或团队负责人根据其实际贡献度进行合理评价。[1] 这种充分将有关权限下放给院系的做法，取得良好成效。安徽农业大学利用岗位聘期考核，推动实现岗位"能上能下"。2009~2019年，学校37位教师因履责情况较差、不能完成聘期科研目标任务被低聘和转聘；304名教师和54名专业技术辅助人员因履责情况较好被高聘；60名教师与专业技术辅助人员因业绩成果特别突出，被跨级聘用。[2] 这一政策在教职工中引起了很大的反响，彻底扭转了该校"干与不干

---

[1] 赵晓明、刘晓诚：《安徽大学教师队伍建设的实践与创新》，载余兴安主编《中国事业单位发展报告（2020）》，社会科学文献出版社，2021。

[2] 朱立军：《安徽农业大学教师岗位管理的改革与实践》，载余兴安主编《中国事业单位发展报告（2019）》，社会科学文献出版社，2020。

一个样，干好干坏一个样"的现象，激发了广大教职工干事创业积极性。

2022年，安徽省积极出台《安徽省事业单位特设岗位设置管理实施办法》，通过大幅提高高级岗位结构比例，灵活分配工资制度，兼顾引进人才和本土人才，对"双一流"建设高校、高水平平台或项目建设采取激励等措施，为引进和聘用急需紧缺高层次专业技术人才畅通绿色通道。该政策可将安徽省高校专业技术高级岗位结构比例上浮7%~8%（含激励2%~3%浮动点）。理论上可为安徽省28所省属高校设立2000余个高级特设岗位（如增加同样数量的常设岗位，省属高校需增加约12000个编制）。

（四）待遇保障工作

支持高校根据国家有关规定，自主确定内部分配办法，健全以增加知识价值为导向、符合高等学校行业特点的工资收入分配制度。近年来，经过工资改革，高校教师收入水平大幅度提高。2006年工资制度改革以来，先后三次制定或调整高校绩效工资政策，为激励人才活力提供支持。一是2012年，《安徽省人民政府办公厅转发省人力资源社会保障厅　省财政厅关于其他事业单位绩效工资实施意见的通知》明确，高校绩效工资水平原则上按照不高于当地公务员津贴补贴平均水平的1倍确定。二是为建立符合高校院所特点的岗位绩效工资制度和鼓励创新创造的分配激励机制，充分调动创新人才的积极性创造性，2016年，安徽省人社厅出台《关于创新高校院所工资分配激励机制有关政策的通知》，将省属高校绩效工资总量由当地公务员平均绩效工资水平的2倍调整为当地事业单位平均绩效工资水平的2倍。调整后，驻肥省属高校绩效工资水平由人均6.36万元提高到7.98万元，驻肥外高校人均绩效工资水平也有提高。三是2021年，《国务院办公厅关于改革完善中央财政科研经费管理的若干意见》下发后，安徽省及时跟进，对高校院所松绑，允许高校院所突破原有的绩效工资封顶限制，自行确定绩效工资水平并动态调整。高校可结合本单位发展阶段、类型定位、承担任务、人才结构、所在地区、现有绩效工资实际发放水平、财务状况等实际情况申报绩效工资，绩效工资水平将有进一步的提高。

二 存在问题分析

应当看到，当前部分政策不够健全的背景下，部分高校规范意识不强、革新意识不够，人事管理工作也存在一定问题，制约了学校发展。

（一）编制备案制管理和人员总量管理是在高校编制不足的背景下提出，但没有明确具体如何管理

《国务院办公厅关于印发分类推进事业单位改革配套文件的通知》配套的《关于创新事业单位机构编制管理的意见》规定"对公益二类事业单位，在制定和完善相关编制标准的前提下，逐步实行机构编制备案制，建立并规范备案程序。可先在中央部门所属高等院校、公立医院进行备案制试点，并逐步扩大试点范围"，教育部等六部门《关于加强新时代高校教师队伍建设改革的指导意见》明确，"积极探索实行高校人员总量管理"，① 但两文件未明确编制备案制管理和人员总量管理的具体内容。

安徽省高校暂未建立人员总量管理制度，在册正式工作人员中专任教师数量，低于国家规定的生师比要求。为弥补这一制度缺陷，高校转而寻求编制外用人。

（二）少数高校未将进人工作和学校发展、制度衔接有效匹配，在招聘的科学性和规范性等方面存在一定问题，影响了工作质量

一是高端人才资源配备相对分散。部分高校在发展观念上，盲目追求学科门类大而全，缺乏集中力量办大事的理念，部分高校"摊大饼"式招聘各学科人才，未能突出重点学科，导致招聘名额和人才资源过于分散。

二是人员招聘形式单一。公开招聘考试，需要在公平性和科学性之间保

---

① 《关于加强新时代高校教师队伍建设改革的指导意见》，中华人民共和国教育部公报，2021。

持平衡，在招聘的专业测试方式选择上，部分高校招聘采取的结构化面试虽然可以减轻工作量，也相对公平，但对于考试的科学性照顾较少，不能较好地体现岗位匹配度，进而影响新进人员的质量。比如，常规人员招聘是在本校网站等发布招聘消息，但符合条件的人才可能关注不到学校网站；引进高端人才单纯依靠学校自身人事部门到高校院所接洽，效率较低；部分高校选择采取类似公务员考试的模式，先笔试，后结构化面试，招聘到的新进人员有时会出现能力和岗位不相匹配的情况。

三是履行公开招聘报备制度不够规范。对新进人员实行公开招聘制度，是国家对所有事业单位的要求，虽然考虑到高校引进人才需求等特殊情况，国家赋予高校一定的自主权和灵活政策，但也应遵循"公开、平等、竞争、择优"的原则开展招聘，并履行有关程序。有些高校公开招聘程序不够规范，甚至在没有履行报备手续的情况下，就自行开展招聘工作，并向招聘到的人员作出纳入事业单位正式人员管理的承诺，后又因学历、年龄、业绩、程序等不符合公开招聘要求，在办理规定的聘用手续上出现困难，这种做法既违反了规定，也容易造成工作上的被动。另外，高校在增加"周转池"编制后，要求对自行聘用的编外人员，不经过公开招聘程序直接聘用，也是对政策的误解误读。

（三）部分高校在职称评审政策的执行上把握较紧，引发一定矛盾并影响了竞聘工作

2003 年，国家启动深化职称制度改革，打破专业技术职务终身制，全面推行专业技术职业资格制度。专业技术人员按照国家和省有关规定和条件取得相应专业技术资格，作为用人单位聘用相应岗位（聘任专业技术职务）的条件之一，只有聘用到岗位上，才兑现相应工资福利等待遇。《安徽省事业单位全面推行专业技术职务评聘分开工作的指导意见》明确，"全面推行专业技术职务评聘分开、竞争上岗，真正做到不拘一格选人才，切实打破专业技术职务终身制"，政策实施后，一定程度上推动了安徽省人才评价工作，起到积极作用。但大部分事业单位未能建立"竞争上岗"（后来的文件

改称"竞聘上岗")机制，却实施了"评聘分开"。职称评审没有数量限制，但岗位有结构比例，岗位职数有数量限制。没有建立起能上能下的"竞聘上岗"机制的事业单位，高等级岗位必然会越来越少，取得职称的人员越来越多，长期无法聘任，就会形成矛盾。

实际上，正是因为大部分单位没有建立"竞聘上岗"制度，所以基于现实政策环境，国家才出台了"评聘合一"政策以化解矛盾。从人事管理的核心是激发工作积极性的角度考虑，未来"评""聘"的适度分开仍是趋势。如果高校可以建立"竞聘上岗"机制，高等级岗位职数变"活"起来，则实行"评聘分开"取得职称的人员都存在通过努力获得岗位聘任的希望，进而化解矛盾，激发活力。据了解，河南等省高校已经实行"评聘分开"，而安徽省高校大部分仍在实行"评聘合一"。为缓解评聘矛盾，2016年中共中央办公厅、国务院办公厅印发的《关于深化职称制度改革的意见》，2017年安徽省委办公厅、省政府办公厅出台的《关于深化职称制度改革的实施意见》，均明确提出"全面实行岗位管理、专业技术人才学术技术水平与岗位职责密切相关的事业单位，一般应在岗位结构比例内开展职称评审"。简称"评聘合一"政策。① 在执行该政策上，一方面，部分高校对空缺职数的计算时间节点把握较紧，导致未能及时将退休人员腾挪出来的职数释放，用以开展职称评审，引发一定程度的矛盾；另一方面，会排除掉某个岗位的其他竞争者。例如，某级岗位空缺1个，即使多人符合评审条件，高校也只能开展"竞争参评"，产生人选进行职称评审，此后又因取得职称后只有1人具备岗位资格，没有其他竞争者，后期无法运用聘期考核结果开展"竞聘上岗"工作。

（四）岗位的基础性作用尚未完全发挥，部分高校未能通过开展岗位聘用充分调动工作人员积极性

一是竞聘上岗制度未能有效建立。按照国家事业单位人事制度改革精

---

① 《关于深化职称制度改革的意见》，《重庆与世界》2017年第6期。

神,鼓励事业单位开展"竞聘上岗",树立业绩导向,实现岗位"能上能下"。"竞聘上岗"又分为两种,一种是"小竞聘",不产生岗位的降低,当岗位因调出、自然减员等产生空缺时,单位在符合条件的人员中开展竞聘;一种是"大竞聘",结合工作人员上个岗位聘期的工作业绩,规范开展聘期考核,并决定是否续聘岗位,因未能续聘产生的岗位空缺,组织符合条件的人员竞聘。目前,大部分高校能做到"小竞聘",但由于传统人事管理的历史惯性,也为避免产生内部矛盾,"大竞聘"实施情况不佳,类似安徽农业大学等真正实现跨岗位层级的能上能下的高校不多。

二是对岗位聘用工作的认识不够到位。事业单位的岗位聘用工作,实质是事业单位领导班子的选人用人行为。国家规定了岗位的基本聘用条件,比如,招聘专业技术岗位的基本条件是本人应持有相应的资格(职称)。同时,政策赋予了事业单位充分的自主权,事业单位有权在基本条件之上,决定具体岗位的"任职条件",且"任职条件"应当根据学校发展状况、具体岗位职责变化而动态调整。高校可通过科学合理设置岗位任职条件,树立业绩导向的"指挥棒",聘用一个水平高、能力强、业绩优的人,带动"大多数"教职工努力工作、奋发作为。但部分高校还存在"聘用到专业技术岗位的目的在于兑现待遇"的错误思想,不重视在制定的岗位设置方案中明确具体岗位"任职条件",甚至混淆"职称评审"和"岗位聘用"工作,"以聘代评""以评代聘"的现象都有出现。

三是正高级岗位资源使用效率不高。安徽省高校高级岗位的使用上,普遍存在正高级岗位职数空缺多、副高级岗位不够用的情况。一方面,在人才的培养和发展方面,有部分高校的教师距离正高级水平尚有一定差距。另一方面,部分学校对培养正高级教师尚有一些顾虑。安徽地处长三角腹地,沪苏浙等省份对安徽省人才有"虹吸效应"。确有评到正高级,就离职去沪苏浙高校的案例,导致高校在对待教师参加正高级职称评审,聘任正高级岗位的态度上较为谨慎。

四是对工勤人员消化过渡周期较长。《事业单位岗位设置管理试行办法》明确,鼓励事业单位后勤服务社会化,已经实现社会化服务的一般性劳务工作,不再设置相应的工勤技能岗位。[①] 岗位按照编制核定,安徽省高校因为编制不足,岗位资源也日益紧张,一般倾向于减少工勤岗位,增加专业技术岗位。随着工勤岗位基数的下降,高等级工勤岗位数量随之减少,工勤人员的职业发展空间受到相当大的影响。对现有工勤人员,主要依靠校内发放补贴,作为无法晋升岗位的弥补,并通过自然减员的方式消化过渡。这种方法一方面无法完全满足工勤人员晋升诉求,另一方面消化过渡的周期过长。

（五）如何进一步完善激励与约束相协调的收入分配制度,以调动广大教师积极性,还需研究政策

一方面,绩效工资正常增长机制尚未建立。绩效工资分配制度的目的是通过合理的分配,调动人员工作积极性,但同时又不宜造成过高的收入差距。2021 年,安徽省委组织部牵头下发文件,允许高层次人才集中、创新绩效突出的高校绩效工资突破当地公务员平均津贴水平的 2 倍限制,增强高校对人才的吸引力。但是高校绩效工资突破现有绩效工资 2 倍封顶限制后,如何既保证高校绩效工资逐年增长,发挥绩效工资的激励作用,又兼顾公平、合理控制增幅,存在难以把握平衡的问题。另一方面,高层次人才绩效工资政策推进缓慢。2020 年,安徽省转发了国家关于事业单位高层次人才工资分配激励机制相关政策,并结合实际情况提出了相关意见。由于高校存在打破内部收入分配秩序造成矛盾的顾虑,未大胆探索在政策授权范围内对高层次人才建立绩效激励。

三　进一步优化服务改革的几点思考和建议

（一）立足壮大队伍,助推高层次人才集聚

一是采取超常规措施,引进高层次人才。支持高校在编制空缺的前提

---

① 《人事部关于印发〈事业单位岗位设置管理试行办法〉的通知》,《黑龙江政报》2007 年第 1 期。

下，随时开展高层次急需紧缺人才引进工作，允许先引进，在报批招聘结果前，备案编制使用计划和招聘方案等。对期满出站的博士后，采取直接考察的方式公开招聘，首次聘用岗位，不受高校专业技术岗位结构比例限制。对于引进高层次人才团队中的核心成员，简化程序开展招聘。对于暂无长期到校从教意愿的高端人才，采取"柔性引才"的方式，聘请其作为"荣誉教授""客座教授"等参与教学科研工作。鼓励高校对聘用的急需紧缺、业内认可、业绩突出的极少数高层次专业技术人才、管理人才和高端技能人才，尤其是国家和省人才计划引进人才，参考人才市场价格合理确定薪酬水平，实行灵活有效的工资分配方式，所需绩效工资在单位绩效工资总量中单列，相应增加绩效工资总量。

二是提高招聘科学性，灵活开展招聘活动。在招聘的科学性上，首先，在"互联网+"背景下，高校招聘工作应抛开传统招聘方式桎梏，及时更新思维模式，灵活运用各种网络招聘技术，在专业招聘网站、社交网络、学术公众号及分类信息平台等受众清晰的媒介上精准发布学校各类招聘信息的基础上，运用大数据分析，变"发布信息"被动"等人"，为根据需要主动"联系"。例如，若某教师在一定时间内，多次向部分高校人事部门邮箱发送邮件，则可主动向该教师推送本省高校招聘信息，为本省高校牵线搭桥。其次，要充分利用人才服务机构和猎头公司，采用人才雷达技术和大数据进行定向分析和挖掘，有的放矢地寻觅与学校学科建设与发展方向吻合的优秀人才和团队，提升人才招聘质量。再次，高校要坚持树立走出去请人才，要带着招聘政策（引进待遇、人才项目、学术科研）走进双一流高校做好全方位宣讲，将人才政策辐射到位，强化事业引人、待遇引人的十足诚意；要带着感情把双一流高端人才请进学校做学术交流，加深高端人才对学校印象和感情，并通过他们提供人才信息，引荐优秀人才。在招聘的灵活性上，对于博士及高层次人才引进继续强化绿色通道政策，简化流程进行招聘。对于其他岗位人员招聘应科学设置与岗位需求相一致的考核方式，灵活使用。例如，计算机辅助岗位需要体现应聘者的编程及操作能力，可将笔试替换成机试，再采用结构化面试来进行考核。对于高层次人才团队中部分不符合引进标准的，也可按照"一事一议"原则开展招聘，确保人才团队的完整引进。

三是试行人员总量管理。在国家政策尚未明确前，地方可结合实际，选择几所高校，积极探索人员总量管理制度，为国家顶层设计提供经验。人员总量管理以在校生数为基本参数，按照一定的生师比核定，根据高校招生规模动态调整。明确总量管理人员，使正式在册工作人员，在公开招聘、职称考评、岗位聘用、考核奖惩、薪酬分配、社会保险、交流调动、管理使用等方面，执行事业单位人事管理政策。通过人员总量管理，有节奏有梯次地招聘各类人才，达到国家规定的生师比要求，提高教育教学质量。

四是利用信息化手段搭建"一站式"服务平台。整合组织、编制、人社、财政等政府系统，建立跨部门、跨平台、跨系统的服务平台，提供高层次人才引进的政策咨询、信息发布、申请和审批等服务，实现"政策网上看、疑惑网上问、招聘网上查、备案网上办"。让招聘院校通过一网式服务，省去多头办理的烦恼；人才通过一网式查询，更便捷找到招聘信息；政府通过一网式管理，减少重复审核，进一步消除流程中的烦琐环节，提高办事效率。

（二）着眼提高质量，涵养人才培育生态

一是打造良好的人才发展环境。高校应进一步加大对人才队伍的关心培养引导力度，用感情留才、平台育才、待遇惠才，营造团结、和睦、担当、作为的高校用人环境，建设符合教师发展需要的教学科研平台，不断巩固完善教师工资福利待遇。高校更应树立良好的用人观念，用心、用情培养出来的人才，必然会对学校心怀感恩，即使流动到更高的平台，也会适当反哺学校。同时，也应尽快提高自身的吸引力，通过打造高标准的人才发展平台，"筑巢引凤"吸引高端人才。

二是推动设立专门的人才服务机构。推动高校建立高层次人才引进服务工作机构，加强对人才的全程服务和跟踪管理，提高引进人才的工作满意度。该类型机构包括招聘团队、人才评估专家、人才发展规划师等多种人员，提供的服务包括但不仅限于招聘前的信息咨询、专业评估、招聘岗位定制；负责协调学校提供住房、家属安置、配套福利；对引进的高层次人才进

行长期的跟踪管理等，全方位提供服务，以提高人才的满意度。

三是合理利用编外人员资源。高校编外人员中存在一定比例的高学历人才，承担大量工作，可成为编内人员的有益补充。高校可加强对编制外人员的培养，助力学校发展。对能力强、业绩突出，符合条件的编外人员，学校可引导参加人才引进，通过公开竞争纳入编制管理。尚达不到有关条件的，学校可加强指导，配合个人努力获得事业发展。

四是充分保障人才福利待遇。建立高校绩效工资正常增长机制，下放审核权利，高校可结合本单位发展阶段、类型定位、承担任务、人才结构、所在地区、现有绩效工资实际发放水平、财务状况特别是财政科研项目可用于支出人员绩效的间接费用等实际情况，动态调整绩效工资水平。

（三）充分调动活力，激发广大教职工积极性

一是集中资源优势，打造品牌专业。高校应摒弃追求学科"大而全"的思想，利用有限的资源，集中力量办大事，在人员总量管理制度建立前，把有限编制资源用于一个或几个重点学科人才的引进，严把人才引进关口，规范各项程序，配齐配强专任教师力量；充分发挥岗位的基础性作用，将岗位资源向"四大"倾斜（大平台、大项目、大团队、大成果），做好、做优、做强重点学科，从而带动学校整体发展。

二是推动建立岗位能上能下的灵活机制。事业单位专业技术人员旺盛的需求与高、中级专业技术岗位稀缺之间的矛盾，是促进事业单位内部有序良性竞争、推进事业单位开展竞聘上岗的主要动力。应鼓励和支持高校主动探索建立"竞聘上岗"机制，通过合理地制定聘期考核办法，科学评价教师工作成绩，确定聘期考核结果，并以此作为"竞聘上岗"的重要依据和参考。规范开展"竞聘上岗"工作，完善学校"竞聘上岗"管理办法，并通过职工代表大会或其他形式，听取工作人员意见。在建立"竞聘上岗"制度后，试行"评聘分开"，让"人才评价"服务"岗位聘用"，使广大教职工思想上接受"竞聘上岗"，行动上主动参与"竞聘上岗"，牢固树立起"评价看水平，聘任看能力"的正确价值观。人社部门也应主动作为，积极向国家争取政策，

对于真正开展"竞聘上岗"，实现岗位能上能下的高校，因已具有了化解评聘矛盾的基础，可试点开展"评聘分开"，并给予一定的高级岗位结构比例、年度考核优秀比例上浮支持，带动高校积极开展人事管理探索。

三是合理消化过渡现有工勤人员。事业单位岗位管理的内涵是"按需设岗""按岗聘用""竞聘上岗""合同管理"，事业单位应当根据单位职能定位，从事业发展需要的角度考虑，合理设置岗位。由于高校后勤已经实现后勤服务的社会化，对承担一般性劳动工作的编制内后勤人员需求逐步降低，已不再面向社会招聘工勤人员，现有工勤人员需消化过渡。消化过渡需根据工勤人员的情况，采取不同的方式。对部分工作潜力大、积极性高、热爱管理工作的，学校可引导其通过个人努力，达到聘任条件，转岗聘任其至管理岗位工作；对部分学习能力强、热爱钻研业务的，可帮助其加强学习，参与图书、实验、工程等辅助工作，按规定参评职称，转岗聘用至专业技术辅助岗位；对部分虽然无法达到转岗条件，但工作成绩突出的，也可采取"退二聘一""退三聘二"等政策进行晋升，予以积极消化过渡。

党的二十大报告指出，必须坚持守正创新，具体落实在高校人事管理上，"守正"指的是国家制定的事业单位人事管理制度，包括公开招聘、岗位管理、职称评审、人员聘用、工资福利、考核、处分、奖励、申诉、回避、监督等。必须牢牢把握国家对各项事业单位人事管理工作的要求和内涵，坚持底线不能突破。"创新"就是要在国家政策授权范围内，着眼激发高校工作人员的积极性，充分发挥用人自主权，不断探索新的管理模式，提高人事管理工作的科学水平，这需要国家、地方和高校共同努力。从国家层面来说，应做好顶层设计，明确探索的方向，及时掌握有关工作开展的具体情况，把地方总结的好经验好做法适时上升为国家制度；从地方层面来说，应加大对高校的支持力度，广泛宣传政策，引导高校用好用活政策，并结合地方实际，支持高校积极探索适合自身的人事管理模式；从高校层面来说，要直面矛盾，主动作为，在政策允许的范围内，结合学校情况，制定完善本校人事管理制度，打造一支能力强、水平优、作风硬、成绩好的人才队伍，建设开放包容、兼收并蓄、活力迸发、特色鲜明的高水平大学。

参考文献

《事业单位人事管理条例》，《劳动保障世界》2014 年第 6 期。

赵晓明、刘晓诚：《安徽大学教师队伍建设的实践与创新》，载余兴安主编《中国事业单位发展报告（2020）》，社会科学文献出版社，2021。

朱立军：《安徽农业大学教师岗位管理的改革与实践》，载余兴安主编《中国事业单位发展报告（2019）》，社会科学文献出版社，2020。

《关于深化职称制度改革的意见》，《重庆与世界》2017 年第 6 期。

《人事部关于印发〈事业单位岗位设置管理试行办法〉的通知》，《黑龙江政报》2007 年第 1 期。

《关于加强新时代高校教师队伍建设改革的指导意见》，中华人民共和国教育部公报，2021。

B.8
山东省事业单位绩效工资管理
实践与探索

赵晓燕　刘婷　刘娜*

摘　要： 事业单位作为引才育才用才的一个重要载体，在贯彻实施科教兴国战略、人才强国战略、创新驱动发展战略中发挥着关键作用。事业单位实施岗位绩效工资制度是事业单位管理体制改革的一项重要内容，做好绩效工资管理工作对促进事业单位高质量发展、提高公共服务水平、深化人才体制机制改革和推进高水平科技自立自强具有重要意义。近年来，山东积极推进实施事业单位绩效工资制度，建立健全绩效工资管理体系，逐步落实以增加知识价值为导向的收入分配政策，持续深化绩效工资管理"放管服"改革，取得了明显成效。为了掌握各级事业单位落实绩效工资制度情况，及时发现并解决制度运行中存在的问题，本文在对全省事业单位绩效工资管理整体情况进行调研的基础上，针对调研中发现的绩效工资监管制度不够完善、事业单位内部分配机制不够健全、高层次人才薪酬激励政策落实存在困难、绩效工资实施氛围不够浓厚等问题，深入剖析原因并从完善机制、强化指导监督和提升服务质效等方面提出了解决对策及建议，以期为进一步深化事业单位收入分配制度改革提供参考和借鉴。

关键词： 事业单位　绩效工资　内部分配　"放管服"改革　山东省

---

* 赵晓燕，山东省人力资源和社会保障厅工资福利处处长、二级巡视员；刘婷，工资福利处副处长；刘娜，工资福利处四级主任科员。

为深入开展学习贯彻习近平新时代中国特色社会主义思想主题教育，落实中央和省委大兴调查研究的工作要求，结合 2023 年度工作重点，我们对全省事业单位绩效工资管理情况进行了调研。

本次调研采取书面调研、实地调研、召开座谈会、问卷调查、统计分析和征集典型案例的方式开展。结合 16 地市事业单位绩效工资管理工作书面调研情况，分片区组织各地市和部分县（市、区）分别在济宁、淄博、潍坊、青岛召开座谈会，听取各市在事业单位绩效工资管理整体情况、动态调整机制、内部分配、高层次人才薪酬激励、科研人员获得合理收入和加强监督管理等方面的做法及工作成效，就绩效工资管理工作中存在的问题进行交流研讨，对各市反映的困难和问题逐一回应，征集各级各地的意见建议；结合分片调研，分别赴邹城市疾控中心、临淄区实验中学、潍坊广文中学、潍坊市人民医院和青岛市勘察测绘研究院实地调研，面对面交流单位在绩效工资管理方面的经验做法，分析探讨政策落实过程中遇到的堵点难点及破解办法，征集单位对进一步提高工资管理质效的意见建议。针对省属事业单位，赴济南大学实地调研学校工资管理、绩效工资、内部绩效考核和分配机制等情况；开展省属事业单位工资福利工作电子问卷调查，对征集到的问题及建议梳理分析。面向全省征集事业单位绩效工资管理典型案例进行分析研究，并结合年度重点工作选取济宁市典型案例开展解剖式调研。现将有关调研情况报告如下。

一 事业单位绩效工资管理基本情况

事业单位收入分配制度事关事业单位工作人员的切身利益和各行业的高质量发展。现行的事业单位收入分配制度（即岗位绩效工资制），是 2006 年 7 月国家机关和事业单位工资制度改革时建立的。岗位绩效工资包括基本工资（岗位工资和薪级工资）、绩效工资和津贴补贴三部分，其中基本工资和津贴补贴均按国家和省规定的标准和办法执行，相对固定；绩效工资主要体现工作人员工作业绩和实际贡献，由单位在核定的总量内自行制定分配办法灵活发放,是收入中"活的部分"。做好绩效工资管理工作对于调动事业单位工作人员积极性、加强干部队伍建设、促进社会事业发展、提高公益服务水平具有重要意义。

根据国家统一部署,结合实际情况,2009年1月起,山东省按照"分类指导、分步实施、因地制宜、稳慎推进"的原则,从义务教育学校、公共卫生与基层医疗卫生事业单位开始探索建立绩效工资管理制度,到2012年逐步在所有事业单位推开并不断健全完善。目前,全省各级事业单位均已实施绩效工资制度,在助力引才用才、激发创新活力方面发挥了重要作用,为促进经济社会高质量发展贡献了力量。

(一)夯实工作基础,绩效工资管理政策体系不断健全

2018年以来,山东省在完善省属事业单位绩效工资管理办法基础上,印发《进一步加强事业单位绩效工资管理全面实施事业单位绩效工资制度的通知》,要求各市进一步完善绩效工资政策、放权事业单位搞活内部分配、加大高层次人才激励力度、做好绩效工资总量核定等工作。同时,陆续出台了《山东省事业单位高层次人才收入分配激励机制的意见(试行)》《关于实施创新人才薪酬激励若干措施的通知》《关于进一步落实事业单位科研人员职务科技成果转化现金奖励纳入绩效工资管理工作的通知》《关于部分卫生机构核增一次性绩效工资的通知》《山东省深化公立医院薪酬制度改革实施方案》等一系列指导性文件,配合相关部门印发《关于完善高等学校绩效工资内部分配办法的指导意见》《关于加快实行以增加知识价值为导向分配政策的实施意见》等相关文件。各地市均根据文件精神相应出台了配套政策,并坚持问题导向,不断探索实践、细化管理,推动事业单位绩效工资政策体系持续健全完善。例如,潍坊市印发了事业单位绩效工资总量核定办法,济宁市出台了绩效工资总量动态调控意见和绩效工资监督检查办法,青岛市制定了事业单位科研人员职务科技成果转化现金奖励纳入绩效工资管理办理细则,淄博市桓台县规范了事业单位绩效工资考核办法并分类制定绩效工资考核办法参考模板等。

（二）落实分类管理，绩效工资动态调控机制逐步规范

山东省事业单位绩效工资实行总量管理，由人社、财政部门核定总量，单位自主分配。总量水平根据行业特点和经费来源实施分类调控，按照"限高、稳中、托低"原则，分别设置基准线、调控线和限高线。基准线是确定事业单位绩效工资水平的基数，按当地全额拨款事业单位绩效工资平均水平（参照当地公务员规范津贴补贴和年终一次性奖金平均水平）确定并动态调整。限高线是绩效工资最高水平线，事业单位绩效工资不得突破限高线。调控线是介于基准线与限高线之间，用于调节不同事业单位差异、确定是否征缴调节金的水平线。具体申报中，由主管部门和事业单位考虑评价考核结果、事业发展需要等因素每年对绩效工资水平进行调整，差额拨款和自收自支事业单位按照基准线的一定倍数上下浮动，最高可分别上浮4倍和5倍，且对于超过调控线的部分分档征收调节基金，实现了动态调整、合理调控。以省属事业单位为例，2022年已为182家事业单位审核浮动了绩效工资，占省属事业单位的36.4%。与2021年相比，上述浮动了绩效工资的事业单位中，有35家浮动比例发生了变化（其中，22家进一步上浮，13家下调了原有水平）。绩效工资分类动态调控机制的规范运行，为不同特点事业单位搞活内部分配和提高人员收入创造了政策空间，充分调动了工作人员的积极性。

（三）加强宏观指导，事业单位内部分配机制初步建立

2018年以来，山东省逐步扩大事业单位内部分配自主权，由事业单位按照规程序制定绩效工资内部分配方案，根据工作需要自主确定绩效工资中基础性与奖励性绩效工资所占比重，绩效工资中分设的具体项目、标准及发放办法，使绩效工资内部分配向关键和紧缺岗位、一线岗位、业务骨干和做出突出成绩的工作人员倾斜，更好地体现职工能力、实绩和贡献，达到多劳多得、优绩优酬的正向激励效果。同时通过内部分配向一线岗位、艰苦和关键岗位倾斜，近300名不能坚持上班或考核不称职的人员从奖励性绩效工

资分配名单中消失，更使按劳分配、多劳多得的分配原则深入人心，极大地调动了事业单位工作人员的积极性，真正激发了事业单位内部活力。

（四）助力人才引育，高层次人才薪酬激励不断创新突破

高层次人才是推动知识和技术创新、促进科技发展的骨干力量。2018年，山东省在全国率先建立高层次人才收入分配倾斜机制，将党委、政府人才工作部门认定的高层次人才作为实施范围；2022年，进一步扩大高层次人才薪酬激励的适用范围，支持高水平大学、科研院所和公立医院自主确定高层次人才激励范围。鼓励事业单位对高层次人才实行灵活多样的激励方式，真正让一流的人才享受一流的待遇，一流的贡献得到一流的回报，为助力单位人才引育留用工作提供了政策保障。如2022年青岛科技大学共有88名高层次人才享受协议工资制、年薪制的薪酬分配方式，最高年薪达200万元。灵活的薪酬激励模式为学校引育高层次人才增添了强大助力，当年该校超额实现年度重点任务人才引育目标。据统计，2022年，全省事业单位4071名高层次人才享受薪酬激励政策，其中实行绩效工资倾斜3084名、年薪制279名、协议工资制448名、项目工资制260名。省属事业单位1396名高层次人才享受薪酬激励政策，比2021年提高85.9%。

（五）以增加知识价值为导向，科研人员参与科技创新的热情得到充分激发

合理的利益分配机制是激发科研人员参与项目研究、促进科技成果向现实生产力转化的重要保障。2018年以来，山东省聚焦落实以增加知识价值为导向的收入分配政策，建立健全科研项目研究、职务科技成果转化收益分配机制，对科研人员按规定从科研项目中获得的绩效支出，以及科技成果转化现金奖励，在单位绩效工资总量中单列，不作为调控基数，在不影响单位其他人员相关利益的前提下，精准激励科研工作者，充分激发科研人员参与科技创新的热情。根据山东省直和各地市事业单位绩效工资总量核定情况，2022年山东省财政科研项目用于科研人员绩效支出绩效

工资总额 13272 万元，横向科研项目绩效支出绩效工资总额 20072 万元，职务科技成果转化现金奖励绩效工资总额 17536 万元。

（六）强化"放管服"改革，绩效工资监督管理稳步推进

实施事业单位绩效工资监督管理是推动绩效工资分配政策落实落细的重要措施，也是规范事业单位收入分配秩序的重要保障。山东省在充分放权事业单位搞活内部分配的基础上，同步做好"管""服"结合文章。一是规范公务员津贴补贴时统筹考虑事业单位人员。制定事业单位工资津贴补贴白名单，确保事业单位政策落实、资金清算与拨付等相关工作与公务员同步，同时配合建立健全部门联席工作规则和机制，持续做好清理规范津贴补贴工作。二是组织省市县"三级联动"开展"事业单位工资政策畅通行"活动。全省统一部署、统一行动，采取"请进来"和"走出去"、"线上和线下"相结合等多种方式，加强事业单位收入分配政策宣传解读，为提升工资福利工作质效、引导单位落实以增加知识价值为导向的收入分配政策、进一步释放政策红利奠定了基础。三是加强绩效工资监督管理。各级各部门普遍结合每年绩效工资总量核定工作倒查事业单位上年度绩效工资分配情况，及时发现问题、督促整改落实，稳步推进绩效工资监督管理工作。调研显示，山东省多地出台了加强绩效工资监督管理的相关措施，并结合工作实际探索创新，有效促进了事业单位绩效工资制度规范有序运行。例如，济宁市建立了部门单位自我约束和行政职能部门外部监督相结合、双发力的监管机制，从 2020 年起通过政府购买服务方式引入第三方专业机构，开展绩效工资实施情况检查，实现了监管模式的创新突破，有效规范了事业单位收入分配秩序。

二　存在的问题及原因分析

近年来，山东省在健全完善绩效工资管理制度、落实以增加知识价值为导向的收入分配政策和深化事业单位工资管理"放管服"改革等方面取得

了一定成效，但随着事业单位收入分配制度改革进一步深化，也凸显出一些亟须解决的问题。

（一）绩效工资监管制度还需进一步完善

事业单位内部分配自主权下放后，出现了部分单位不会用、不想用、用不好的问题，主要原因是对绩效工资实施的事中事后监管还没有及时跟上。一是事业单位主体责任发挥还不够充分。有的单位求稳怕乱，不想打破以岗位、资历为依据的传统分配模式。有的单位对政策边界认识不清，提出突破政策规定的诉求。二是主管部门履行指导监管职责还不够到位。部分主管部门在统筹平衡绩效工资水平、指导所属单位制定科学合理考核分配方案、加强监督管理上还没有真正到位。三是人力资源和社会保障部、财政部等职能部门监管力度还不够强化。大多依托"吃空饷"专项整治、津贴补贴清理等国家统一部署的专项检查开展绩效工资监督检查工作，长效的监管机制还没有普遍建立。

（二）事业单位内部分配机制还不够健全

事业单位改革的不断深化，客观上要求单位内部管理更加完善精准。科学合理的绩效考核评价和内部分配机制，是发挥好绩效工资激励作用的关键。从调研情况看，有绩效工资增量的教育、卫健系统及多数经济效益好的差额拨款和自收自支事业单位都建立了较完善的绩效考核评价和内部分配机制，但也存在部分事业单位尤其是全额拨款事业单位未搞活分配或考核评价指标简单笼统的情况，没有充分体现多劳多得、优绩优酬的分配原则。究其原因，除按岗位、资历分配的固有观念和已有分配方案修订不及时等因素外，缺少细化量化、可操作的绩效考核评价标准是阻碍事业单位搞活内部分配的主要因素。

（三）高层次人才激励政策还需进一步落实

调研发现，部分单位高层次人才薪酬激励政策落实存在困难。一是单位落实高层次人才激励的积极性不够。受干部职工误解误读"不患寡而患不均"的思想影响，单位在执行政策上存在顾虑。部分单位在如何平衡高层次人才和普通职工收入差距方面把握不准。还存在极个别单位认为高层次人才作用发挥不充分，导致岗薪不匹配的现象，影响了普通职工的工作积极性。二是经费保障能力所限。高层次人才薪酬激励等所需资金原则上由单位自行筹集。全额拨款事业单位因所需经费全部由财政保障，缺乏实施激励所需的资金。部分有收入的事业单位，也因创收收入来之不易，在投资高层次人才激励方面慎之又慎。

（四）全社会实施绩效工资氛围还不够浓厚

部分单位对实施绩效工资的意义认识还不足，对绩效工资考核分配的积极性还不高，组织发动不够，绩效工资政策宣传解读还不够。2023 年 5 月，我们开展了省属事业单位工资福利工作电子问卷调查，43.4%的被调查对象表示对事业单位工资福利政策了解不到位。结合市县调研情况，分析其原因，一是由于工资业务具有较强的专业性和连续性，部分单位负责工资工作的人员调换频繁，工作交接不畅，政策把握不准，缺乏精通业务的专业人员。二是工资政策具有较高的关注度和敏感性，多数文件不予公开，负责工资工作的人员也形成了不宜宣传的思维定式，这种情况也导致部分单位职工对政策不了解，不能有效参与到绩效工资分配方案的制定中。三是全社会还没有形成绩效工资管理宣传态势。部分行业、部门（单位）已经探索建立了行之有效的内部分配机制，但未进行有效总结、推广及宣传，以上这些因素一定程度上影响了政策的落实。此外，少数基层单位现行财政工资仍实行统发体制，也限制了绩效工资的推行。

三 下一步工作思路及打算

党的二十大报告就深入实施科教兴国战略、创新驱动发展战略和人才强国战略，完善收入分配制度作出了全面部署，为我们下一步工作提供了遵循、指明了方向。结合山东省实际情况，下一步工资福利处工作的基本思路是：全面贯彻落实党的二十大精神，以健全制度为主线，以激发创新创造活力为重点，坚持问题导向、需求导向、目标导向和效果导向，着重完善高层次人才薪酬激励制度和事业单位工资正常增长机制，加强督导落实，规范收入分配秩序。逐步建立健全制度模式多元化、水平决定科学化、管理调控精细化、内部分配个性化的事业单位工资制度体系，强化事业单位公益属性，推动公共服务事业健康发展。

（一）多措并举，不断完善绩效工资监管机制

加强顶层设计，综合各地在绩效工资监督管理方面的有效探索和创新做法，会同财政部门制定出台全省事业单位绩效工资监督检查办法，强化事业单位、主管部门和相关职能部门各方责任，结合工作实际丰富和优化绩效工资监管方式，确保事业单位收入分配秩序规范有序。一是人力资源和社会保障部门要持续巩固清理规范津贴补贴成果，在联席会议工作机制下，同步做好绩效工资实施指导和监督检查等工作。二是常态化落实单位自查、主管部门定期书面审查、职能部门不定期抽查等工作，探索引入第三方专业机构检查等工作模式。三是加快信息一体化建设，强化系统支撑，实现动态监测绩效工资分配情况，建立异常数据预警机制等。四是建议有关职能部门将事业单位内部绩效考核分配实施情况与单位绩效考核挂钩，推进事业单位绩效工资监管工作制度化、规范化、长效化。

（二）强化指导，持续提升绩效工资管理质效

一是以点带面，促进事业单位内部分配水平全面提升。调研中发现，各地在实施绩效工资过程中形成了一些好的经验做法，为此我们面向全省广泛征集典型案例，目前已征集案例60多个，下一步将对征集到的案例进行整理分析，汇编成册，广泛宣传，充分发挥典型引领示范作用，积极营造多劳多得、优绩优酬的社会氛围。同时收集整理2006年以来的工资政策，汇编成册，免费培训发放，指导单位学好用好政策工具书。二是统筹兼顾，加强

与前端人事管理环节的协调联动。主动加强内部协调，实现绩效工资搞活分配与前端事业单位岗位设置和竞聘上岗办法的统筹联动。指导事业单位以落实2023年新修订的《山东省事业单位工作人员考核办法》为契机，同步修订内部分配办法，将事业单位工作人员平时考核、专项考核、聘期考核和年度考核情况作为参考依据。三是强化责任，激发行业主管部门落实绩效工资政策的积极性。加强协作，充分发挥主管部门懂行业、管行业的作用。明确主管部门在绩效工资总量核定中的指导、监督和调控职责，在确定绩效工资水平时把主管部门的建议作为重要参考，激发主管部门在加强行业内部监督方面的履职积极性。适时联合相关行业主管部门开展专题调研。四是加强指导，落实事业单位绩效工资管理的主体责任。引导事业单位破除思想藩篱，勇于打破现有利益格局，接得住、用得好下放的内部分配权。严格履行法定程序，在制定内部分配办法时充分听取广大干部职工的意见建议，反复论证，确保科学合理可行，使分配方案得到广大职工的认同和拥护，为顺利实施奠定基础。

（三）加强督查，确保高层次人才薪酬激励政策落地开花

加强高层次人才收入分配激励事中事后监管，严格落实省人社厅、省财政厅《关于山东省事业单位高层次人才收入分配激励机制的意见（试行）》，开展事业单位高层次人才薪酬激励检查工作，重点关注单位建立和完善高层次人才收入分配管理办法、考核评价结果使用、薪酬激励效用发挥、享受激励政策的高层次人才履职情况等方面，及时解决高层次人才收入分配激励工作中存在的问题。通过定期调查高层次人才薪酬激励制度建立、效用发挥等情况，帮助单位进一步厘清高层次人才薪酬激励的原则、准确把握政策内容、明确政策使用边界，引导单位建立正确的高层次人才薪酬激励导向，促进激励政策真正落地生效，切实发挥政策的"黄金效用"。

（四）主动服务，常态化开展"工资政策畅通行"活动

聚焦事业单位实施绩效工资的氛围还不够浓厚等问题，2023年率先结

合模范机关建设，组织省市县"三级联动"开展"事业单位工资政策畅通行"活动。各地结合实际，制定活动方案，周密组织实施，积极推动活动扎实有序开展，受到事业单位及干部职工的广泛好评。下一步，我们将强化更新服务理念，实现统一思想、提高认识，继续通过政策宣传、调研问需和培训提升等多种方式，深入事业单位开展系列活动，将活动内容覆盖事业单位工资管理全流程，努力在提质效、促发展上展现新作为、实现新突破，推进事业单位工资管理"放管服"改革走深走实，进一步充分发挥事业单位收入分配政策激励保障作用，为积极推动全省经济社会高质量发展、深入实施科教强鲁人才兴鲁战略、不断开创人社事业发展新局面贡献力量。

B.9
湖南省事业单位人才评价改革与探索

傅 音*

摘 要： 本文从"五个坚持"的维度，介绍了湖南省在事业单位专业技术二级岗位人员评审工作中的改革探索经验，包括坚持党管人才，聚焦"三高四新"，"破四唯"立新标，完善评审办法等。以期能进一步探索新时代人才体制机制改革的内核，深刻领会人才工作的新理念、新战略、新举措，为人才工作开展提供新思路、新范式、新经验。

关键词： 事业单位 专业技术岗位 湖南省

习近平总书记在党的二十大报告中指出："教育、科技、人才是全面建设社会主义现代化国家的基础性、战略性支撑。必须坚持科技是第一生产力，人才是第一资源，创新是第一动力，深入实施科教兴国战略、人才强国战略、创新驱动发展战略。"中央人才工作会议召开后，党中央、国务院印发了《关于加强和改进新时代人才工作的意见》，湖南省委、省政府印发了《关于深入推进新时代人才强省战略 奋力打造国家重要人才中心和创新高地的实施意见》。人才兴则湖南兴，人才强则湖南强。结合人才强省战略的新形势、新要求和部门的自身职能定位，湖南省人社厅在事业单位专业技术二级岗位人员评审工作中，进行积极改革与大胆探索，社会反响良好。

---

* 傅音，湖南省人力资源和社会保障厅事业单位人事管理处副处长。

一 基本情况

科学开展专业技术二级岗位人员评审工作，选好用好专业技术二级岗位人员，既是实施事业单位岗位管理制度的重要内容，也是加强高层次人才队伍建设的重要举措，同时还直接关系到高层次专业技术人员的价值认可和切身利益，社会关注度高。

（一）历年情况介绍

湖南省事业单位专业技术二级岗位人员评审工作每两年开展一次。为了保证评审工作的"可持续发展"，每次以二级岗位空缺职数的60%作为评审计划数。2018年全省专业技术二级岗位空缺职数325个，按60%计算评审计划数195人，当年申报人数317人，评审通过率为61.5%。2020年全省专业技术二级岗位空缺职数388个，按60%计算评审计划数233人，当年申报人数492人，评审通过率为47.4%。截至2021年底，全省已聘专业技术二级岗位人员904人，年龄结构分布：41~45岁13人，46~50岁52人，51~54岁120人，55~59岁603人，60岁及以上116人。①

（二）2022年情况介绍

全省申报参评并符合申报条件的共有620人，按单位层级分，省直事业单位554人，市州事业单位66人。②

省直事业单位中，按学科小组分，社科组215人、自科组175人、工程技术组72人、医卫组92人。按取得正高职称时间分，满15年的241人、满12年的208人、满9年的76人、满6年的26人、不满6年的3人。符合可直接申报条件（不受正高年限限制）的29人。市州事业单位中，按学科

---

① 数据来源：湖南省人才人事信息管理系统。
② 数据来源：湖南省人才人事信息管理系统。

小组分，社科组 13 人、自科组 13 人、工程技术组 5 人、医卫组 35 人。按取得正高职称时间分，满 15 年的 38 人、满 12 年的 19 人、满 9 年的 5 人、满 6 年的 3 人、不满 6 年的 1 人。符合可直接申报条件（不受正高年限限制）的 3 人。

2022 年共评审通过 325 人，分布在全省 14 个市州和 99 家省直事业单位，较往年分布更加均衡，特别是一些市州彻底告别了年年"剃光头"的窘境；从年龄结构看，既充分肯定了长期坚持在一线工作的老同志（正高 15 年以上 103 人），又让一批优秀的青年科技人才脱颖而出（50 岁以下 56 人）。

二　主要做法

（一）坚持党的领导，把牢政治方向

在中央人才工作会议上，习近平总书记用科学的理论对新时代人才工作的一系列重大理论和实践问题做出了有力的回答，对做好新时代人才工作的"八个坚持"提出了明确的要求，这是深入实施新时代人才强国战略的指导思想和基本原则，是新时代人才工作的新理念新战略新举措，"坚持党对人才工作的全面领导"是"八个坚持"的核心内容。党管人才是我国人才工作的根本原则，是党执政兴国的制度安排，也是我国人才制度的最大优势。

专业技术二级岗位人员评审工作，是人才工作的重要内容，必须坚持党对评审工作的全面领导。湖南省人社厅党组高度重视，单位负责人多次听取准备工作情况汇报，把方向，定原则，要求在评审工作中全面贯彻习近平总书记关于做好新时代人才工作的重要思想，贯彻落实党的二十大、中央和省委人才工作会议精神，从评审专家组成、评审方案制定、评审组织实施、评审结果审核等环节，全方位加强党的领导。评审期间，充分发挥专家组长的作用，将加强党对人才工作全面领导的要求通过他们落实落地。几位专家组

长既是本学科领域的学术权威，又是事业单位和主管部门的党政领导，讲政治、讲大局、站位高、水平高，多次召开碰头会，研究评审过程中的一些原则问题，很好地保证了评审工作正确的政治方向。

（二）坚持"四个面向"，聚集"三高四新"

面向世界科技前沿、面向经济主战场、面向国家重大需求、面向人民生命健康，服务湖南省"三高四新"战略定位和使命任务，是人才工作基本的政治要求。在整个评审过程中，将紧扣"四个面向"、服务"三高四新"的政治要求贯穿始终，评审指标向科技创新人才和先进制造业人才倾斜，真正做到不拘一格选拔人才，一批优秀的"70后"（甚至"80后"）博士脱颖而出，为湖南省建设国家一流人才中心和科技创新高地集聚了宝贵的人才资源。比如，湖南师范大学生命科学学院教授、博士生导师覃钦博，1981年10月生，2019年12月获正高职称，年纪轻、资历浅，但他先后主持国家重点研发计划项目、国家自然科学基金项目等国家、省级重要项目10余项，两次获国家科技进步二等奖，系国家科技创新领军人才、教育部"长江学者奖励计划"青年长江学者、湖南省科技创新领军人才。评审专家解放思想、慧眼识才、大胆选才，覃博士获全票通过。

（三）坚持守正创新，"破四唯"立新标

专业技术二级岗位是湖南省事业单位最高专业技术岗位等级，专业技术二级岗位人员应该是湖南省最优秀的专业技术人员，所以我们从政治要求、学术成就、工作业绩、社会影响、任职年限等方面制定严格的申报评审条件，并要求严格按条件申报、按条件评审，确保优中选优，把真正优秀的人才遴选出来。同时，我们又根据深化人才发展体制机制改革的要求，"破四唯""立新标"，不断改革人才评价机制。坚决破除"唯论文、唯职称、唯学历、唯奖项"的"四唯"现象，不把成果完成人的职称、学历、头衔、获奖情况作为科技评价、科研项目绩效和人才计划评审的主要依据，不将奖

项、论文、学术头衔和人才称号等作为人才评价的唯一标准和限制性条件。突出业绩、能力和贡献导向，一批长期在基层一线工作、正高职称 15 年以上的"老同志"获评专业技术二级岗位资格。

（四）坚持公平公正，兼顾统筹平衡

公平公正是做好评审工作的基本要求。首先，严格申报程序，要求申报单位对参评人员申报材料严格筛选把关，并经所在单位党委（党组）研究批准，省直主管部门或市州人民政府审核同意方可申报。其次，严把资格审查关，对所有申报人员的身份、学历、职称、奖项、荣誉、业绩等情况逐一进行审核。最后，严密组织评审，专家评审工作严格按照工作方案进行，过程严谨有序，组织周到严密。整个评审工作在厅机关纪委的全程监督下集中封闭进行。评审专家从专家评委库中随机抽取，并通过语音系统通知本人。评审期间，专家和工作人员的通信工具全部交由机关纪委的同志统一保管。住宿房间的网络和电话均切断，不得随意与外界联系，不得外出，不得在评审地点会客。评审过程中未发现任何违纪现象，整个评审工作风清气正。在坚持公平公正的同时，我们还兼顾统筹平衡。事业单位的主要职责职能是为社会提供公共服务，促进公共服务均等化，人才评审工作就必须兼顾统筹平衡。因此，在评审时，既坚持标准条件，又考虑统筹兼顾和平衡。比如统筹省直与市州的平衡，统筹行业、专业之间的平衡，统筹单位之间的平衡，统筹学术成就与社会贡献之间的平衡，统筹老同志与年轻人之间的平衡等。

（五）坚持改革探索，完善评审办法

一是优化专家结构。既有本科院校的专家，也有高职院校和科研院所的专家；既有西医方面的专家，也有中医方面的专家和公共卫生方面的专家，避免评审专家组成过于单一。二是市州指标单列。在往年的评审工作中，市州的同志普遍反映，将市州与省直事业单位的申报人员同台竞争，对基层的同志很不公平。经过充分研究，2022 年给市州单列了评审指标。三是预留评审计划。以往评审计划按相同的通过率平均分配到各学科组，貌似公平，

但没有突出重点。2022 年将省直单位的评审计划预留 10%，主要用于选拔湖南省"三高四新"急需的科技创新人才和先进制造业人才。四是跨组统筹协调。以前各学科组一般都是"各干各的"，相对封闭，相对独立，这样会出现标准条件把握不太一致的现象。因此，建立了专家组长磋商协调机制，特别是对省直预留计划和市州单列计划的评审，跨组统筹协调发挥了重要作用。

三　几点启示

人才评价改革是一项系统工程。总结回顾 2022 年专业技术二级岗位评审工作，可以得到以下几点启示。

一是人才评价工作必须坚持政治正确，服务大局。人才评价，既是一项业务工作，更是一项政治工作。要把学习贯彻习近平新时代中国特色社会主义思想摆在人才评价工作最突出的位置，通过人才评价，引导事业单位专业技术人才增强"四个意识"，坚定"四个自信"，做到"两个维护"，爱党报国、敬业奉献、服务人民。同时，"三高四新"是习近平总书记为湖南擘画的宏伟蓝图，打造国家重要先进制造业高地、具有核心竞争力的科技创新高地、内陆地区改革开放高地，都需要高素质人才支撑。人才评价工作，就要围绕这个中心、服务这个大局。在评审工作中，强调突出国家和湖南省使命导向，向先进制造业人才和科技创新人才倾斜，产生了良好的社会反响。

二是人才评价工作必须坚持破立结合，改革创新。创新是对发展进行指引的首要动力，而人才则是对发展进行支撑的首要资源。党的二十大报告中明确指出了要深化人才发展体制机制改革，这对为国选才提出了更高要求。人才工作面临的形势是不断变化的，经济社会发展变化对人才的要求是不断变化的，人才队伍的实时状态是不断变化的，这就要求我们的人才评价工作要坚持目标导向、问题导向、效果导向，不断改革创新。中央和省委人才工作会议后，我们从事业单位专业技术二级岗位评审工作入手，着重以"破四唯"和"立新标"作为突破契机，对"唯论文、唯职称、唯学历、唯奖项"的偏向做出有力的纠正，对陈旧的条框与束缚进行破除，积极构建以业绩、能力、贡献为导向的人才评价机制。致力于对人才评价的创新，不断对人才活力进行激发，大力营造对人才尊重、对人才支持、对人才关爱的优秀环境，引导广大专业技术人才为社会提供更加充分、更加优质的公共服务。

三是人才评价工作必须坚持客观公正，实事求是。通过建立评审专家库，强化专家队伍建设。科学设置专家遴选标准，突出职业道德和综合素质要求，并定期动态调整，实行"有进有出""优进劣出"，持续充实评价专业力量。规范专家评价行为，实行回避制度和承诺制度，对评价专家的廉政风险防控机制和责任追究制度进行完善。对专家权利进行依法保障，确保专家在专业性、公正性和权威性等方面能够继续保持，彰显自身的专业精神、职业操守和人文情怀，客观公正、实事求是开展评价工作，确保整个评审过程风清气正，经得起历史和人民的检验。

B.10
甘肃省事业单位人事管理工作 实践与探索

朱宗良[*]

摘　要： 事业单位是我国各类人才的主要聚集地，是增强我国综合国力的重要领域，是实施人才强国战略的重要战略阵地。岗位管理、人员聘用以及公开招聘，是当前事业单位人事制度改革与人员管理的三项基本制度。甘肃守正创新，不断巩固和完善事业单位人事管理制度，全面实施并优化岗位管理与人员聘用制度，激发事业单位内生动力与人员活力；全面推行和完善公开招聘制度，拓宽事业单位外部选人用人主渠道，创新人员招聘模式，不拘一格全力引进各类人才，取得了积极成效。但聚焦事业单位需要和人员期盼，也发现岗位管理基础性作用发挥不够、公开招聘仍需持续改进优化、职员等级晋升制度尚未"全覆盖"、管理与服务尚未有效衔接、管理手段落后等突出问题。近年来，"放管服"改革深入推进，甘肃通过流程再造、提供高质效业务办理服务、加强事中事后监管、加大政策宣传培训等方式，不断提升管理服务水平。为深入贯彻落实党的二十大和中央人才工作会议精神，必须统筹把握守正与创新、管理与服务、特殊与一般的关系，从激发内生动力、引入科学方法、夯实工作基础等方面提出了探索优化甘肃事业单位人事管理的路径。

---

* 朱宗良，甘肃省人力资源和社会保障厅劳动关系处副处长。

关键词：　事业单位　岗位管理　公开招聘　人事管理　甘肃省

事业单位是我国各类人才的主要聚集地，是增强我国综合国力的重要领域，是实施人才强国战略的重要战略阵地。习近平总书记在中央人才工作会议上指出，"坚持深化人才发展体制机制改革""坚持全方位培养用好人才""坚持营造识才爱才敬才用才的环境"，党的二十大报告专题论述"深入实施人才强国战略"，提出"实施更加积极、更加开放、更加有效的人才政策，引导广大人才爱党报国、敬业奉献、服务人民"，充分体现了党中央对人才工作的高度重视，也对事业单位人事管理明确了新目标，提出了新要求，必须全面理解、深入贯彻、认真落实，坚持以习近平新时代中国特色社会主义思想为指导，守正创新，不断优化事业单位人才成长、创新、服务政策，奋力开创事业单位人事管理工作新局面。

一　守正创新，不断巩固和完善事业单位人事管理制度

近年来，甘肃省持续深化事业单位人才发展体制机制改革，以"放管服"改革为主线，围绕制度创新和简政放权优化措施，全面落实事业单位选人用人自主权，破除人才培养、使用、评价、服务、支持、激励等方面的体制机制障碍，向用人主体授权，为人才松绑，确保各类人才引得进、留得住、干得好、有活力，不断调动事业单位内生动力、激发各类人才干事创新活力，为全省公益事业高质量发展提供强有力的人才人事支撑。

（一）架梁立柱，全面实施并优化岗位管理和人员聘用制度

在全省事业单位全面实施岗位管理和人员聘用制度，将岗位管理作为基本的管理制度，将人员聘用作为基本的用人机制，不断提升事业单位人才人

事管理服务科学化水平。

一是事业单位自主科学合理设置岗位。全省各级各类事业单位均根据其社会功能、职责任务和事业发展需要，在岗位分析基础上，科学合理自主设置具体工作岗位，明确岗位的名称、数量、等级、职责任务、工作标准、聘用条件等，将岗位作为承担工作职责、完成目标任务、实现人事管理的载体和媒介。二是全面落实事业单位选人用人自主权。允许事业单位在核准的岗位总量、结构比例和最高等级数额内，自主制定岗位设置方案和管理办法，在岗位有空缺的条件下自主择优聘用人员，聘用结果报人事综合管理部门备案，实现"谁用人、谁聘用、谁说了算"。管理岗位一般按干部管理权限，在空缺岗位或职数内委任、选任或聘任人员；专业技术岗位实行评聘一致政策，在相应空缺岗位数额内开展竞聘并推荐评审职称，取得资格后聘用到岗；内部等级岗位实行竞聘上岗，以聘用现等级岗位或上一聘期取得的业绩为基本资格条件开展竞聘；工勤技能岗位实行考聘分开，在有相应空缺岗位的条件下择优聘用。三是针对个别特殊高层次人才实行岗位单列管理。将持有"陇原人才服务卡"的 A、B 类，兼岗的 C 类、甘肃省特殊人才、延退专家等高层次人才的专业技术岗位，实行单列管理、专岗专用，从源头释放高等级岗位、盘活岗位资源，提高岗位使用率，畅通高层次人才岗位聘用通道。四是允许设置特设岗位。对引进的高层次、急需紧缺和高技能人才，重大产业和项目、重点学科特聘的高层次人才，本单位没有相应空缺岗位的，允许按规定设置特设岗位，确保各类人才引得进、留得住、用得好。五是统筹管理岗位。对规模小、人数少的事业单位，允许以行业主管部门或以县区为单位，统筹核定专业技术和工勤技能岗位，统一掌握、调剂使用，解决了发展不平衡带来的岗位聘用难题，进一步释放了改革红利；另外，统筹提高技师岗位比例两个百分点，专门用于聘用距离国家法定退休年龄不足两年、取得技师资格未聘人员，有效化解考聘矛盾，体现人文关怀。六是鼓励人才服务基层。对长期扎根艰苦边远地区，工作 20 年以上评聘中级、30 年以上评聘高级的乡村人才，允许直接聘用到相应岗位，实行岗位单列管理，稳定基层人才队伍，调动基层人才积极性。七是激发基层专业技术人才活力。对

"定向评价、定向使用"的基层事业单位高级专业技术岗位，实行总量管理、比例单列，岗位总量不超过专业技术岗位数额的 10%，不占单位专业技术岗位结构比例，激发基层专业技术人才活力。八是激发基层管理人才动力。按照党中央决策部署，在县以下事业单位全面实行管理岗位职员等级晋升制度，拓宽基层事业单位管理人员职业发展空间，激发基层管理人才动力。

（二）与时俱进，全面推行和完善公开招聘制度

将公开招聘作为事业单位外部选人用人主渠道，创新人员招聘模式。一是下放选人用人自主权。省属事业单位招聘模式由以前的组织人社部门统一发布公告、组织实施和结果审批，变更为用人单位或主管部门自主发布公告、自主组织实施，实行招聘计划和招聘结果两头备案。二是探索实施分类招聘。高层次和急需紧缺人才自主招聘，博士和高级专技人才考核招聘，普通岗位联考招聘，特殊人才灵活招聘，艰苦行业校园招聘，基层人才放宽条件招聘，通过多种选人方式，实现"大一统"向科学分类转变，实现谁用人、谁招聘、谁负责。三是提升招聘效率和水平。压减招聘服务周期，简化招聘程序和材料，制作标准化工作手册，最大限度地减少对事业单位招聘工作的直接干预，工作重点转移到政策指导和事中事后监管。

招聘工作中，不拘一格全力引进各类人才。一是引进高层次和急需紧缺人才，可采取考核考察、集中招聘、一事一议等灵活简便的方式，实行引进结果事后备案；允许制订年度引才计划，发布长期招聘公告，符合一人引进一人；支持鼓励事业单位组团赴人才聚集地、"双一流"高校，通过实地考察考核的方式引进。二是制定并及时更新省属事业单位急需紧缺专业目录，精准引进各类急需紧缺人才。三是公开招聘普通岗位人员，打破户籍、身份、学习形式和人事关系等，由用人单位或主管部门根据岗位空缺情况和实际用人需求自行发布招聘公告、自主组织实施。四是支持鼓励事业单位设置流动岗位，柔性引进所需人才，不求所有、但求所用。五是加强招聘工作监督指导，针对短板弱项，完善措施、优化流程，采取随机抽查、定期检查、重点核查、备案核查、发函督办、谈话约谈等方式，强化对招聘工作的事中

事后监管；畅通投诉举报渠道，对实名举报、有关投诉和舆情，责成主管部门深入调查核实、依法依规处理，切实履行监管责任，确保公平公正。六是扩大高校毕业生招聘规模，要求招聘应届及离校两年内未就业高校毕业生比例不低于80%，进一步加大事业单位招聘高校毕业生力度，帮助更多高校毕业生就业。七是做好重点行业招聘工作，每年印发中小学幼儿园教师公开招聘工作通知，强化政策指导服务，稳定基层教师招聘规模；出台全科医生服务期满人员安置措施，落实住院医师规范化培训"两个同等对待"政策，切实做好医学定向生就业安置，积极为基层医疗卫生机构及时补充人才。近年来，人才引进数量保持较快增长态势，高层次、急需紧缺人才引进数量年均增幅达25%，成效明显。

二 聚焦实践，主动对标查摆实际问题

对标党中央新目标新要求，以"实施更加积极、更加开放、更加有效的人才政策"为指引，以"全方位培养用好人才，营造识才爱才敬才用才的环境"为目标，以"深化人才发展体制机制改革"为抓手，深入查摆当前困扰事业发展、制约人才成长进步和作用发挥等方面实际突出问题。

（一）岗位管理基础性作用发挥不够

一是一些基层事业单位岗位管理制度落实不够，管理制度在名义上已"入轨"，但在实质上对制度内涵和要求理解不够，落实不力。有的仍按党政机关管理模式管理人员；有的以核准的岗位结构比例代替岗位设置方案和管理办法进行人事管理；还有的没有制定岗位说明书，没有明确岗位的名称、职责任务、任职条件和工作标准等，岗位管理基础不牢，聘用制度收效受限。二是岗位结构比例总体控制目标难以满足当前事业单位发展需要。全面推行公开招聘制度以来，新进入事业单位的工作人员，学历层次普遍较高，特别是高校、科研院所和医疗机构等高层次人才密集单位，工作3~5年，基本上达到了评审中、高级职称条件，单位普遍呼吁提高结构比例。三

是岗位管理刚性约束不足。管理岗位一般按照核准的领导职数和内设机构领导职数设置，刚性约束力强；专业技术和工勤技能岗位实行结构比例控制，甘肃按行业分类制定了高、中、初级结构比例控制标准，并以此核定各单位结构比例，一些单位因人员评聘职称、晋升岗位等级，在无相应空缺岗位时，以阻碍人才发展、人才流失等为由不断要求增加岗位，或频繁要求调整结构比例，使制度和管理的权威性受到挑战。四是竞争与激励机制尚未真正建立。聘期考核、竞聘上岗等内部人事管理制度尚未落实到位，人员能进能出、岗位能上能下、待遇能高能低的竞争激励机制还不健全，对业绩突出人员奖励不及时，对慵懒散差甚至长期不在岗人员没有及时依规依纪处理，还没有树立积极、鲜明的用人导向。五是聘用合同流于形式。事业单位与工作人员签订的聘用合同普遍千篇一律、千人一面，也没有按约定的条款考评人员工作实绩，甚至有的没有签订聘用合同，有的一签到底，发生变动没有及时更新，与合同管理目标还有差距。

（二）公开招聘工作仍需持续改进优化

一是推行"放管服"改革以来，目前还没有建立明晰的公开招聘工作责权事项清单，在不拘一格招聘各类人才的同时，还需注重规范与监督，确保公平公正。二是还没有建立统一的应聘人员诚信档案库，没有制定体检标准和考察规定，还需健全完善制度体系。三是招聘工作中难以准确把握一些关系与界限，比如公开招聘与人才引进，公开招聘与交流，岗位需求与学生就业，备案与审批，管理与服务等。四是一些单位招聘工作不够规范，存在问题发现难、监管难、监管不到位等问题。

（三）职员等级晋升制度尚未全面实施

一方面，基层民生就业项目、混编混岗的事业身份等人员没有纳入县以下事业单位管理岗位职员等级晋升范围；另一方面，市级及以上单位还没有开展相关工作，工作人员翘首以待，存在一定的社会不稳定因素。

（四）管理与服务还未做到有效衔接

随着"放管服"改革的深入推进，事业单位全面拥有选人用人自主权，有效调动和激发了单位内生动力与人员活力，但也发现有的单位对下放的政策不知晓、不会用、用不好，有的单位对权限下放后的配套措施理解不够、承接不力，有的单位对出台的政策不及时培训解读、推进效率偏低，普遍存在政策措施落实不到位、改革红利释放不彻底等问题。

（五）管理手段落后

还没有建立使用信息化管理系统平台，仍以手工管理为主，人事管理、数据统计分析的效率、水平和质量不高。

三 放管结合，不断提升管理服务水平和质量

一是流程再造，精简办事材料重构业务流程。积极推进"放管服"改革，研究印发省级事业单位高层次人才引进、公开招聘、人员调动、岗位结构比例核准、岗位聘用结果备案、岗位单列等9项业务办理流程，印发给各行业主管部门和事业单位，引导公开、规范办理业务事项。

二是立足本职，保质保量完成日常业务。对因机构变动、编制调整、人员结构等发生重大变动的单位，及时核准调整岗位结构比例；对公开招聘、岗位等级变动等人员，及时在结构比例内办理聘用结果备案，随到随办；对公开招聘人员，适时转载单位招聘公告，及时备案招聘结果；对年度考核结果，按核准的优秀比例限时备案。

三是深入调研，主动加强事中事后监管。每年按季度、分批次主动下沉基层、上门服务，宣讲解读新政策，调查了解实际问题，主动化解潜在的矛盾风险点，指导事业单位用活用好人事管理政策规定，随机查看档案资料，走访调查政策知晓情况，主动加强监督，不断提升管理水平。

四是着眼长远，加强人事管理政策宣传培训。在省委党校面向全省高校

和医院领导干部、事业单位中层领导人员培训班上，分管厅领导每年就事业单位人事制度改革作专题培训，高位推动提升认识。主办政策培训及业务研讨班，加强宣传解读，巩固改革成效，提升人员政策水平和业务能力。选取高层次人才密集、存在历史遗留问题等单位主动上门服务，以实地走访、座谈交流等方式，全面掌握政策落实情况，评估实施成效，研讨用足用活政策，现场解决实际问题。

四 统筹谋划，奋力开创事业单位人事管理工作新局面

党的二十大和中央人才工作会议为深化事业单位人事制度改革指明了方向、提供了遵循，要运用时代化中国化马克思主义的立场、观点和方法，坚持问题导向、系统观念、守正创新，深入研究深化改革与规范管理工作中的重大问题，统筹把握和协调好以下各方面的关系，不断优化事业单位人事管理工作。

（一）统筹把握守正与创新的关系

从讲政治的高度对标中央人才工作会议和党的二十大精神，准确把握改革方向，紧紧围绕全省经济社会工作大局，高度关注发展环境重大变化，全面系统梳理事业单位人事管理各项政策规定，牢牢把握岗位管理、人员聘用和公开招聘制度在事业单位人事管理中的核心地位、基础支撑和关键作用，必须进一步加强和巩固，坚持做到守正。对不能与时俱进的条款和规定，要以"三个更加"和深化体制机制改革等新部署新要求，不断创新人事管理理念，改进方式方法，比如在实施脱贫攻坚和乡村振兴战略中，在解决问题中不断优化创新。

（二）统筹把握管理与服务的关系

如何在提供优质服务的同时履行管理职责，构建责权统一的管理机

制，是目前亟须解决的任务，也是开展事中事后监督工作的标尺。应尽快研究制定事业单位人事管理领域权责清单，重点对概念模糊、边界不清、自由裁量空间大的业务要素，逐一细化和规范。同时，利用信息技术构建科学规范、公开透明、运行高效的智慧人事管理系统，提升管理水平和服务质量，为科学决策提供数据支撑。另外，要不断改进和优化培训工作，注重设置针对人事管理人员的培训项目，开发适度前瞻性、研讨性培训内容，引导事业单位工作人员准确把握改革动向，助力精准理解现行政策规定；引导人事综合管理部门把工作重心转移到政策研究、过程指导和事中事后监管等领域，为事业单位和各类人才提供个性化、多样化的周到服务。

（三）统筹把握特殊与一般的关系

事业单位行业种类繁多、人员情况复杂，要注重探索研究针对不同类型单位和不同层次人才分类管理的举措。对国家和各地大力扶持、重点发展的行业领域，如甘肃省实施的"四强战略"、十大生态产业和甘肃特色产业，在事业单位人事管理方面敢于加力倾斜支持。对待高层次、急需紧缺人才要进一步解放思想，以更加宽广的胸襟和更加开阔的视野，以更加有力的支持举措，营造人尽其才、才尽其用、用当其时的良好政策环境；对待普通岗位人员，要坚持规范管理，引导竞争择优，努力形成"塔尖人才"争相涌现，"塔基人才"跃跃欲上的生动局面，让广大工作人员看到希望、鼓足干劲、充满活力。

（四）探索优化事业单位岗位管理的路径

一是加强政策宣传培训学习，转变人们的思想观念，不断激发深化改革的动力。二是运用战略管理、战略人力资源管理、工作分析等科学理论与方法，不断提高管理能力。三是注重激励引导，建立奖励先进、激励后进机制，积极发挥考核作用，不断提升人岗匹配程度，激发人才活力。四是夯实工作基础，根据承担的社会功能、职责任务、发展需要平等科学合理设置岗位。五是动态管理岗位，根据组织战略和人力资源管理需要，适时调整具体岗位的职责任务、工作标准、任职条件等，与时俱进适应发展需要。六是重构工作程序，精简办事环节，建立使用信息管理系统平台，提升管理质量、效率和水平。

B.11
鞍山市事业单位人事管理工作
实践与探索

刘 兵 陈仲鹏[*]

摘 要: 近年来,鞍山市人力资源和社会保障局紧紧围绕全市中心工作,不断深化事业单位人事管理"放管服"改革,在全市事业单位优化整合、保障和落实单位用人自主权、完善事业单位人事制度配套政策和收入分配制度改革等方面主动作为,稳步推进全市事业单位管理体制机制创新。本文通过现状分析、调研走访、召开座谈等多种形式,详细总结了鞍山市事业单位分类改革、岗位设置和聘任、人员考核奖励、人事业务培训、公开招聘及专业技术人员"放管服"等方面工作经验、做法及成效,同时提出近年来事业单位人事管理工作中存在的问题及难题,以此阐述今后事业单位人事管理工作中的重点任务及工作措施,帮助提高全市事业单位人事管理工作服务水平。

关键词: 事业单位 人事管理 "放管服"改革 鞍山市

党的十九大以来,鞍山市人社局在市委、市政府的坚强领导下,在省人社厅的正确指导下,紧紧围绕全市中心工作,继续深化事业单位人事管理"放管服"改革,保障和落实事业单位用人自主权,努力完善事业单位人事

---

* 刘兵,鞍山市人力资源和社会保障局事业单位人事管理科科长;陈仲鹏,鞍山市人力资源和社会保障局事业单位人事管理科副科长。

制度配套政策，稳步推进管理体制机制创新，人事制度改革和收入分配制度改革得到进一步深化。

一 事业单位人事管理工作主要做法及成效

一是鞍山市事业单位分类改革基本完成。结合实际，鞍山市制定出台了《鞍山市公益性事业单位优化整合人员转隶及人员管理意见》，明确了优化整合中人员转隶、人员身份、岗位设置、人员聘用和人员补充等问题的管理原则和操作流程，有力保障了全市公益性事业单位优化整合工作规范有序推进。制定出台了《鞍山市事业单位转企改制有关人事社保等问题处理意见》，最大限度地释放改革红利，确保事转企改革走稳走实每一步。改革前鞍山市共有各类市直事业单位 434 个，其中参公单位 59 个，全额事业单位 227 个，差额事业单位 40 个，自收自支事业单位 101 个，定额事业单位 7 个。改革后，鞍山市共有市直事业单位 114 家，其中新整合公益性事业单位 81 个，教育系统事业单位 32 个，气象局 1 个。

二是事业单位管理岗位聘任顺利并轨。鞍山处改科与事业单位整合交织在一起，多种职务层次人员、多种身份人员、多个机构规格不同单位共存一个中心。从职务层次看，有正县、副县、正处、副处、正科、副科、科员、办事员八个职务层次，既有实职，又有虚职。每个职务层次都需要对应一个岗位。从人员身份看，有参公人员，事业又分全额、差额、自筹，特别是参公人员职务与事业单位职务晋升两条线，现统一按事业单位管理。从机构规格看，有原正局级单位、副局级单位、正处级单位，也有科级单位，这些单位规格、体量、专业都不同，需要总体统筹、区别对待。

坚持标准，一把尺子量到底。严格按照上级部门关于调整配备干部工作有关精神，坚持标准，从严把关。对因内设机构职数限制保留待遇人员严格按机构数量和干部数量进行核定。对晋升中层正职和副职干部，实行方案报批制度，严格审核岗位数量、任职资格、选聘程序，符合要求方可进行操作。对专技转领导管理岗位，需要任前转岗位报告，经批复后方可晋升提拔。对工勤转普通管理岗位，转岗前需进行学历认证，认证后方可转聘。

反复研究文件精神，提出解决方案。积极与市委组织部负责机关公务员科室沟通，参照公务员管理办法，提出解决方案。2019 年，先后出台了《关于规范机构后事业单位岗位设置有关问题的处理意见》《鞍山市事业单位中层干部选拔聘任工作实施暂行办法的通知》，对原岗位人员改聘新岗位、中层干部选拔聘用等都进行了规范，确保聘用工作有章可循、有法可依、有序展开。

三是事业单位考核奖励办法有效实施。2020 年，鞍山市出台《鞍山市事业单位工作人员奖励实施办法》，对完成本职工作和履行社会责任中表现突出、有显著成绩和贡献的事业单位集体与个人，依据本办法给予奖励。事业单位奖励分为定期奖励与及时奖励，可以给予嘉奖、记功、记大功、授予称号。年度考核被确定为优秀档次的事业单位工作人员，给予嘉奖，嘉奖奖励从不超过工作人员总数的 15% 扩大到 20%，记功奖励最高不超过 2%。在2021 年和 2022 年年度考核中，共有 2816 人次获嘉奖奖励、229 人次获记功奖励。

四是深化事业单位专业技术人员"放管服"工作，积极激发专业技术人才干事创业精神，发挥人才效用。近年来，鞍山市陆续出台了提高事业单位专业技术人员工作热情的聘用政策。其中包括继续放开管理岗位转聘到专业技术岗位条件，符合相关聘用条件不对应原管理岗位级别直接转聘到相应专业技术岗位；进一步放开专业技术岗位聘用借岗政策，高级岗位可以借给低层级岗位的任何等级；以专业技术人员身份招录，但未取得职称的人员可在试用期满后聘用在十三级岗位。2023 年，取消了专业技术人员距规定退休年龄不足半年不能晋升的政策。多项政策的出台不断赋予用人单位自主权，最大限度地发挥专业技术人员创新创业作用。

五是积极制定政策，激发专业技术人员工作热情。自 2011 年鞍山市实行岗位设置工作以来，一直按照市直科研管理类事业单位正高级、副高级、中级、初级岗位比例 5%、15%、40%、40% 运行。2019 年根据省相关文件为全市市属事业单位进行重新核准，将市直科研管理类事业单位岗位比例上调至 8%、17%、49%、16%。

此外，针对事业单位改革出现的职称评聘问题，2021 年申报政策也出现了调整。对现从事专业与所持有职称专业不一致的人员，除有特殊规定的系列外，本着"干什么、评什么"的原则，允许其按规定条件参评现从事专业的高一级职称。另外，机关单位人员、参公单位人员到企事业单位从事专业技术工作，可享受职称评审"一步到位"政策。

六是事业单位岗位设置和聘用工作扎实推进。首先，为确保改革事业单位岗位设置管理与全市机构改革和规范内设机构规格工作平稳衔接，根据国家、省岗位设置管理有关规定，鞍山市出台了《关于鞍山市事业单位岗位设置有关问题的处理意见》，并根据省委组织部、省人社厅有关文件精神重新调整了相关事业单位的专业技术岗位结构比例，切实发挥了岗位设置在吸引人才、培养人才、使用和激励人才方面的重要作用。其次，在"处降科"之后，结合鞍山实际和省文件精神，出台了《关于规范机构规格后事业单位岗位设置管理有关问题的处理意见》，明确了岗位管理新等级、调整岗位设置标准和转岗聘用条件等问题。最后，积极配合市委编办做好事业单位改革"后半篇"文章，及时为新成立、拆分、划转事业单位办理岗位设置手续。

七是全市事业单位人事业务培训工作进一步强化。为深入推进公益性事业单位改革，加强事业单位人事管理基础业务培训，分析和解答人社工作遇到的疑难问题及最新政策文件，经省人社厅研究决定，2019 年 6 月，在鞍山市举办人社系统业务培训班。省厅派出 4 名主要业务处室的负责人集中授课，市直各事业单位主管部门、各新整合事业单位、各县（市、区）人力资源和社会保障局事业单位人事工作分管领导、人事科长和具体工作人员，大约 300 名事业单位人事工作者参加了此次业务培训。为提高事业单位人事管理工作科学化、规范化水平，印制了《事业单位人事管理工作文件选编》《工资福利培训讲义》等培训材料，内容丰富、类别齐全，是每一位人事工作者实际工作中的操作指南。通过业务知识培训，全市事业单位工作人员的业务理论水平有较大提升，为鞍山市事业单位人事管理工作再上新台阶奠定了坚实的基础。

八是事业单位公开招聘制度日益完善。鞍山市自执行公开招聘制度以来，在省内首个采用面试考官异地执考制度，2013年鞍山市出台《鞍山市关于引进高层次优秀管理人才到基层培养锻炼的实施意见》后，分三个年度（2013年、2014年、2015年）面向国内"211工程"、世界排名前200院校、亚洲排名前100院校公开选聘高层次人才，对全日制博士研究生给予20万元住房补贴，对全日制研究生给予10万元住房补贴。2014年制定出台《鞍山市事业单位公开招聘工作人员实施方案》，2018年出台《鞍山市事业单位招聘高层次人才实施细则》，明确了高层次人才引进的范围和途径，拓宽了单位用人自主权，鼓励事业单位结合自身需求，扩大选才范围，合理引进和整合人力资源。根据《关于开展全省事业单位人事管理领域审批、备案事项专项清理工作的通知》要求，对市直和各县（市）区公开招聘方案（计划）由核准调整为备案。同时，优化备案流程，对符合备案手续的招聘计划及时给予备案。2020年开始，结合鞍山市事业单位人才实际需要，面向"双一流"建设高校应届全日制硕士研究生及以上毕业生，招聘高层次急需紧缺人才，截至目前共引进人才168人。根据《中共鞍山市委　鞍山市人民政府印发〈关于实施"钢都英才计划"的若干政策（2.0版）的通知〉》，对于引进的全日制硕士给予3年期每月1200元生活补贴，对于引进的博士给予3年期每月2500元生活补贴。2022年制定下发了《鞍山市事业单位自主引才实施细则（试行）》，对自主引才的流程进行了优化。

二　加强事业单位人事管理工作中存在的问题

1.事业单位管理人员工作积极性普遍不高

由于公务员职务职级并行工作已正式实施，原参公单位又因事业单位改革并入各中心，现事业单位中心工作人员身份复杂繁多，有参公身份、全额事业身份和差额事业身份人员，一个办公室里的工作人员同工不同酬，出现很多不平衡的问题，导致人员工作积极性不高。建议在总结县区推行管理岗位职员等级晋升工作基础上，尽快启动市直事业单位管理岗位职员等级晋升工作，积极调动事业单位工作人员工作积极性。

2. 县区专业技术岗位设置推进缓慢

部分县区没有按照十三级管理进行岗位设置。部分县区虽然按照十三级管理进行了专业技术岗位设置，但是只能聘用在相应层级的最低等级，层级内无法晋升，专业技术人员晋升空间狭小。

3. 教育、卫生系统事业单位"双肩挑"人员核定比例过少

两类岗位同时聘用人员按照不超过机构编制部门核定的单位领导职数和内设机构（只限经机构编制部门批准设置的单位下一层级的内设机构）正职领导职数的50%核定。由于一些单位机构整合、人员调转等因素，一些确需在两个岗位同时聘用人员无法聘用。

4. 中职院校教师存在有资格未聘人员

根据省相关精神，2016年将中小学教师职称系列有资格未聘用的人员一次性超岗聘用，之后以"退二晋一"方式实行评聘合一管理。但目前中职院校教师没有实行评聘合一，全市100多人由于岗位限制取得高级职称未进行岗位聘用。

5. 副高以上职称、原鞍山正处级管理人员，55~60岁灵活退休问题

55周岁身体健康，未提出申请，未在55周岁以后到60周岁的，这部分由于身体原因或是家庭原因又不能坚持上班，提出申请退休，现在政策又不支持，俗称"中途不能下车"，这将导致：这些人占岗，影响年轻人的聘任和进步；同时，单位人员老化，不能及时补充新鲜血液。

三 加强事业单位人事管理工作重点任务
及工作措施

1. 重点任务

一是完善事业单位人事管理配套政策体系。深入贯彻落实《事业单位人事管理条例》，结合事业单位现状，完善岗位设置、公开招聘、聘用合

同、人员交流、考核、奖励、处分、申诉等各项制度。

二是提升人事管理工作的服务效率和质量。指导各县区、各部门（单位）按照管理权限开展奖励工作，发挥奖励的正向激励作用，引导广大事业单位工作人员想干事、善担当。推动落实《事业单位工作人员培训规定》。

三是进一步深化职称制度改革。坚持品德、能力、业绩、贡献评价导向，坚持德才兼备、以德为先，努力克服"四唯"倾向，积极探索在例会组织、申报审核、评议答辩等环节的新尝试、新变化、新举措。继续鼓励和支持符合条件的事业单位开展职称自主评审。

四是加强事业单位高层次人才和急需紧缺人才引进。鼓励和支持公立医院、科研院所等事业单位到"双一流"建设高校现场招聘、现场签约，招聘引进博士和急需紧缺专业硕士研究生。

五是继续开展专业技术人才知识更新工程。围绕鞍山市振兴发展的优势产业、重点行业、关键领域，依托国家级、省级、市级专业技术人才继续教育基地或高等院校、科研院所、大型企业集团，组织实施高级研修、急需紧缺人才培训、岗位培训等多种形式的中高级专业技术人才接续培养活动。

六是不断完善事业单位岗位绩效工资制度。探索建立符合事业单位发展特点的收入分配制度，贯彻以增加知识价值为导向的收入分配政策，提高事业单位工资管理信息化水平，加强对事业单位的工资常态化管理、监督。

七是全面做好机关事业单位退休人员服务工作。有效开展机关事业单位退休人员领取养老金条件网报审核工作，做好一次性退休补贴审核等项工作，积极推进社保经办基础工作。

2. 工作措施

一是做好事业单位改革"后半篇"文章。调查了解整合以后的事业单位人事管理运行情况，进一步建立健全事业单位人事管理配套政策，提高事业单位人事管理水平。持续追踪事业单位分类改革进程，根据各个事业单位改革具体情况，建立并制定与之相适应的人员转隶、安置等改革政策。

加强岗位设置管理，建立健全岗位管理动态调控机制，对机构编制事项发生变化和人员队伍结构与现有岗位明显不适应的事业单位，及时调整优化事业单位岗位结构比例。引导鼓励高校、科研院所等事业单位科研人员创新创业。进一步规范聘用合同管理。

继续保持事业单位公开招聘全覆盖，支持和鼓励高校、公立医院、科研院所等事业单位面向海内外高校现场招聘高层次和急需紧缺人才。加强事业单位公开招聘管理，科学合理设置公开招聘岗位资格条件，规范招聘程序。

二是完善高层次急需紧缺人才校园招聘制度。自事业单位全面实行公开招聘以来，鞍山市坚持实行异地命题、异地判卷、异地评委等制度，保证事业单位进人的公正、公开、公平、择优。但部分急需紧缺的专业技术人员，如地理、历史等专业学科教师，医学影像学、麻醉学等医疗专业人才在面向社会的招聘中无法补充。县区事业单位在面向重点教育、医学院校开展校园招聘时，又因面向的学校层次较高、自身地处偏远、吸引力低、招聘程序烦琐、招聘行动滞后等原因无法有效解决专业人员缺口。建议上级部门考虑针对此类事业单位在公开招聘中出现的实际问题，出台针对省内师范、医学类院校定期开展校园招聘的规范性制度。降低校园招聘门槛、简化校园招聘程序，将县区事业单位能留住的高校毕业生纳入校园招聘范围。

三是建立完善事业单位考核奖惩体系。深入贯彻落实2023年1月中组部和人社部出台的《事业单位工作人员考核规定》，突出政治标准考核导向、精准分类考核、发挥正向激励效应、加强考核结果运用。重点把握年度考核优秀档次的比例。

四是健全事业单位工资收入分配机制。深化公立医院薪酬制度改革，推进高校、科研院所薪酬制度改革，分级分类优化其他事业单位绩效工资管理办法，探索建立符合事业单位行业特点的收入分配制度。

五是建议副处级女干部和具有高级职称女性专业技术人员采取灵活退休政策。即年满55周岁到年满60周岁，可由本人随时提出申请。同时，因本人不胜任工作、未达到考核要求等原因，也可随时办理退休手续。

六是加大引才育才用才力度，引导人才积极投入全面振兴新突破三年行动。将参与《鞍山全面振兴新突破三年行动方案（2023～2025年）》重大项目、重点工程，以及重要工作表现，作为职称评审的主要内容，增加其在评价指标中的权重；经用人单位考察表现优秀的，同等条件下优先申报、优先聘任；对取得重大研究成果和前沿技术突破、解决重大工程技术难题、在急难险重任务中发挥技术引领支撑作用、为鞍山市经济社会发展做出突出贡献的优秀人才，可不受学历、资历、岗位职数限制，经考核直接认定相应级别职称。

七是完善职称评审标准条件。坚持破"四唯"和立"新标"，激发专业技术人才创新活力。深化职称评审改革，坚持"先立后破"，避免"一个模子"。减少学历、奖项等限制性条件，各职称系列对申报人学历只作基本要求。不具备规定学历但业绩显著、贡献突出的，可由两名以上具备正高级职称的同行专家推荐破格申报，法律法规另有规定的除外；除涉及公共安全、人身健康的系列或专业外，从事专业与所学专业不一致的，可允许按照本人长期从事专业申报职称。

八是继续实施乡村振兴战略促进基层人才队伍建设。依据文件精神，发展壮大乡村医疗卫生人才队伍。专业技术人员晋升卫生、中小学教师高级职称原则上应满足基层服务的有关条件。对长期在基层一线工作的专业技术人才职称评审适当放宽学历、论文和科研能力要求。在县域创新创业的优秀科技型人才，允许其破格申报职称评审。对长期服务乡村的或取得重要成效和业绩成果的在职称评聘方面予以适当倾斜。

B.12
阜新市事业单位人员队伍建设与管理创新

李 佳 宋 朗*

摘 要： 目前，阜新市事业单位人才队伍的年龄结构较合理，文化程度相对较高，人才主要集中在教育、卫生这两个专业领域。但由于受交通地理经济等因素影响，引进和留住人才缺乏区位优势，人才总量不足，引留有待加强；事业单位具有相对稳定的人员结构，人才被招聘入职后，人才交流率低，人岗适用有待提高；事业单位人才的继续教育培训能够提高人员的素质和专业能力，但主要由党校承担，以组织部门统一要求的政治理论教育和党性教育为主，专业培训针对性弱，质量仍要提升。针对以上存在的问题，提出一些对策建议：一是严格规范流程，优化人事管理制度，按照任职的基本条件及任职岗位的具体要求，不断推进事业单位管理人员任职审批备案工作；二是创新人才机制，优化人才发展环境，大力引进、培养城市发展建设所需的各类人才，为其提供良好的生活、工作条件及适合的发展平台；三是促进人才流通，整合人才队伍结构，及时优化调配人才，充分发挥人才的专业优势；四是加强教育培训，提高人才队伍素质，建立多面化的人才培训格局，为人才终身学习提供良好的条件，不断提高事业单位人才队伍的综合素质。

关键词： 事业单位 人才队伍建设 阜新市

* 李佳，阜新市人力资源和社会保障局事业单位人事管理科工作人员；宋朗，阜新市人力资源和社会保障局事业单位人事管理科三级主任科员。

事业单位人才队伍是事业单位可持续发展的主要支撑与保障，在促进事业单位发展等方面发挥了重要作用。为更好地促进阜新市事业单位人才队伍建设与管理，助推阜新高质量转型、全方位振兴，本文围绕当前阜新市事业单位人才队伍的现状、存在的问题进行了调研分析，并对下一步如何加强人才队伍建设与管理提出了初步的意见建议。

一　阜新市事业单位人才队伍基本情况①

近年来，阜新市委、市政府始终坚持"抓人才就是抓发展，兴人才就是兴阜新"理念，深入实施人才强市战略，坚持党管人才原则，以人才发展体制机制改革创新为抓手，着力在人才引、育、用等方面改革突破、积极探索，阜新市事业单位队伍建设显露成效，人员结构不断优化，整体素质稳步提升。

（一）人才规模

截至 2022 年底，阜新市事业单位人才队伍中管理人才 4829 人，专技人才 25477 人，工勤人才 3624 人。与上年人才总量相比，2022 年人才总量下降，减少 1380 人。

（二）人才年龄情况

按照年龄划分，全市事业单位工作人员中 35 岁及以下 8959 人，占人才总量的 22.5%；36~40 岁 5359 人，41~45 岁 6144 人，46~50 岁 6856 人，36~50 岁人员占总量的 46.2%；51~54 岁 6618 人，55 岁及以上 5827 人，50 岁以上占总量的 31.3%。人才队伍年龄结构较合理，以中青年居多，"老中青"三结合，有助于年轻一代和中老年一代在学识、经验、开拓、创新等方面互补共进。

---

① 本节数据来源于《阜新市 2022 年人力资源社会保障统计报表（事业单位人员）》，数据统计截止时间为 2022 年 12 月 31 日。

（三）人才学历情况

按照学历学位划分，全市事业单位工作人员中研究生学历 1625 人，其中具有博士学位的 9 人，具有硕士学位的 1619 人；本科学历 24126 人，大专学历 10123 人，中专学历 1740 人，高中及以下学历 2149 人。具有本科及以上学历的人才占总量的 64.8%，人才队伍文化程度相对较高。

（四）职务职级情况

按照岗位等级划分，管理岗位五级 60 人，六级 194 人，七级 821 人，八级 1161 人，九级 2319 人，十级 274 人；专业技术正高级 811 人，副高级 11110 人，中级 9605 人，初级 4165 人；工勤技能岗位一级 39 人，二级 286 人，三级 2322 人，四级 615 人，五级 237 人，普通工 125 人。

（五）人才领域分布情况

从人才领域分布来看，阜新市事业单位人才主要集中在教育、卫生领域，这两个专业领域占专业技术人才总量的 66.79%。其他服务领域包含社会福利、广播电视、体育、科研、文化、检验检测与鉴定、新闻出版、质量技术监督事务、法律服务、监测等各类人才（见图 1）。

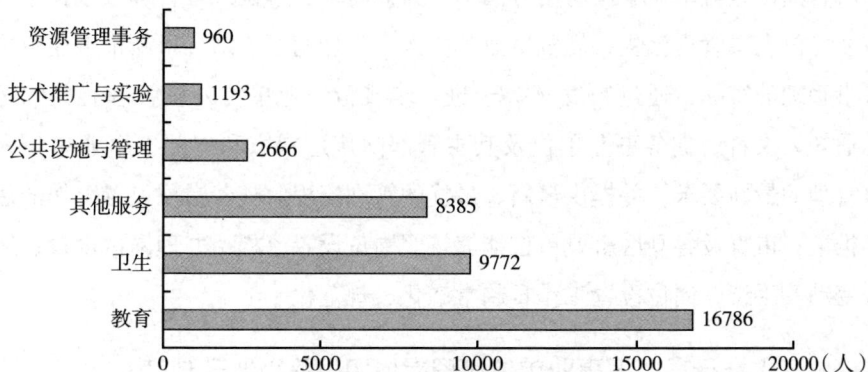

图 1　阜新市事业单位人才领域分布

二　人才队伍建设

（一）严格把控事业单位进人关

目前，事业单位公开招聘是人才进入事业单位的主要形式。以公开招聘或定向招聘（招聘退伍大学生士兵、驻阜随军未就业家属等）方式，通过笔试、面试、体检、公示、聘用等环节，公开招聘事业单位工作人员。2023年阜新市参加了首次辽宁省事业单位集中面向社会公开招聘，全省范围内组织开展事业单位集中公开招聘工作人员，扩大了招聘影响力，积极促进省内外优秀高校毕业生在辽就业、在阜就业。

（二）持续推进岗位设置管理制度

为深化阜新市事业单位人事制度改革，建立完善事业单位岗位设置管理制度，实现岗位管理的科学化、规范化、制度化，阜新市于2012年底在市直事业单位和各县区事业单位中全面实行事业单位岗位设置，按照编制部门下发的编制文件划分为专技、管理、工勤三类岗位，确定结构比例。2015年底，全市及各县区事业单位岗位设置工作已全部完成，全部在册人员均按照所聘岗位签订事业单位聘用合同书。为提高事业单位人事管理效率，细化事业单位人事管理流程，规范事业单位人事管理制度，结合阜新市事业单位人事管理的实际，通过制发《关于进一步规范事业单位人事管理有关问题的通知》文件，向各事业单位及其主管部门传达国家和省关于事业单位人事管理的最新要求，并提供最新、最优的管理流程。随着岗位设置工作的逐年推进，市直及各县区事业单位能够按照岗位设置流程，办理岗位设置、岗位变动等手续，岗位设置工作日趋常态化、规范化。

（三）推行县以下事业单位管理岗位职员等级晋升制度

2022年，按照国家和辽宁省相关工作要求，阜新市全面推行县以下事业单位建立管理岗位职员等级晋升制度，印发了建立管理岗位职员等级晋升制度的实施方案。职员等级确认工作均已完成，总计确认职员等级 2717 人，其中五级职员 3 人，六级职员 8 人，七级职员 187 人，八级职员 523 人，九级职员 1837 人，十级职员 159 人。已晋升职员等级 42 人，人均月增资额 368 元。职员等级晋升工作有助于进一步建设高素质专业化事业单位干部队伍，改造现有职员等级，将县以下事业单位职员等级与岗位等级适当分离，建立主要体现德才素质、个人资历、工作实绩的等级晋升制度，拓展县以下事业单位管理人员职业发展空间。

三　人员队伍管理

（一）坚持党管人才，全面遵循党的领导

在事业单位人才队伍管理不断完善和改进的过程中，坚持党管人才原则尤为重要。党管人才，是宏观管理、政策管理、协调管理、服务管理。遵循党管人才原则，探索建立事业单位人员队伍管理工作的新发展机制，形成党领导人才工作的新格局。在党委的领导下，统筹协调各单位各部门，对事业单位人才实行分类分级管理，建立和完善适用于管理人才、专业技术人才、工勤技能人才这三支队伍的管理办法，通过《关于进一步规范事业单位人事管理有关问题的通知》等文件的编制与印发，确保事业单位人才队伍管理的科学性、规范性和有效性。

（二）创新考核机制，激发人才工作热情

为规范事业单位人才考核工作，调动事业单位人才的积极性、主动性、创造性，促进事业单位人才队伍依法履行职责，提高公共服务质量和效率，对事业单位正科级及以下管理岗位、专业技术岗位、工勤技能岗位人才集中进行年度考核。年度考核结果将为事业单位工作人员续聘、奖惩、晋升、培训、解聘、调整岗位及发放工资提供依据。为进一步加强事业单位工作人员

的日常管理和监督，全面客观准确评价事业单位工作人员的德才表现和工作实绩，建设政治素质过硬、认真履职尽责、敢于担当作为、恪守廉洁自律的事业单位队伍，根据《事业单位人事管理条例》，参照《阜新市公务员平时考核实施办法（试行）》，结合阜新实际，制定了《关于印发〈阜新市事业单位工作人员平时考核办法（试行）〉的通知》，健全完善了事业单位人才考核评价机制。在日常管理中，将继续强化事业单位平时考核制度，将个人日常表现作为平时考核的重要依据，将平时考核结果作为年度评先评优的主要参考。

（三）强化教育培训，提升人才综合素质

为培养造就高素质专业化事业单位工作人员队伍，提高人才的政治理论水平和工作基础素养，更好地为阜新市发展提供强力保障，针对不同培训对象，结合实际，分别开设不同类型的培训班，具体包括岗前培训班、在职培训班、转岗培训班。一是岗前培训，针对事业单位新聘用工作人才，以便其能迅速熟悉事业单位工作的特点，调整工作状态，提高适应单位和岗位工作的能力，通常由市委党校专家教授或外请老师授课，课程通常围绕政治理论、依法治国、政策法规、公文写作等基本知识和技能；二是在岗培训，针对正常在岗的人才，定期举行，以增强其思想政治素质、培育职业道德、更新知识结构、提高工作能力。三是转岗培训，针对岗位类型发生变化或者岗位职责任务发生较大变化的人才，以提高其适应新岗位职责任务的能力。通过常态化、规范化的事业单位工作人员培训，进一步提高事业单位工作人员的履职水平和服务能力。

四　主要做法

（一）编写指南，优化服务

2021年初，为优化事业单位人事管理各项服务，按照相关文件规定和

政策要求，全面总结梳理事业单位人事管理工作，分别对事业单位岗位设置、事业单位岗位聘用、事业单位管理人员任职备案等工作明确了办理事项的事项缘由、管理权限、政策依据、报送材料、相关要求，同时聚焦日常工作中办理频次较高、疑问较多的业务环节，并编制了《事业单位人事管理工作服务指南》（简称《服务指南》）。截至目前，已下发6期《服务指南》。作为日常开展工作和办理业务的参考，《服务指南》解释说明了合同管理、高学历人才待遇、年度考核填表要求、新提拔任职人员试用期等问题，更便于各事业单位更好地熟悉掌握事业单位人事管理政策，进一步提高了事业单位人事管理服务质量和办事效率。

（二）启用系统，数字管理

2023年5月，阜新市在全省率先开发使用事业单位人事管理系统。单位信息和人员信息覆盖市、县（区）、乡镇（街道）各级各类事业单位。该系统的启用有力推动了阜新市事业单位人事管理服务向标准化、规范化、便利化方向跃升。

该系统设置有基础信息管理模块、业务办理管理模块以及辅助管理模块，重点对工作人员学历、学位、岗位变更、人员流动、奖励、处分等初始化数据进行一次性采集、录入，同时，还包含事业单位岗位数据和人员信息数据，并具备事业单位工作人员年龄、学历、专业等基本信息的查询和筛选功能，不仅实现了事业单位人事管理由纸质化管理向电子化管理的升级和转变，更进一步提高了工作效率、减少了重复劳动，增加了人事信息的准确性和一致性。

该系统通过对业务流程的完整管理，全面梳理了事业单位人事管理业务，有效支持了组织、人事、工资等部门的日常业务工作，实现了对事业单位人员的科学管理和有效监督；通过静态管理与动态管理相结合，支持数据的"局内部门间、管理单位间"的横向、纵向流转；实现各级管理之间应用的有效协同，为履行人事管理、教育培训、工资福利等职能工作提供了技术支撑。

五 存在的问题

（一）人才流失性大，引留有待加强

数据表明，阜新市事业单位人才总量不足，与发展需求相比，缺口较大。2018年，为优化高学历人才队伍结构，更好地为阜新市实施突破辽西北发展三年攻坚计划和完成转型决胜期任务提供人才支持，阜新实施引进高学历人才三年行动计划（2018~2020年），通过解决事业编制，保留原在职高学历人才职务、职级、职称，按月发放岗位补贴，提供住房补贴和一次性购房补助，优先享受就医"绿色通道"等政策待遇招引人才；2022年，按照"按需引进、备用结合、重点支持、服务转型"的原则，阜新实施引进高层次人才五年行动计划（2022~2026年）。在引进人才工作上，阜新做了很大努力，但受交通地理经济等因素影响，引进和留住人才缺乏区位优势。现阶段，人才流失主要原因包括退休和离职。在职的青年事业单位人才，更热衷"骑驴找马"报考公务员，一是公务员有职务与职级并行制度，晋升阶梯更多，发展前景更加广阔；二是公务员的工资和福利待遇比事业单位的工资和福利待遇要好很多。新人入职几个月便提出辞职的现象屡见不鲜，这不仅耗费招聘、考试、培训、聘用等人力物力，还不利于事业单位内部结构的稳定，对其他事业单位人才的积极性造成影响。

（二）人才交流率低，适用有待提高

事业单位具有相对稳定的人员结构，人才与岗位的适用存在多种情况，第一种情况是人才被招聘入职后，基本就固定在同一个岗位，很少进行交流。一些岗位具有较强的专业性，这样有利于培养专业人才，但许多人才在同一个岗位工作时间过长，容易出现疲惫和厌烦情绪，从而降低工作效率，逐渐丧失对专业知识拓展及更新的求知欲，这对事业单位发展不利。第二种情况是事业单位招聘通过笔试和面试筛选符合岗位需求的人才，笔试内容为行政能力测验，面试测试考生综合分析、计划组织、人际关系、应急应变、人岗匹配以及言语理解与表达等，两次测试的内容与实际岗位的需求关联度不大，招聘来的人才与岗位匹配度可能有所差异，没有招到真正能从事专业性工作的人才，导致人不适岗。第三种情况是人才作用没有得到充分发挥，存在人才利用率不高、人才浪费等现象，具体表现在安置错位、专业不对口、学非所用、用非所学、用非所长。

（三）培训针对性弱，质量仍要提升

现阶段，事业单位人才的继续教育培训工作主要由各级党校承担，以组织部门统一要求的政治理论教育和党性教育为主，但统一的教育培训难以照顾到不同类别事业单位的特色需求和专业需求，真正结合行业实际和岗位需求的培训内容不足；培训方式以课堂灌输式为主，"教师讲，学员听"的传统课堂模式，教学方法不新颖、课堂气氛不活跃，缺乏吸引力和感染力，降低了培训的质量和效果；干部教育培训机制仅停留在年度培训计划中，学用转化和激励机制仍未建立，这对于培训的实效性产生了很大限制，培训只是培训，没有考核评估，没有后续的跟踪和反馈，与评优、选拔任用结合不紧密。

六　意见建议

（一）严格规范流程，优化人事管理制度

岗位设置是事业单位人事管理的一项基础性工作，及时、准确、高效办理岗位设置相关业务，直接关系到广大事业单位工作人员的切身利益。规范工作流程，严格落实各项要求，一是继续强化事业单位岗位设置在事业单位人事管理中的重要作用，坚持按需设岗，因岗聘用，合同聘用，聘期管理。二是继续发挥事业单位任职备案在事业单位人事管理中的重要作用，严格按照任职的基本条件及任职岗位的具体要求，在有空余岗位和空余职数的情况下，不断推进事业单位管理人员任职审批备案工作。

（二）创新人才机制，优化人才发展环境

作为经济欠发达、社会环境相对落后的地区，要以更灵活的政策，更大的投入，更宽松的机制来吸引人才、留住人才。通过建立灵活的人才选聘机制，认真落实人才发展规划，按照实施方案，大力引进、培养城市发展建设所需的各类人才。针对在职的人才，提升人才工作和生活条件，尽可能地解决人才的后顾之忧，一是在薪酬福利方面，落实好养老保险、医疗保险、工资福利待遇，提供多种灵活的福利奖励方式，以增强事业单位对人才的吸引力和凝聚力；二是在晋升发展方面，要建立更完善和健全的人才晋升机制，提供发展平台，真正做到用事业留人、用感情留人、用适当待遇留人，使其感到优越，看到希望，有所留恋，避免本市现有人才的外流。

（三）促进人才流通，整合人才队伍结构

通过建立人才内部流动机制，根据单位和部门的实际需求，及时优化调配人才，充分发挥人才的专业优势。对各单位现有的各类人才，如果从事岗位与所学专业差别较大，不能适应现有工作岗位的，可以申请到专业对口的部门和岗位。采取推荐考察等多种方式，及时将政治素质好、有发展潜力的年轻干部纳入后备干部，进行重点培养、重点管理、择优选用，着力打造高素质高技能的青年人才队伍。

（四）加强教育培训，提高人才队伍素质

结合在职人员的自身与岗位特征，制订个性化事业单位人才队伍教育培训计划。一是拓宽干部培训内容的覆盖面，既要注重政治思想性，又要突出实用性和时代性，把政策法规、碳达峰碳中和、环境保护、优化营商环境等知识作为重点。二是创新培训方式和手段，构建分级分层分类的全面教育培训体系，增强教育培训的实践性，促进培训和实践的"双向融入"。要围绕培训内容科学设置授课方式。特别是对于行业类、领域类的课程，要多运用案例式、模拟式、体验式等教学方法，使之更为鲜活生动，富有吸引力、感

染力、说服力。三是建立监督机制、考核机制和激励机制，三个方面形成合力，明确人才在教育培训工作中的责任、权利与义务，将培训考核结果与年度考核、选拔任用等考核指标相结合，强化人才培训的约束力。通过建立多面化的人才培训格局，为人才终身学习提供良好的条件，不断提高事业单位人才队伍的综合素质。

B.13
辽阳市人事人才工作实践与探索*

李建军　关　勇**

摘　要： 经济社会的发展离不开人事人才的引领作用，加强对人事人才的培养正引起政府部门的广泛关注。目前，辽阳市在人事人才培养、管理模式等方面仍然存在较大的漏洞，需要我们在工作中不断探索和改进。针对专业技术人才总量不足，与经济社会发展不相适应，特别是高素质管理人才和高技能复合型人才紧缺，供给与需求结构性矛盾突出的现状，辽阳市在政策体系建设、人才管理、人才服务等方面进行了探索，本文深入分析了现有问题存在的原因，即劳动密集型企业对高层次人才需求动力不足，产业经济发展规模和前景缺乏竞争力，留人用人环境对人才的吸引力薄弱。围绕加大人才供给侧改革力度、建立人才培养制度体系、发展和壮大产业经济、盘活人才引用机制等方面提出了一些可行性的对策建议。

关键词： 人才队伍建设　人才工作　辽阳市

一　专业技术人才队伍现状

辽阳市专业技术人才总量 78041 人，其中女性 48453 人，占 62.09%。

---

* 本文中专业技术人才统计数据为 2022 年 12 月辽阳市人力资源和社会保障局统计调研所得。"人才工作主要做法"中的数据由相关科室提供，数据截止到 2023 年 5 月。

** 李建军，辽阳市人力资源和社会保障局三级调研员；关勇，辽阳市人力资源和社会保障局事业单位人事管理科科长。

事业单位中专业技术人才 28839 人，占专业技术人才总量的 36.95%。按学历分：博士 51 人，占 0.07%；硕士 3103 人，占 3.98%；本科 47081 人，占 60.33%；大专 19082 人，占 24.45%；中专及以下 8724 人，占 11.18%。按年龄分：35 岁及以下 24843 人，占 31.83%；36～40 岁 12185 人，占 15.61%；41～50 岁 24283 人，占 31.12%；51 岁及以上 16730 人，占 21.44%。按专业技术职称分：正高级 1269 人，占 1.63%；副高级 19353 人，占 24.80%；中级 29843 人，占 38.24%；初级 26342 人，占 33.75%；其他 1234 人，占 1.58%。

2020 年引进 212 人，其中跨省引进 27 人，流出 155 人，其中跨省流出 8 人；近 5 年引进 1627 人，其中跨省引进 144 人，流出 610 人，其中跨省流出 27 人。

2023 年上半年，全市事业单位人才需求情况调查结果显示，共 312 家单位上报岗位需求 560 个，辽阳市事业单位所需人才的岗位类别主要为专业技术岗位，约占总需求量的 80.2%。

从总体情况来看，虽然本市人才队伍初具规模，但人才总量仍显不足。与全市经济社会发展还不是很适应，人才引进培养开发力度还需进一步加大，特别是高素质管理人才、高技能复合型人才紧缺。硕士以上学历人才仅达到 4.05%，专业技术人才高级职称占专业技术人才比例还不够高，仅达到 24%。

二　人才工作主要做法

（一）政策体系建设更趋完善

为进一步贯彻落实辽宁省关于人才工作的相关部署和要求，统筹推进人才队伍建设，结合辽阳市实际，研究制定了一系列政策措施。先后印发了《辽阳市加快招才引智和推进人才集聚的若干优惠政策（试行）》《关于印发〈"辽阳市加快招才引智和推进人才集聚的若干优惠政策（试行）"实施细则〉的通知》《关于激励和促进各类人才服务全市重点产业、重大项目、骨干企业的具体措施》《关于印发〈辽阳市人才工作领导小组鼓励和支持柔性引进人才的若干措施〉的通知》，从政策措施层面进行了完善，推动了人才工作任务具体化、责任明晰化、管理规范化，促进了辽阳市人才工作的全面开展。

（二）人才评价工作扎实推进

一是结合辽阳市职称工作实际，制定印发《关于做好全市职称工作的通知》，为做好职称评审工作奠定基础。二是对部分评委会评委库进行更新备案，重点对中小学教师系列高级专业技术职务评审委员会、中等职业学校教师系列高级专业技术资格评审委员会、卫生系列（西医）高级职称评审委员会、市委党校、工程系列高级专业技术资格评审委员会评委进行了更新。先后组织辽阳市中心医院、辽阳职业技能学院两家单位开展自主评审，推动落实用人单位自主评审权。三是开启民营企业职称评价"直通车"，到辽宁忠旺集团有限公司开展专业技术人员资格审核认定工作，持续为人才聚集型企业、企业在职专业技术人员提供便利，打造更加优良的营商环境。截至目前，已累计为企业开展职称评审"直通车"4 场次，372 人参加评审，261 人获得中初级职称，15 人获得高级职称。

（三）人事人才管理工作得到加强

一是大力开展人才引进工作。深入开展双招双引，积极培养和引进人才。五年来，为市教育卫生系统开展人才引进招聘会 60 余场，引进 1383 人，其中硕士研究生 332 人。组织全市 41869 名专业技术人员依托省干部在线学习网参加线上培训、考试。二是加强事业单位人事管理。对事业单位公开招聘、岗位设置、聘用管理、人员交流等工作进行了规范，明确了工作制度和具体工作程序，确保责任到人，提高效率，促进了自觉按照管理权限和具体办事程序开展工作，进一步增强了事业单位人事管理政策和办事程序的透明度。有序推进县以下事业单位管理岗位职员等级晋升，规范岗位设置和人事管理。积极筹划事业单位公开招聘工作，2022 年以来全市设置 426 个招聘岗位，招聘338人。2023年，根据省委组织部和省人社厅《2023年全省事业单位集中公开招聘人员工作实施方案》要求，辽阳市提供510个岗位560人的招聘计划，5月7日完成全国19个省联考笔试工作，7月上旬全省统一完成集中事业单位公开招聘人员的面试、体检等相关工作。辽阳市参加面试人员1061人，其中市直237人、县区824人。加强高端人才队伍建设，2022年高级专业技术岗位聘用186人、中级专业技术岗位聘用382人、初级专业技术岗位聘用455人。加强医药卫生领域人才队伍建设，近三年为辽阳市医疗系统聘任二级岗位2人、三级岗位65人、四级岗位46人；招录了13名特岗全科医生，安置7名农村订单定向免费医学生。三是开展清理整顿人力资源市场秩序专项行动。按照省人社厅要求，连续两年，分别集中两个月时间，在全市范围内开展清理整顿人力资源市场秩序专项行动，规范人力资源服务机构运营秩序。

（四）人才服务工作有效拓展

一是充分发挥人力资源市场功能。充分利用"两微一端"发布人才供求信息，盘活人才信息资源，实现人才与企业的网络对接。二是大力开展人才（项目）需求调查。每年对辽阳市重点产业、重大项目、骨干企业人才（项目）需求进行调查，征集人才需求信息，汇总并编制《辽阳市重点产业领域人才（项目）需求目录》。三是做好回辽应届毕业生就业派遣工作。开设毕业生就业派遣服务窗口，由专人负责，在做好签订就业协议等工作的同时，登记应届毕业生的个人信息，建立应届毕业生人才数据库，提供政策咨询等服务。四是稳步推进人事代理工作。进一步规范人事代理业务流程，提高窗口服务水平，不断营造人才发展良好环境。五是加快推进人才优惠政策落实工作。设立民营经济人才服务窗口，开通服务专线，为企业及在企员工提供相关人才优惠政策申报、审核、受理等服务。通过微信、电话等信息手段，利用人才（项目）需求调查工作契机，向企业广泛宣传辽阳市人才优惠政策，促进辽阳市招才引智优惠政策落到实处。

三　人才队伍建设存在的突出问题及原因

在人才工作实践中，通过大量的调查发现，辽阳市专业技术人才素质还不够高，数量不足，特别是创新型、领军型人才短缺，企业经营管理人才匮乏，供给与需求结构性矛盾十分突出。另外，在人才服务方面也不够到位，比如，辽阳市还没有建立人才公寓。这些问题的存在，很大程度上制约了城市经济社会发展，分析存在的问题的原因，我们觉得主要表现在以下三个方面。

（一）劳动密集型企业对高层次人才需求动力不足

当地企业大多属于劳动密集型产业，如农业、林业、纺织、家具、皮革、食品加工等，对专业技术人才特别是高层次专业技术人才需求度低。企业大量需要的是熟练技术工人，但技术工人社会保障待遇低、工作环境艰苦、薪酬标准较低，技术工人外流现象严重。另外，学历教育主体内容与生产实践脱节，学而不能致用，企业新招聘的技术工人短期内无法满足其现实用工需求，仍需要重新对其进行培训，一定程度上增加了企业生产成本，降低了企业利润，导致技术工人技能提升慢，企业创新发展动力不足。

（二）产业经济发展规模和前景缺乏竞争力

大部分本地企业仍处于家族式管理状态，缺乏现代企业制度的科学运营机制，企业经营管理人才匮乏，企业家素质较低，缺乏战略性视野和格局，履行主体责任不到位，不重视人才培养、激励和使用，在吸引人才方面投入少，缺乏竞争力，导致人才难引进，留住更难，影响了企业长远发展和进步。

（三）留人用人环境对人才的吸引力薄弱

受经济发展水平的影响，在人才培养开发资金投入、政策扶持、奖励措施等方面，辽阳市与南方发达地区还存在较大差距，南方发达地区资本和技术密集型产业比重大，对高层次人才的吸附力强，能够让他们有更好的成长空间和实现自我价值的平台。此外，吸引和留住人才，除了给他们充分施展才能的舞台和空间外，还在一定程度上取决于城市生态环境、教育医疗、营商环境等各方面因素，在这方面，作为五线城市的辽阳更是缺乏人才吸引力，从而影响了辽阳市对高层次人才、拔尖人才的吸引力度。

四　对策建议

（一）加大人才供给侧改革力度

一是完善各级人才工作领导小组跨部门协同治理机制。健全人才工作统筹联动协调推进与评估制度，推进人才信息共享服务贯通和制度衔接，加强地方行业人才工作分类指导，研究解决推动人才资源与高质量发展协同中的系统性、局部性难点问题，进一步增强政府内部不同部门间以及政府、市场和社会之间的横向治理协同能力。二是建立政府部门、产业、企业、行业、院校联动机制，推动行业人才需求、企业人才需求和院校人才培养信息发布与对接，推动企事业单位发布人才需求清单，支持领军企业与高校深度合作培养人才。三是完善多层次多类别人才政策体系。要破除人才流动、管理、评价等机制对人才的禁锢和束缚，积极打造结构合理、素质优良、与产业发展相匹配的多层次人才梯队，激发各类人才创新创业活力。特别是在人才引进方式上要有所创新，改变目前各类人才引进考核标准和引进方式单一的现象，有效选拔专业性强的技术人才和操作性强的高技能人才。

（二）建立人才培养的制度体系

把人才培养放在经济社会发展更加重要的位置，纳入国民经济和社会发展整体规划统筹考虑，从体制机制上破除禁锢，提升他们的社会地位，拓宽他们的职业成长空间，让他们真正获得荣誉感、自信心。一是通过广播、电视、报纸等媒体广泛宣传技能人才的先进事迹及其对社会所做的贡献，努力营造"技能人才也是人才"的良好氛围。二是组织全市范围的技术大比武活动，对在大比武中的优胜者给予物质和精神上的奖励。三是完善技能人才的激励机制，畅通技能人才社会流动的上升通道，使技术工人得到相应的社会尊重，劳动价值得到相应的回报。四是加大财政支持力度。多渠道筹集资金，设立财政专项资金，建立政府、企业和劳动者个人三方分担的技能人才培养投入机制，推进人才制度和政策创新，加快重点领域人才队伍建设，优化人才发展环境。

（三）努力发展和壮大产业经济

产业经济的发展是人才赖以生存和发展的土壤，更是引才聚财的基础和载体。要科学合理构建具有地方特色的产业格局，推动和促进产业经济不断发展壮大，通过产业的长足发展和振兴，有效促进人才的聚焦、成长和进步，以良好的发展愿景将人才吸引过来。

（四）盘活现有人才和吸引增量人才并举

要制定突破性人才政策，加大对企业现有人才的政策扶持力度，构建政策平台，将企业现有高层次、高学历人才纳入辽阳市引才优惠政策体系中来，调动企业承担用人主体责任的积极性，积极培育和吸引能带动辽阳市产业发展的高素质企业经营管理人才和创新创业人才。不断激发人才自我成长的主动性，使企业人才引得进、用得好、留得住，形成政府优惠政策搭台、企业招才引智唱戏的良好局面。

常州市人事管理系统的创新与实践

韦晨萱 冯 琰*

摘 要: 加快数字政府建设,是推动各级政府治理体系和治理能力现代化的重大举措,也对创新事业单位人事管理服务方式、进一步发挥数字系统辐射带动作用提出了新要求。但在事业单位人事管理系统的数字化开发浪潮中,数据不精准、机制不顺畅、流程不便捷等问题日益凸显。为了提高常州市机关事业单位人事工作的准确性与公信力,并为政府决策提供更加综合全面的数据支撑,常州市着力探索人事管理信息化之路,逐步打造了具有常州特色的信息化系统创新模式,推动形成了一个数据实时对接、"组人编财"四部门协同联动、流程便捷高效的人事管理综合系统,全面助力常州市乃至江苏省事业单位人事管理向数字化建设、新模式改革和高质效发展方向跃升。

关键词: 人事管理系统 数字化建设 常州市

政府人事管理是政府公共管理的基础,运用"互联网+"、大数据技术对政府人事管理进行全流程数字化监管和决策,是政府从传统人事管理走向现代人力资源管理的必然过程。自2008年起,常州市顺应发展、整合资源,先行先试着力建设信息共享、业务融通、数据整合的人事编制智慧管理系统。2021年,常州市又抢抓江苏省一体化平台建设契机,率先打造了事业

---

* 韦晨萱,常州市人力资源和社会保障局工资福利处四级主任科员;冯琰,常州市人力资源和社会保障局工资福利处处长。

单位人事管理信息系统"常州模板",为人事管理装上"数治"新引擎,已基本实现人事管理跨部门联动全线"云端化"、全程"零跑腿"、全域"一件事",切实以智慧化转型推动人事领域管理体系现代化。

一 传统人事管理信息系统存在的问题

近年来,事业单位面临深度改革、转型发展的重大挑战,传统以纸质材料为主的管理模式已不能适应新时期事业单位人事工作改革发展需要。因此,随着事业单位人事管理步入新时代,各级政府人事管理部门纷纷开发了各自的业务办理系统,但信息化水平参差不齐。

(一)人事信息数据方面

一是缺乏科学体系,准确性低。工资政策、流动政策、岗位政策等事业单位人事管理政策时间跨度大、规范性强,将政策条文用计算机语言精准落地存在较大难度。因此,迭代形成的数据准确性相对较低。二是存在信息孤岛,共享率低。人社部门、编制管理部门、财政部门等各个职能部门对于信息系统的建设与使用缺乏统一性,信息数据处于割裂状态,信息的交互性、共享性较弱,形成"信息壁垒"。三是数据难以统计,利用率低。"大数据"更要"深加工"才能发挥最大效用,实现人力资源的有效调配,但由于数据准确性无法保障,加之各个信息系统相互独立、单独运行、自成体系,无法对数据资源进行有效的收集、开发、管理和分析,利用率大幅降低。

(二)人事管理流程方面

一是流程衔接不畅,部门职责不清。传统信息系统缺乏权限明晰的业务流转模式,经常出现业务管理权责不明、多人管理一项业务、部分业务无人管理、程序倒置等问题。单位经办人员之间、单位与主管局之间、管理部门间存在越权、错位等潜在风险。二是存在部门壁垒,管理水平不高。在事业单位人事管理中,编办部门负责编制的核定调整管理,人社部门负责人员与工资管理，财政部门负责财政预算与工资发放，组织部门负责市管干部的工资管理。四部门需相互协同配合，但传统信息系统未将四个职能部门通过线上工作程序进行关联，导致财政供养人员实名制管理水平不高。三是上下层级割裂，业务运行不畅。人事管理信息系统大多由上至下进行开发，基层在工资标准、业务办理、政策执行等方面与上级存在差异。且对于垂直管理单位，业务纵向流程部分环节由各辖市区负责，需要市、区两级的紧密配合，但传统信息系统未将基层管理纳入流程链条。

（三）业务办理问题

一是数据重复填。各地各部门自行建设信息系统导致相同数据的重复采集和录入，致使数据多次采集失真。同时人事干部需登录各部门多个平台进行业务办理，导致表格重复打印、业务重复申报。二是流程不便捷。事业单位人事管理业务种类繁多、流程环节复杂，导致前后流程信息不一致、环节不畅通、系统不稳定等问题，也易出现系统难以上手、可操作性较低等缺陷。三是用户不满意。信息系统建立的目的是为广大用户提供更加精准正确、更加简单便捷的管理服务，减轻工作负担，提升工作效率。但传统信息系统仅满足基础业务办理需要，使用感较为欠缺，严重影响广大事业单位经办人利用系统开展人事工作的效率与满意度。

二　深化信息化改造的必要性与紧迫性

加快数字政府建设，是推动各级政府信息化发展的重大举措，是迎接数字时代浪潮、适应经济社会全面数字化转型的应有之义。这也对我们进一步创新事业单位人事管理服务方式、充分发挥数字系统辐射带动作用提出了新要求，升级改造传统的人事管理信息系统迫在眉睫。

（一）发展方向有要求

一是党的二十大有要求。党的二十大报告指出，要加快建设网络强国、数字中国，要适应我国发展新的历史方位，以信息化推进国家治理体系和治理能力现代化。因此，人事系统数字化建设需要整体布局并统筹推进，以数字技术推动管理部门职能转变和制度创新。二是"数字政府"建设有要求。2022年6月，国务院出台《关于加强数字政府建设的指导意见》，明确要加快推进数字政府建设，推进决策信息资源系统建设。因此需要充分汇聚整合多源数据资源，提升辅助决策能力，全面提升政府决策科学化水平。三是人事业务管理有要求。2018年，党的十九届三中全会明确要求，要加快建立机构编制管理同组织人事、财政预算管理共享的信息平台。因此进一步更新人事管理业务信息系统，实现更高层次、更广范围的人事信息统筹融合是加强跨部门数字建设的必然趋势。

（二）现实管理有需求

一是流程需全面。解决"信息孤岛"问题需要着力打破系统流程壁垒，促进人事系统由碎片化向一体化发展。随着事业单位高质量发展要求的提出，各级部门急需一个纵向集中统一、横向集约整合、纵横联动协同的统一网办、统一经办的多功能综合性平台，推动流程全方位串联。二是管理需完善。对于单位和主管部门而言，一方面需要利用信息系统对人员及下属单位进行统筹管理，实现对人力资源的有效调配；另一方面需要依托信息系统进行数据分析，利用信息预判本单位队伍结构、人员流动、薪资调整方向等，从而实现优化。三是决策需有力。对于组织、人社、编制、财政等管理部门而言，建设集成式信息系统可以对编制资源利用情况、岗位职数情况、收入结构情况等进行深度的程序化分析，预测和获取人事管理中的因果关系和变化趋势，为政府公共决策提供重要参考。

（三）业务办理有诉求

一是准确性待保障。由于事业单位人事干部交流轮岗频繁，因此难以在短期内对复杂的人事管理政策进行全面掌握。借助信息技术手段，有利于事业单位和管理部门提升政策落地的精准性，大幅提升工作质量。二是工作量待精简。长期以来，传统信息系统"各自为政"的运行状态导致程序的烦琐冗余，人事干部在办理业务时往往需要"多头跑""重复跑"，事倍功半。因此信息化系统需进一步简化业务流程、摒弃多余程序、缩减办理时限，向更高效的状态转变。三是便捷性待提升。在数据准确、流程精简的基础上，需进一步简化操作界面、完善操作步骤，将复杂的业务办理过程简单化、明确化，为人事干部减轻工作负担，提升工作便利度。

三 常州市人事管理信息系统建设的创新性与实效性

为了提高常州市机关事业单位人事工作的准确性与公信力，并为政府决策提供更加综合全面的数据支撑，常州市着力探索人事管理信息化之路。近年来，常州市依托江苏省人社一体化平台人事管理系统，逐步打造了具有常州特色的信息化系统创新模式，推动形成了一个"组人编财"四部门联动、数据实时对接、流程便捷高效的人事管理综合系统。

（一）融合数据，筑牢人事信息"一个库"

以信息系统为基础，从 2008 年起，不断完善事业单位编内外工作人员信息。一是保持信息迭代准确性。借助信息技术手段，整合人事管理中复杂的流动政策、岗位政策、工资政策等，明确政策内涵，使人事管理政策转变为计算机语言，确保各部门、各条线政策落地的统一性、准确性和时效性，提高政府公信力。二是实现信息交互及时性。着力打通事业单位管理部门间的"信息动脉"，各职能部门人事业务办理均依托同一省平台、共用同一信息库，实现组织、人社、编办、财政业务办理各环节数据实时共享、信息全流程交互。形成了四大部门和六个地区数据源的整合，涉及全市机关事业单位在职和离退休人员近 1.62 亿条动态实时数据。三是突出信息运用多样性。在保障数据质量与数量的基础上，进一步对数据的使用功能进行开发。目前，常州市已依托本地智慧人事系统建成数据综合、运行高效、功能强大的数据查询分析平台，可以根据姓名、身份证号码、单位、职务、工资等与个人相关的 300 多个字段对全市机关事业单位人员进行单一化查询，也可以通过"职务+工资"或"职务+学历+年龄"等多字段相结合进行综合查询。此外，可利用柱状图、饼图、堆积饼图等图形，提取有效数据，形成编制情况分析图、岗位聘任情况分析图、工资待遇结构分析图等几十个人事管理常用分析图库，进一步提升政府公共管理决策的科学性、精准性和前瞻性。省系统的相关功能也正在开发过程中。

（二）协同联动，织密管理闭环"一张网"

树立人事管理"一盘棋"思想，加强机构、职能、业务"三协同"，在全国率先建立组织部、编办、人社局、财政局"四合一"管理体系。一是形成部门内部管理网。加强人社部门内部事管条线与工资条线间的紧密联动，整合人事流动、岗位设置、工资核定三大流程，同时按照分级分类分权管理的理念，进一步规范工作流程、科学设定职责、合理配置权限，明确双审专管职责，实现人社部门内部领域三大环节紧密相连。二是形成跨部门横向管理网。以"业务协作、数据互通"为目标，各部门联动审批、互为依存、相互约束，以人社信息系统为主，形成跨部门、跨系统、跨平台的协同工作机制。流程前端延展至人员进出编的编制管理，流程中端分别按组织、人社部门权限管理干部，流程末端实时联通至财政预算与工资发放系统，建立人员"进、管、出"，经费"批、核、发"多层次全覆盖业务运行机制。目前，已建立起集事业单位人事管理、人员调配、工资福利经办、编制管理、编外人员管理五大类业务的综合性功能体系。三是形成跨地区垂直管理网。将人事管理业务向辖市区纵向延伸，对生态环境局、自然资源规划局等垂直管理部门人员进行市、区两级四部门联动分段管理，人员流动和岗位管理保留收归市本级，工资管理权限下放至辖市区。从基础信息采集完善到经办业务网上流转，从单一县区联网入库到全市数据互联互通，随着人事管理业务的逐步完善，常州市正以省平台为载体，逐步形成全市乃至全省的人事资源大整合。

（三）全链服务，打通业务办理"一件事"

健全服务机制，完善办事流程，推动业务工作全链条融通。一是程序"最大化"精简。最大限度地简化申报信息与办理材料，畅通信息渠道，删减业务办理中重复步骤，相较传统信息系统，办理时间压缩了40%，办理环节精简了45%。新招录或新调入人员基础信息只需入库时填写一次，最大限度地减少人工录入量。二是业务"一站式"办理。常州市打通编办、人社、财政等职能部门间的关联业务，将各职能部门间的关联业务由"多门"归集于"一窗"，办理事业单位人事业务均可登录同一平台进行统一申请、受理、审批，避免了多系统操作、多渠道申报。充分实现"数据多跑路"，信息全程通用，数据多方共享，提升业务办理高效化、便利化水平。三是满意度"多方面"提升。进一步改善页面设计、梳理功能模块，设置一键式"傻瓜"操作，降低系统使用难度。同时及时编制下发人事管理与工资核定模块操作说明和常见问题解决手册，为事业单位业务办理提供详细索引，单位系统使用满意度显著提升。

我国电子政务发展正逐步走向深入、走向融合、走向建设和应用并重，常州市对事业单位人事管理系统的开发完善正是一次创新做法与生动实践。下一步，常州市将抓住推动流程互联、完善功能体系、提升服务效率等关键环节，持续深化信息系统改造运用工作，以高水平信息化建设服务事业单位高质量发展。

B.15
宁波市事业单位公开招聘的实践研究

沈　超　陈得志　丁政午*

摘　要： 宁波市自2008年实施公开招聘制度以来，通过标准化管理、规范化操作，有效确保事业单位进人的公平公正，得到了社会的普遍认同。本文系统梳理了宁波市的经验做法，对照新时代事业单位改革和发展的总体要求，分析了该项工作存在周期长效率低、普适性与针对性矛盾、考核环节作用不明显、单位选人用人规划性不足等突出问题，提出完善面试考官管理、创新招聘形式、多元化评价手段、健全考核制度等合理化建议。

关键词： 事业单位　公开招聘　宁波市

宁波市自2008年1月1日起实施公开招聘制度。制度实施以来，组织、人社部门密切协作，坚持"公开、平等、竞争、择优"的原则，坚持政策、信息、标准、条件等要素全部公开，坚持统一组织、分类指导、分级管理，通过考试或者考核的办法聘用人员，确保事业单位进人的公平公正，拓宽了事业单位选人的范围，得到了社会的普遍认同，为建设高素质事业单位工作人员队伍提供了源头保障。

---

* 沈超，宁波市人力资源和社会保障局事业单位人事管理处处长；陈得志，宁波市人力资源和社会保障局事业单位人事管理处副处长；丁政午，宁波市人力资源和社会保障局事业单位人事管理处一级主任科员。

一 宁波市公开招聘政策

在原国家人事部、原省人事厅出台的政策框架下，2007 年 10 月 26 日，宁波市政府发布了《宁波市事业单位公开招聘工作人员实施办法》（简称《实施办法》），《实施办法》规定自 2008 年 1 月 1 日起，全市事业单位新进事业编制专业技术人员、管理人员和工勤人员，除国家政策性安置、按干部管理权限由上级主管机关任命及涉密岗位等确需使用其他方法选拔任用外，均应实行公开招聘，对招聘范围、条件、程序、招聘计划、招聘公告、报名、考试、体检、考核、录用、回避、监督、违纪处罚等做了明确规定。2012 年 5 月，针对制度实施以来收到的高频率投诉问题，全面梳理考生对事业单位公开招聘实施过程中的各类投诉、咨询和建议情况，研究制定了《关于进一步贯彻落实〈宁波市事业单位公开招聘工作人员实施办法〉的意见》，有针对性地提出了 13 条对策建议。在该意见实施的第十个年头，宁波市委组织部、市人力社保局回顾对照文件中梳理的七方面的主要问题，结合近年来的实践，研究出台了《关于进一步规范和改进事业单位公开招聘工作的通知》，进一步规范招聘公告内容、统一报名渠道和开考比例、改进考试方式方法、强化专业化命题与考务组织、建立面试考官选派制度，促进事业单位公开招聘的科学化、制度化和规范化，保证事业单位选人用人公平性。

二 宁波市公开招聘主要做法

（一）为减少社会成本，提出了集中招聘和个性化定制招聘相结合模式

组织、人社两家密切协作，通盘考虑研究全市招聘方案，要求各地、各主管部门、各事业单位根据事业发展需要制订长期的人力资源规划和阶段计划，统筹安排大规模集中性招聘和单位个性化需求的灵活性招聘。全年招聘

批次安排为"3+X"，即普适性岗位的招聘每年定期安排三次，笔试时间分别安排在3月、8月、11月，招聘高层次、紧缺人才可以根据需要，在年度计划内，择机灵活组织。对中小学校、医院和高等院校，允许根据用人需要定期自行组织。

（二）为标准化操作，提供使用统一制作的公告公示模板

为减少因公告不规范而引发的各类投诉，宁波围绕招聘条件的设置、报名资格的审查、笔试面试的组织、考核体检、录用手续等重点环节进行统一和规范，统一制作了事业单位公开招聘公告、拟聘用人员公示模板，增强招聘公告、人员公示等工作的规范性。同时明确：面向普通高校应届毕业生的招聘公告，应明确取得学历、学位截止时间及户籍所在地和生源地；面向留学人员的招聘公告，应明确取得教育部中国留学服务中心出具的境外学历、学位认证书时间，从而尽最大努力从源头上规范招聘单位的程序和行为。

（三）为扩大选人视野，努力打破地域、学历等限制

针对近年来一些地方和单位因地域限制、学历限制而引发的各类投诉，明确要求事业单位在公开招聘设置学历条件时，凡具有国家承认相应学历的人员均可报名参加公开招聘。一些有执业资格限制的行业，可通过学历加行业任职资格的形式来设置招聘条件。市属事业单位公开招聘一般均面向全国范围招聘，区（县、市）事业单位公开招聘允许面向省内招聘。这样做一方面解决了因学历、地域限制而引发的问题，另一方面可以使竞争更加充分，有效避免"萝卜招聘""量身定制"等现象的发生。

（四）为减少专业设置上的争议，努力规范专业设置

因专业设置而引发的问题是考生投诉的热点。为此，宁波要求在设置专业时，把国家教育部发布的《全日制普通高校本科专业设置目录》和《授予博士、硕士学位和培养研究生的学科、专业目录》等作为基本依据。通用性岗位原则上按专业大类进行设置。一些专业性比较强的岗位，可以按专

业大类设置，也可以按具体专业名称设置；按具体专业名称设置的，除专业为唯一的外，应明确三个以上具体专业名称。各地、各事业单位主管部门、各事业单位在研究确定专业设置时，须事前反复论证，主动向教育行政部门和有代表性的高校咨询了解，使专业设置与招聘岗位任职要求相匹配。

（五）为进一步规范紧缺岗位招聘办法，采取了化繁为简举措

紧缺岗位的招聘应结合以往确实难以形成竞争的专业技术岗位，结合当年发布的市人才紧缺指数报告，由事业单位提出，经行业主管部门同意，报人力社保部门核准后，方可组织实施。招聘范围原则上面向全国，并在有全国性影响的媒体上发布公告。符合报名条件人数与招聘计划数达不到3：1比例的，可以按实际报名人数采取单独面试、单独专业技能测试或面试加专业技能测试等考试方式择优录用。

（六）为杜绝考试方式上的程序性争议，确保考试方式更具操作性

根据不同对象、分层次采用不同的考试方式：招聘具有博士研究生学历学位、博士后或具有正高级专业技术职务任职资格的学科带头人或领军型人才，可根据教育背景、专业素养、学术水平、科研成果等情况，经考核、体检程序择优录用。招聘具有硕士研究生学历学位或具有副高级专业技术职务任职资格的高层次人才，可采取单独面试、单独专业技能测试或面试加专业技能测试等考试方式择优录用。招聘在教育、科研等部门从事教学、科研等工作的高级技师，可通过岗位技能考核择优录用。不具备前述条件人员，原则上采取笔试加面试相结合或笔试加专业技能（操作）测试相结合的办法录用。

（七）为促进考试公正性，着力提高笔试、面试的社会公信度

设置了笔试成绩占总成绩不得低于40%的底线。同时，规定通过笔试进入面试人员数与招聘指标数的比例不得突破3：1。通用性岗位的面试命题应委托具有考试命题资质的独立第三方机构命题。专业性强的教育、卫生、科研等岗位需要进行试讲试教、技能操作测试的，可由事业单位及其主

管部门会同具有人事考试命题资质的独立第三方机构命题。事业单位的公开招聘面试考官由5~7人组成，事业单位及其主管部门选派面试考官2~3名，其他考官由市级事业单位人事综合管理部门从市人事考试面试考官库中抽取后选派。

（八）为主动接受社会监督，建立事前报备、委托面试制度

一是建立事前报备制度。在事业单位公开招聘中，除按国家《事业单位公开招聘人员暂行规定》及省、市公开招聘政策规定落实应聘回避、工作回避外，对有与领导干部系夫妻关系、直系血亲关系、三代以内旁系血亲或者近姻亲关系应聘人员参加本部门所属事业单位或本单位公开招聘，领导干部应当逐级落实事前报备制度。二是实行委托面试制度。凡有前述亲属关系应聘人员应聘的岗位，面试或专业技能测试应当由事业单位主管部门或直属和在甬委托宁波市管理的部省属事业单位，委托当地人力社保部门或具有考试资质的独立第三方机构组织实施。

三　宁波市公开招聘过程中有待改进的主要问题

（一）公开招聘周期过长，进人效率不高

用人单位迫切需要补充人员，而公开招聘一般要经过编制管理部门审核需求，再经单位领导研究制定，最后通过组织人社部门审批组织。从用人单位对人员提出需求、实施公开招聘到最终人员到位一般都需要几个月时间，特别是应届毕业生，从招聘到录用周期近一整年，无法及时完成人员补充，不利于单位事业的发展和现有人员的有效调配。

（二）岗位条件设置强调普适性，针对性不强

目前宁波市事业单位公开招聘有关岗位的条件设置都是基础性的，

如学历学位、年龄、职业资格、工作年限，这样有效防止了"萝卜招聘"和因人设岗，但在实际招聘过程中，仅仅通过招聘考试过程，很难让招聘单位甄选到真正合适的人选，过于强调了应试能力，忽略个人的综合素质。

（三）考核环节执行不到位，作用发挥有限

现行的公开招聘考核环节一般在考试和体检之后，大部分单位将考核仅定义为政审考察，缺少对其思想政治表现、道德品质、业务能力、工作实绩等个人素质的综合考察。同时，除有犯罪、舞弊、处分、失信人员等硬性规定考核不通过的情形，目前尚未有明确的规定考核的评价指标，用人单位难以通过考核淘汰不符合岗位的人员。一定程度上，很多情况下公开招聘考核只是走个过场，甄选合适人才的作用发挥不足。

（四）事业单位选人用人缺乏系统性的战略规划

因为受限于人员总量和人员退出机制不健全的情形，用人单位在招人用人时往往采取缺什么招什么、缺多少招多少、什么时候缺什么时候招的策略，导致单位的人员年龄梯度、层次、结构缺乏长期规划，容易造成同层次、同年龄、同学历、同专业的人员堆积，梯队不合理，人才无法合理有序地成长。

四 优化招聘的对策

破解公开招聘科学性难题是一个需要不断探索的系统工程，需要从面试考官、招聘方式、测评方法、命题规范等多个环节进行科学设计和实践探索。

（一）完善公开招聘面试考官管理，提升考官专业性

完善面试考官库是进一步规范公开招聘制度的有效途径。面试考官库的

构成，应从面试工作实际需求出发，结合考官来源，合理确定。增加考官来源，实行资格管理。担任面试考官，必须参加市组织、人社部门安排的面试资格培训。资格培训不定期举行，合格者发考官资格证书。同时，在上岗前仍须进行本场面试培训。加强对考官有针对性的纪律教育，加大违规查处力度，凡有举报和不良反映，根据查实情况作出相应处理。对考官队伍中因自然减员、调离相关工作岗位或其他有违规行为，或业务素质低下等不适宜当考官的，及时作出调整，收回资格证书。对新的具备入库条件的人员，及时补充。

（二）创新公开招聘形式，提高工作效率

创新制定事业单位联考制度。针对通用型人才岗位，由组织人社部门采取每年组织一到两次统一笔试环节，所取得的成绩一定时间内有效，并将个人成绩和信息纳入事业单位备用人才数据库。事业单位在有人才需求时，可以面向现有的人才数据库人员发起招聘公告，仅设置学历学位和专业要求，符合条件的库内人才均可报名参加。按报名情况取成绩前 10 名直接进行面试环节。这样不仅可以大大减少用人单位的招聘成本，而且可以做到第一时间开展公开招聘工作，及时补充到需要的人才。考生也不需要一次次地参加不同单位的笔面试，浪费时间成本。

（三）推动评价手段多元化，提高选人科学性

事业单位行业特征明显、岗位特点突出，许多工作岗位对专业性要求相对较高，这些特点决定了事业单位招聘重在选拔"适用之才"。首先，要根据岗位所需设置报考条件。对招聘岗位特点深入研究分析，根据岗位性质、具体职责，量体裁衣，准确设置报考资格和条件。其次，依据不同行业、不同单位、不同岗位、不同专业的特点，积极探索不同的考试考核办法，按岗位分类组织考试。对教育教学岗位的人员，采用说课、试讲、实际操作等方式进行面试考核；对应聘医疗卫生岗位或生产一线岗位的人员，可以通过技能操作、轮岗试用的考核办法等。此外，由于学科领域的差异性大，科研人

员一般是"专才"而不是所谓的"通才",目前社会通用的考试方法效果不一定好。因此,同行评价是对科研人员较为理想的考核评价手段,应由相关领域专家学者对应聘者科研成果进行水平评估。

（四）健全考核素质模型，提升人岗匹配度

每个招聘岗位都有对应的岗位职责,要求应聘者具有相对应的素质能力。各单位可以根据岗位需要,构建能力要素模型,细化职业素养、技术能力、经验成果等具体指标的比重。根据能力要素模型来设置考核环节的程序内容,充分考核个人综合素质,而不是仅靠应试能力选拔人才,真正筛选出适合岗位需求的人才。

B.16
白银市事业单位工作的实践与探索

詹玉带*

摘　要： 近年来，白银市人社系统始终坚持党管人才原则，加快招才引
才步伐，强化人才服务保障，充分激发各类人才创新创造活
力，为全市经济社会转型发展提供了强大的智力支撑，人才工
作有力助推白银经济社会实现高质量发展。但与此同时，与新
时代人才工作的新要求相比，地方上也存在引才政策含金量不
高、留才政策吸引力不足、配套制度体系不完善等政策供给侧
不足问题。站在新的历史起点，白银市人社系统将认真学习贯
彻党的二十大和中央人才工作会议等精神，在推动人才信息化
应用上下功夫，在人才引留用等方面出实招，不断开创人社系
统人才工作新局面，在推进和拓展中国式现代化的生动实践中
实干争先。

关键词： 人才人事　管理服务　人才发展　创新创造　白银市

新一轮党政机构改革之后，政府人力资源和社会保障部门主要承担事业
单位人事综合管理职能，主要负责专业技术和职业技能这"两支人才"队
伍建设工作。近年来，白银市始终坚持党管人才原则，加快招才引才步伐，
强化人才服务保障，充分激发各类人才创新创造活力，为全市经济社会转型
发展提供了强大的智力支撑。

---

* 詹玉带，甘肃省白银市人力资源和社会保障局事业科科长。

一　主要工作开展情况

（一）坚持公开招聘制度，汇聚干事创业力量

坚持事业单位"凡进必考"，统筹负责市、县、乡三级事业单位工作人员公开招聘工作，以参加全国事业单位公开招聘分类考试为主渠道，适度放宽艰苦边远地区县乡事业单位公开招聘条件，着力营造公平、公正、公开的良好招考环境，引导各类人才向基层事业单位流动，向脱贫攻坚和乡村振兴一线聚集。2020 年以来，共招聘事业单位工作人员 738 人，按学历分，硕士研究生 14 人、本科学历 611 人、大专学历 113 人。按行政区域分，市直事业单位 111 人、县直 270 人、乡镇 357 人。

（二）创新人才引进办法，下放人才引进权限

认真贯彻落实省委省政府关于加强新时代人才培养引进工作的实施意见，配合组织、编制部门研究制定《白银市企事业单位急需紧缺人才引进工作办法》，以及《白银市加强和改进卫生健康人才引进工作实施方案》《白银市加强和改进教育系统人才引进工作实施方案》，进一步简化引才程序，将人社部门人才引进权限，下放至各级教育、卫生健康部门及其所属事业单位，市、县两级人社部门负责引才计划及结果备案，解决了长期以来存在的招聘周期长、入编程序繁、自主引进权限小等问题。实行"先引进后备案"制度以来，全市共引进高层次人才 240 人、急需紧缺人才 1738 人，其中，硕士研究生 226 人、本科学历 1545 人、大专学历 207 人。按行业分，教育系统 906 人、卫生健康系统 959 人、农业等其他系统 113 人。

（三）深化人事制度改革，改善人才发展环境

深化事业单位"放管服"改革，为事业单位放权、松绑、减负，打通

人才成长发展的绿色通道。一是优化岗位设置管理。落实"一特设、两单列、三提高"举措，核定事业单位正高级岗位 512 个，单列陇原人才卡正高级岗位 89 个，共设置 600 个正高级岗位评聘高级专家人才。二是深化收入分配改革。制定《白银市事业单位高层次人才工资分配激励机制实施方案》，加大高层次人才绩效工资倾斜力度。下发《关于优化市属事业单位绩效工资管理有关问题的通知》，全面下放事业单位绩效工资管理权限、分配权限、总量审核权限、高出部分审核权限，进一步激发专技人才干事创业的积极性、主动性。三是创新人才评价机制。进一步清事项、减材料、压时限，制定出台《白银市职称工作扁平化服务机制实施方案》，建立专业技术人员职称个人申报、部门联审、高效评审新机制。2020 年以来，先后有10176 名专业技术人员通过职称评审取得中级以上职称资格（其中正高级586 人，副高级 4046 人，中级职称 5544 人），782 名非公企业专业技术人才获评相应专业技术职称。

（四）发挥正向激励作用，支持人才创新创业

印发《关于贯彻落实事业单位奖励规定的通知》，率先在全省落实事业人员定期奖励工作，共嘉奖 11820 人、记功 1020 人。认真贯彻落实人力资源和社会保障部《关于进一步支持和鼓励事业单位科研人员创新创业的指导意见》，鼓励符合条件的事业单位科研人员到大中型及小微企业创新创业，各级人事综合管理部门对事业单位科研人员参与"双创"活动不作审批或备案。用足人才扶持激励政策，评选享受国务院政府特殊津贴专家 6名、甘肃省优秀专家 6 名、陇原人才 155 名，遴选甘肃省享受高层次专业技术人才津贴人选 40 名，续聘甘肃省领军人才 10 名，培育铜城青年英才 130名，评聘白银市行业首席专家 50 名，建成国家级高技能人才培养基地 2 家，国家级、省级技能大师工作室各 4 家，每年落实 4000 万元就业补助资金开展职业技能培训工作，全市高技能人才总量达到 3.05 万人（其中高级技师665 人、技师 7392 人、高级工 22443 人），实现了经济发展与人才资源充分利用的良性互动。

（五）实施人社快办行动，盘活用好人才资源

充分发挥人才工作支持营商环境建设的积极作用，制定《白银市关于加强人才引进和培育支持营商环境建设的若干措施》，出台 16 条加强人才引育的具体措施，进一步健全人才引进、培养使用、激励保障、流动配置机制。发挥人力资源市场作用，每年为 1.2 万名高校毕业生办理就业报到、求职登记等业务，为灵活就业人员提供大型人才招聘会 8~10 场次，引导 4231 名高校毕业生进入基层企事业单位服务。加快人社服务快办行动，采用"互联网+App"大数据应用方式，设计开发白银市事业单位人事人才综合信息管理系统，一并开发建设市级人才库和专家库，为全市 4.45 万名事业管理、专业技术、工勤技能人员提供"不来即享"式人社服务。

（六）建立职员晋升制度，激励人才干事创业

按照党中央、国务院和省市决策部署，采取"五个一"（开展一次调研、进行一次培训、完成一次备案、每周调度一次、实地验收一遍）等举措，科学谋划，精心组织，扎实推动县以下事业单位全面建立管理岗位职员等级晋升制度，全市共有 1199 家事业单位开展了职员等级晋升工作，有 2695 人晋升职员等级，其中，晋升六级职员 161 人、七级职员 351 人、八级职员 2139 人、九级职员 44 人。

二　存在的问题及不足

在促进招才引才工作方面出台了一揽子政策措施，全市招才引才步伐明显加快。但与新时代人才工作新要求相比，主要存在人才政策供给侧不足问题。

一是引才政策含金量不高。白银市的公开招聘及人才引进工作主要还是以解决高校毕业生就业为导向，受经济发展水平、地域环境等因素影响，招才引才政策附加值偏低，急需紧缺专业人才引进难，高层次人才引进更加困

难。从全市近两年公开招聘和人才引进备案数据来看，硕士研究生和中级职称以上人才仅占招聘和引进总人数的 1.9%、1.2%，能从"985"、"211"和"双一流"院校引进的高精尖缺人才更加有限。同时，抢才的意识没有形成，用人单位主动赴校园招聘、组团规模性引才活动开展范围小。另外，艰苦边远乡镇更加渴求人才，即使将学历放宽至大专以上，很多岗位报考人数仍达不到开考比例，一些专技型岗位长年空缺专业技术人员。

二是留才政策吸引力不足。免费师范生、临床医学生等教育类、卫生类急需紧缺人才，极易受到其他地区招才引才政策待遇吸引，引来之后留不住的问题十分突出。同时也存在制度层面的束缚，2022 年以来市直医疗机构有十几名医学本科生辞职后攻读全日制硕士研究生，按照现行人事政策没法保留人事关系，导致学成之后无法归来。

三是配套制度体系不完善。人事人才"放管服"改革正处于试验、摸索阶段，一些相应的配套政策落实不到位，主要是缺乏人才引进工作的事中事后监管，不规范、不廉洁引才问题极易发生。简政放权不是一放了之，有些下放事项基层承接不住。比如，幼儿教师引进工作由各县区教育行政部门自主实施，但受工作经验、成本经费等因素制约，最后又交由市一级实行公开招聘。

三 对策建议

站在新的起点，我们将认真贯彻落实中央人才工作会议精神，在引、留、用等三个方面出实招，不断开创人社系统人才工作新局面。

（一）在加大招引力度上下功夫，全力打造人才洼地

白银要实现转型跨越发展和全面振兴，亟待引进一大批高层次和急需紧缺人才。一是完善体制机制。要在充分调研的基础上，进一步修订完善《白银市事业单位公开招聘人员实施细则》《白银市企事业单位急需紧缺人才引进工作办法》，科学制订公开招聘和人才引进计划，以更加广阔的引才

视角和更为开放的引才政策，吸引各类人才投身到推动白银高质量发展的浪潮中来。二是壮大人才队伍。坚持公开招聘与人才引进并举，聚焦艰苦边远地区和乡村振兴产业用人需求，每年为县乡事业单位招聘补充工作人员500人以上。着眼于教育、卫生健康事业长远发展，每年自主引进高层次、急需紧缺人才800人以上。力争通过3~5年的努力，全市各类人才总量达到22万人以上。三是优化人才结构。进一步降低准入门槛，扩大面向本市户籍人员和生源的定向招考比例，把更多能留得住的人才引进来。突出高精尖缺导向，配合组织、编制等部门研究出台白银籍硕士研究生专项引进计划，每年签约引进白银籍硕士研究生100人以上。四是创新引才方式。加大柔性引才力度，支持鼓励事业单位以校园招聘、组团引才等方式，定期面向各类高校开展常态化、规模化引才工作。五是规范引才秩序。加强事中事后监管，不断规范引才程序，做好权力下放的"后半篇"文章。制定出台《白银市引进人才考官管理办法》，引才面试环节从市级人才库中抽取考官，着力打造公平公正的引才环境。六是提升引才质量。寓服务于监督之中，畅通用人单位招聘和劳动者求职的信息对接渠道，从2022年开始，所有人才引进公告统一归集，通过甘肃人才网"事业单位招聘"专栏发布，扩大公告覆盖传播范围，杜绝暗箱操作等违规问题。

（二）在落实优惠政策上下功夫，厚植拴心留才土壤

人才工作不只是"引进来"，更要"留得下"。要进一步简化行政审批，持续为事业单位放权、松绑、减负，畅通人才成长发展的绿色通道。一是落实硬措施。聚焦人才成长发展和各类需求，全面落实加强人才引进和培育支持营商环境建设的16条具体措施，充分释放"人才第一资源"活力。统筹运用财政资金，积极兑现引进、培养人才的政策。修订《白银市高层次人才（团队）引进扶持工作办法》，为人才解决工作、生活的后顾之忧。加大表彰奖励力度，对有突出贡献的专业技术人才和高技能人才，政府给予政治待遇和物质奖励，积极推荐优秀人才参加领军拔尖人才评选命名选树活动，营造出鼓励人才、重视人才的良好氛围。二是营造软环境。认真贯彻落实

《甘肃省高端人才引进扶持办法》，深入实施创新驱动发展战略，进一步吸引高端人才来银创新创业，培养和汇聚具有全国水平的战略科技人才、科技领军人才和创新团队，支撑引领白银经济社会高质量发展。在全面落实岗位设置"一特设、两单列、三提高"、职称评审服务"扁平化"、绩效工资"四下放"等一系列改革举措的基础上，进一步深化人才发展体制机制改革，制定出台更加积极开放的职称评审、岗位晋升、收入分配等优惠政策，贯通高技能人才与专业技术人才职业发展通道，营造拴心留人、宽松稳定的软环境。三是服务加速度。进一步深化服务人社理念，提升人才服务水平。以白银市事业单位人事人才综合信息管理系统上线为契机，为陇原人才、铜城英才等各类人才提供线上线下人社快办服务。加快在线求职、网上招聘、非公人才、人工智能等二期功能模块开发，努力让数据多跑路，让人才少跑腿。

（三）在发挥人才作用上下功夫，搭建干事创业平台

比起到处抢人才，更重要的是为人才集聚成长搭建舞台，让人才有用武之地。一是坚持党管人才原则。坚持党对人才工作的全面领导，做好人社系统人事人才"十四五"发展规划，积极争取人事人才重大项目，全面加强"两支人才"队伍建设。二是支持人才创新创业。认真贯彻落实人力资源和社会保障部《关于进一步支持和鼓励事业单位科研人员创新创业的指导意见》，支持鼓励市内高校、科研院所等事业单位聘用在专业技术岗位上的科研人员离岗创办企业，兼职创新、在职创办企业。三是促进人才合理流动。充分发挥市场在人才资源配置中的决定性作用，更好发挥政府作用，促进人才顺畅有序流动，促进企事业单位人才高效有序合理流动，鼓励人才向艰苦边远地区和基层一线流动。四是推行竞聘上岗制度。贯彻平等、竞争、择优原则，从2023年第三个大聘期开始，在全市各级各类事业单位全面推行竞聘上岗制度，形成能上能下、能进能出、奖优罚劣的良性机制和鲜明用人导向。

B.17
民勤县推进"县管校聘"管理改革实践与探索[*]

骆国益[**]

摘 要： 现代化教育强国建设的伟大历史进程中如何实现新时期义务教育优质均衡发展，办好人民满意的教育，成为当前义务教育政策指向和国家教育战略部署的核心内容。全国各地区聚焦义务教育学校标准化建设、学校布局、教师资源配置、不同学生群体公平发展等成为核心议题展开了多维度探讨。本文在阐释"县管校聘"的思想内涵基础上，对甘肃民勤县中小学及教师现状进行了调研，系统总结了该区域"县管校聘"典型做法和推进成效，并针对"县管校聘"过程中教师培训机构、农村教师交流、教师队伍建设等方面存在的问题，依规据实提出全力打造教师培训进修平台、着力培养建设全县教师队伍、用心营造教育均衡氛围等诸多可行性对策建议，以期为该区域乃至其他类似地区完善现代化办学和学区制管理办法及运行机制，促进校际管理、教学、教研紧密融合，强化优质带动、优势互补、资源共享，加快实现县域义务教育优质均衡健康发展提供思维启迪。

关键词： 义务教育 县管校聘 教师队伍建设 民勤县

---

* 本文数据来源于 2022 年《民勤县关于全县中小学幼儿园教师"县管校聘"改革推进情况的汇报》。

** 骆国益，甘肃省民勤县人才交流开发服务中心高级工程师。

教育均衡发展是实现人民教育乃至社会公平的基础，对促进教育健康发展，构建和谐、公平的社会具有深远的意义。2014 年，教育部、财政部、人力资源和社会保障部联合下发了《关于推进县（区）域内义务教育学校校长教师交流轮岗的意见》，首次提出要全面推进义务教育教师队伍"县管校聘"管理改革，目的是合理配置教师资源，促进教育均衡发展。随后，甘肃省积极响应，通知要求各县区要结合自身实际，推进"县管校聘"管理体制改革。自 2021 年下半年以来，甘肃省民勤县在全县中小学幼儿园全面推行"县管校聘"改革，在各学校进行了探索实践。本文结合甘肃省民勤县"县管校聘"的现状着重分析推行"县管校聘"的成效和面临的难点，介绍相关做法，提出思考建议。

一 "县管校聘"的思想内涵

"县管"是指县级教育主管部门对其所属学校教师编制调整、人事调动、职称评审、聘用管理、考核奖惩、培养培训、绩效分配、交流轮岗、档案管理等实行统一管理；"校聘"是指学校在教育行政部门的统筹指导下，组织教师竞聘上岗，开展教学工作。简而言之，就是教育部门负责县域内教师的人事管理，学校要将重心落在教育教学工作上。

民勤县"县管校聘"的主要内容体现在以下几个方面：一是教师由"学校人"变为"系统人"，对教师实行"无校籍"统一管理；二是落实教师编制调整自主权，由编制部门核定教育系统编制总量，教育部门按需分配各学校编制；三是落实人事调整自主权，教育系统内人员调整交由教育部门统一管理，编制、人社、财政等部门依据教育部门的调动文件办理教师调动手续。逐步形成教育部门统一管理、学校按岗聘人、教师有序流动的管理机制。

"县管校聘"这一举措，对创新教师队伍管理体制，合理核定城乡学校编制、岗位，选优配齐学校校级班子和中层管理队伍，全面推进教师"县管"和"校聘"，稳慎促进教师交流轮岗，解决"人岗不一"等历史遗留问题具有重大意义。

二 民勤县中小学及教师现状

目前，民勤县共有学校 57 所（含 7 个教学点），其中高中 2 所，职专 1 所，初中 10 所，小学 21 所（含 7 个教学点），幼儿园 22 所，特教学校 1 所。城区共有学校 17 所，农村共有学校（含教学点）40 所，乡镇教学辅导站 16 所。

民勤县各中小学幼儿园共有教职工 3157 人（含民生项目人员 86 名），其中：普通高中 558 人、职专 261 人、初中 756 人、小学 812 人、特教学校 25 人、幼儿园 605 人、教学辅导站 88 人、局机关下属事业单位 52 人。全县教师平均年龄 45.8 岁，35 岁以下教师 296 人，占教师总数的 9.38%；36~50 岁教师 2035 人，占教师总数的 64.46%；51 岁及以上教师 826 人（其中延迟退休副高级职称女教师 40 人），占教师总数的 26.16%；未来三年，每年分别退休教师 116 人、103 人、124 人。全县现有高级教师 805 人，占教师总数的 25.5%；一级教师 1376 人，占教师总数的 43.59%；初级教师 906 人，占教师总数的 28.7%；未定级教师 59 人，占教师总数的 1.87%；其他非专业技术人员 11 人，占教师总数的 0.35%。城区学校共有教师 2266 人，农村学校共有教师 891 人。

三 民勤县"县管校聘"具体做法

（一）成立专门工作机构，强化改革组织保障

为确保"县管校聘"改革稳妥有序推进，民勤县成立由县委、县政府主要领导任组长，编制、教育、财政、人社等部门主要负责人为成员的"县管校聘"改革工作领导小组，指导、监督"县管校聘"改革工作有序开展。县教育局同步成立以主要负责同志为组长的改革工作执行小组，统筹推进"县管校聘"改革。县属中小学幼儿园和各镇教学辅导站均成立以站校

园长为组长的"县管校聘"改革工作领导小组,具体负责各站校园"校聘"工作的落实。2021年12月,县"县管校聘"改革工作领导小组召开"县管校聘"改革工作动员会,专题安排部署改革推进工作,"县管校聘"改革全面启动。

(二)深入开展调研学习,建立配套政策制度

为确保改革顺利平稳推进,选派业务骨干和部分学校负责人先后赴甘肃张掖市民乐县、高台县和定西市临洮县、陇西县等,专题学习"县管校聘"的相关做法和经验;教育局派出4个调研组,深入全县各学校全面调研了教师队伍建设、领导班子运行、现任中层管理人员工作等情况,根据学习经验和调研结果,结合本县实际,研究制定了《民勤县中小学幼儿园教师"县管校聘"改革实施意见》《民勤县教育局推进落实"县管校聘"改革工作实施方案》《民勤县中小学幼儿园负责人选拔聘用办法(试行)》《民勤县中小学幼儿园(职专)教师调动办法(试行)》等一系列制度办法,安排全县各站校园组织全体教师认真学习中央、省市关于全面深化教师队伍建设和推进"县管校聘"改革的政策精神,将县委、县政府决策部署传达到每一位教师,使广大教师明白"县管校聘"改革政策的方向、原则和意义,统一了思想认识、凝聚了改革共识,为改革顺利推进奠定了政策基础。

(三)加强部门协调联动,合理核定编制岗位

县教育局、县委编办、县人社局先后多次召开专题会议,进行专题会商,及时研究解决改革中出现的问题。坚持按需核编、按需设岗的原则,在县委编办核定的教师编制总量内,按照有关政策规定,充分考虑各学校布局、在校学生规模、教育教学工作需要、寄宿制学校和小规模学校特殊需求等,按生师比和班师比相结合的原则,核定全县中小学幼儿园教职工编制3174个;根据各站校园教育教学工作实际,指导各站校园按照核定的教师编制数量,制定教育教学工作岗位设置方案,核定科级以下校级领导职数、各站校园内设管理机构与岗位、班主任、专任教师、教辅人员、工勤人员等

岗位 3202 个，其中中层岗位 390 个，占总岗位的 12.18%，明确各岗位的职责任务、工作标准、任职条件、工作量等，搭建"县管校聘"改革机构人员基本框架。

（四）先行试点积累经验，积极稳妥推进改革

为稳妥推进改革工作，民勤县采取投石问路、试点探索的方法，先期安排城区科级建制的 6 所学校，试点开展中层管理岗位设置、管理人员配备和教师聘用工作，指导科级建制学校结合各自实际，科学合理设置学校中层管理机构、岗位职数，规范拟定竞聘程序，按照《民勤县中小学幼儿园负责人选拔聘用办法（试行）》，通过民主推荐、组织考察、会议决定等程序聘任各站校园校级管理人员。同时，召开专门会议，对各站校园负责人进行"县管校聘"改革政策培训，明确改革目标任务和方法策略，为全面推开"县管校聘"改革奠定组织保障和思想基础。试点工作平稳有序、成效显著，为"县管校聘"改革全面推开提供了可复制、可推广的经验。

（五）分步骤按层级推进，完成教师聘用工作

在城区科级建制学校试点的基础上，全面推开全县中小学和辅导站中层管理人员和教师竞聘工作。在中层管理人员竞聘工作时，县教育局印发《关于合理设置站校园管理岗位和内设机构及人员职数的指导意见》，各站校园根据该意见和教育教学工作需要，制定《中层管理岗位设置方案》，经县教育局备案批复后，按规定动作民主竞聘，竞聘人员经县教育局组织考察、党组会议研究后予以聘任。在教师参加竞聘时，县教育局同步与全县教师签订人事聘用"县管"合同，实现教师由"学校人"到"系统人"的转化。各站校园成立"校聘"工作领导小组，根据核定的编制数和岗位数，召开全体教师大会，制定本单位教师竞聘工作方案，通过组织全体教师公开竞聘，完成了教师竞聘上岗工作。落聘教师经培训合格后，根据各学校需求安排岗位上岗。

四 民勤县"县管校聘"推进成效

由于教育系统人员多，结构复杂，年龄趋于老化，同时，县城和各镇学生数量也在逐年下降，如何优化师资配备，有效进行管理成为人们普遍关心的问题。对此，"县管校聘"提供了有效的解决方案。

（一）教育行业治理能力明显提升

根据全县中小学幼儿园教育教学工作实际需要，重新核定全县教职工编制3174个和岗位3202个，立足城乡教育资源合理配置要求，按现有乡村学校学生实际数量配备师资，乡村教师数量由985人下降为891人。县委编办和县人社局、县财政局积极支持办理教师调动手续，完成了全县教师的调整优化，教育部门编制、岗位调整和人事调动自主权得以落实，实现了教育行业管理的责权统一。各学校按教学实际需求设置岗位，教师公开竞聘上岗，学校的用人自主权得到落实。教育行业自主治理能力和权威进一步加强，全县教职工编制、教师资源配置与教育教学工作实际更加匹配，行业治理效能有效提升，教育自主发展动能进一步增强。

（二）规范管理水平进一步提高

制定了《民勤县中小学幼儿园负责人选拔聘用办法（试行）》《民勤县中小学幼儿园（职专）教师调动办法（试行）》等政策文件，规范了学校负责人选拔聘用的任职资格条件、选拔聘用程序、监督约束、组织调整等工作，建立了学校民主推荐、县教育局组织考察和党组会议研究决定的公开聘用机制；明确了教师交流调动聘用、支教学教走教和组织调整与管理的工作原则、工作程序和具体要求，规范了教师交流调动。针对高级教师管理问题，对高级教师的岗位职责、培养管理使用、考核及考核结果运用等提出了具体的规范性要求，加强了高级教师管理，更好地发挥了高级教师在教育教学工作中的骨干示范引领作用。

（三）学校管理团队结构显著优化

坚持优化结构、梯队配备，坚持以事择人、人岗相适，打破以年龄、资历为主的"论资排辈"模式，将素质高、能力强、思维灵活、有创新精神的年轻教师吸纳进学校班子，安排到中层管理岗位，管理队伍结构显著优化。先后调整加强校级领导班子 25 个、中层团队 50 个，新提拔任用中层及以上干部 119 人；交流聘用中层以上管理人员 33 人，占比 6.35%；新配备的校级班子中"80 后"干部 14 人，占比由改革前的 4% 提高到 24%，平均年龄由改革前的 50 岁降至 47 岁；中层管理人员中"80 后"干部 142 人，占比由改革前的 11% 提高到 39%，其中"80 后"女性中层管理人员由改革前的 13 人增加到 40 人。一批年富力强的骨干教师走上了中层管理岗位，实现了学校管理人员的新老交替和平稳过渡，学校班子的战斗力、专业性、凝聚力和精气神明显提升，教育管理队伍结构进一步优化，专业化水平显著提高。

（四）人岗不一等突出问题有效解决

教师交流是促进教育均衡的关键点，也是"县管校聘"的核心。改革前，全县有 300 多名教师任教单位与工资关系所在单位不一致；部分县属小学和农村站校负责人工资关系不在本单位，单位印鉴运行不规范，学校管理和运行矛盾突出。改革实施以来，共调整交流教师 322 人，在此之前"人岗不一"教师 259 人（城区学校之间交流 44 人、乡村站校园之间交流 62 人、乡村教师交流到城区学校 127 人、城区教师交流到乡村学校 11 人），重新在现工作单位聘用并办理调动手续；新调整交流教师 63 人，其中教育局机关推荐聘任城区幼儿园园长 1 人，城区教师交流到乡村站校竞聘任教 20 人，城区学校之间交流教师 21 人（其中调整教师资格证与任教学段不符教师 12 人、交流应回避教师 5 人），乡村站校园之间交流教师 14 人，乡村交流到城区学校任教的教师 7 人，全面解决了改革前存在的教师人岗不一、教师资格证学段不符、相关教师职称无法评定、应当回避而未回避等多年存在的"老大难"问题，进一步理顺了教师工作关系，有效解决了学校管理难题。

（五）教师队伍活力进一步增强

提升教学水平，激发教师队伍活力，是县管校聘的主要目标。坚持正向激励和压力传导相结合，一大批教师通过公开竞争、民主测评、学校聘用走上了适合自己的、能够充分发挥能力和有利于未来发展的工作岗位，有效促使教师脱颖而出。全县共有24名教师在第一轮竞聘上岗中落聘，通过培训后给予合理安排，广大教师职业危机感明显增强，职业倦怠现象得到一定程度的遏制，教师工作热情和积极性有效激发。制定出台《民勤县中小学高级教师管理考核办法（试行）》，结合实际细化具体考核内容，充分发挥高级职称老教师的"传帮带"作用，聘任富有经验、德才兼备的37名老教师为学校视导员、督学，聘任90名中老年优秀教师担任县级兼职教研员，指导城区中学成立校级教研团队6个，组织开展跨校听课、评课、交流研讨等活动100多场次，帮助学校教师开展学科课题研究131个，不仅为老教师搭建了充分发挥专业才能的平台，更促进了学校管理水平和教育教学质量的提高。

五 "县管校聘"存在的难点问题

（一）教师培训机构亟待建设

随着教师队伍的补充和新课程改革、高考综合改革的深入推进，教师培训工作对促进全县教育事业持续健康发展的作用更加重要。县教师进修学校承担全县教师培训和落聘教师待岗培训工作，加强教师进修学校建设非常必要。《民勤县中小学幼儿园教师"县管校聘"改革实施意见》明确要求"加强教师进修学校师资力量建设"，改革中，县教育局对教师进修学校的教师培训设施进行了改造提升，但县委编委核定下达的县教师进修学校人员编制较少，尚不能满足当前及今后的教师培训工作需要，教师进修学校师资队伍建设亟须进一步加强。

（二）乡镇学校内部教师交流使用存在障碍

长期以来，民勤县乡村中小学、幼儿园教师由各镇教学辅导站在本站内统筹安排使用，乡村幼儿园教师大多由原来的中小学教师转岗配备，没有明确具体的学校，所有乡村中小学教师享受同等的工资待遇。特别是"县管校聘"实施以来，为幼儿园核编定岗，将明确人员的所在单位，因工资福利政策，乡村幼儿园教师与义务教育教师工资待遇不同（义务教育学校教师工资高于幼儿园教师工资），导致部分原中小学教师拒绝到幼儿园聘用任教。

（三）学校主动性不强，教师主动意愿低

一是本位思想作祟。各校教师轮岗交流、支教时，考虑到本校的发展和升学率，会选派一些教学能力一般或"副科"教师。此种做法只会助长全县教育的"马太效应"，强校更强、弱校更弱。二是城乡学校差异影响交流积极性。民勤属于地处沙漠边缘的小城镇，本身自然环境差，经济条件落后，虽有乡镇津贴和乡村教师生活补贴，但部分教师还是因交通不便、生活条件偏差、学校生源少不愿意到乡村任教。三是全面实施"县管校聘"后，由学校人变为系统人，教师由教育部门统筹调配，可能面临随时的交流调整，使教师本身缺乏归属感，漂泊不定，在一定程度上影响教育教学质量。

（四）乡村教师队伍建设仍然面临瓶颈短板

改革后，核定全县乡村教职工编制 840 个、岗位 912 个，目前实有乡村教师 891 人，从数量上看基本可满足乡村教育教学需要，但仍然存在一些不容忽视的问题，乡村教师总体老化较为严重，50 岁以上教师已占总数的31%；乡村幼儿园教师总体紧缺，幼儿园女性教师短缺，教师学科结构更加不合理，一些学科教学只能通过下派城区学校教师支教的方式解决。近年来，乡村学校招录的年轻教师因结婚生子、照顾子女上学等实际需求，到城区学校任教愿望强烈，客观上导致乡村教师队伍的不稳定。

六 深入推进"县管校聘"对策建议

（一）全力打造教师培训进修平台

为更好地统筹管理和组织实施教师培训工作，加大"县管校聘"中落聘教师的培训力度，借鉴发达地区和高等院校的做法，考虑将县教师进修学校逐步建成县教师发展中心，改为县教育局直接管理的下属事业单位，并给县教师发展中心增加一定数量的编制。县教育局统筹配备好县教师发展中心工作力量，进一步明确定位，在做好新入职教职工培训发展的基础上，将管理人员、教学服务人员等统一纳入教师继续教育范畴，常态化做好培训工作，更多关注全体职工的职业发展，全方位做好学校各类人员的继续教育、能力提升和专业化水平，成为全体教职工职业发展的"充电站"，为提高全县学校教育教学工作水平提供强力支持。

（二）着力培养建设全县教师队伍

建设一支强有力的教育教学队伍，是教育均衡发展的支撑，一是建议出台引进招录教师的支持政策，进一步加大年轻教师补充力度，每年补充年轻教师60~80名；同时，在教师引进招聘中限定师范类院校的师范类专业，确保新补充教师的能力素质满足县教育发展实际需要。二是建议在编制使用上给予特别支持，当年退休的教师空编可用于当年补充新教师，支持教育系统进一步优化教师年龄结构，避免教师队伍出现大面积的年龄断层。三是切实保障乡村教师待遇，由各镇教学辅导站统筹配备使用本站中小学、幼儿园教师，幼儿园教师享受与中小学教师同等的待遇。四是通过动态调整城区教师下乡工作、支教，缓解乡村教师结构性短缺问题，合理照顾乡村教师进城需求，切实保证乡村教师队伍稳定，促进教育振兴乡村和乡村振兴教育。

（三）用心营造教育均衡氛围

全面梳理改革过程，及时总结改革经验，做好师德师风考评、教师考核管理等后续工作。一是提高教师的思想意识。着重向全县广大教师宣传"县管校聘"促进教育均衡发展的重要意义，引导教师树立大局意识，积极主动参与教师交流，在自身全面发展的基础上为教育均衡奉献自己的力量。二是培优配齐教育教学人员。结合学校实际需求，根据教师交流调动办法，进一步规范程序，鼓励城区学校骨干教师到农村学校交流任教或担任管理岗位，做好校长、中层管理人员和骨干教师交流工作，逐步选聘配齐城区学校短缺学科教师。三是加大城乡信息交流力度。要不断加大乡村和薄弱学校的资金投入，均衡城乡学校的软硬件设施，逐步达到城区学校有的，乡村学校也有的状态，积极打造教学资源共享信息平台，让全县各学校教师和学生享受同样的资源，推动全县教育事业优质均衡高质量发展。

B.18
酒泉市肃州区"县管校聘"
改革实践与探索[*]

赵　睿[**]

摘　要： 酒泉市肃州区把深化改革作为破解制约教育高质量发展难题的
"金钥匙"，在全省率先推进"县管校聘"管理体制改革，通过
广泛深入调研、精准制定方案、量化岗位设置、双向竞聘上岗、
整合优质资源、健全激励机制等强有力的措施，将教师从"学
校个体化"变为"系统一体化"，有效激活了教师队伍活力，学
校管理更加规范有效，教育资源进一步优化，城乡和区域教育发
展更趋均衡，教育改革取得显著成效。但"县管校聘"作为一
项新的教育人事管理改革措施，在推进过程中也遇到譬如骨干教
师向名校集中、对一些特殊群体教师政策照顾不周等许多具体问
题，影响了改革进程和成效。为确保"县管校聘"人事制度改
革走深走实，肃州区教育局及时出台相应配套政策，不断完善激
励措施，进一步细化工作标准，健全工作督导体制机制，跟进视
导政策落实情况，持续优化教师队伍，不断激发教育内生动力，
为推动全区教育高质量发展奠定了坚实基础。

关键词： "县管校聘"　教师队伍　人事制度改革　酒泉市

---

* 本文相关数据来源于《教育事业统计年报》《肃州教育年鉴（2023年卷）》《肃州区2023年
人事年报》。
** 赵睿，甘肃酒泉市肃州区教育科学研究中心主任。

百年大计，教育为本；教育大计，教师为本。近年来，酒泉市坚持教育优先发展战略地位不动摇，把加强教师队伍建设作为提升县域教育核心竞争力的关键来抓，切实加强党对教育工作的组织领导和督促指导，以办人民满意的教育为目标，坚持把深化改革作为破解制约教育高质量发展难题的"金钥匙"，持续用力，久久为功，不断激发教育内生动力，全力打造区域优质教育中心。肃州区作为酒泉市委、市政府所在地，自加压力、踔厉奋发，稳步推进"县管校聘"管理体制改革，从制度层面打通教师自由流动的藩篱，将教师从"学校个体化"变为"系统一体化"，有效激活了教师队伍"一池春水"，为推动教育高质量发展奠定了坚实基础。

一　推进"县管校聘"改革的具体做法

（一）加强领导，制定方案

为稳步推进"县管校聘"管理体制改革，酒泉市人社局统筹调拨，超前谋划，率先在肃州区探索推行县管校聘改革制度。酒泉市"县管校聘"制度改革的组织实施，按照省级统筹指导、市级组织推动、以县为主实施的工作机制，市、区两级人社部门会同教育部门从顶层设计、制度完善、政策制定等方面反复研讨，并提交市编委会议和区深改委会议专题研究。同时成立工作专班，分4个小组深入48所城乡公办中小学、幼儿园进行调研，并通过网络对全区3226名在编教职工和1.2万名家长进行问卷征求意见建议。在此基础上，研究制定了《肃州区中小学幼儿园教师"区管校聘"管理体制改革方案（试行）》。改革方案明确提出了改革目标、实施原则、实施范围、改革内容、保障措施等硬性内容。肃州区作为酒泉市率先实施"县管校聘"人事制度改革的县市，为全市教育系统人事制度改革画出了"路线图"，排出了"时间表"，有效推动了酒泉市"县管校聘"制度改革，为全市进一步深入推行这项改革蹚开了一条可资借鉴的路子。

（二）定岗明责，量化标准

为确保"县管校聘"改革制度的顺利实施，肃州区制定印发了《关于进一步规范中小学幼儿园岗位设置及教职工工作量的指导意见》《中小学学科教学工作量指导系数》等配套文件，统一明确各中小学（幼儿园）岗位、职责以及工作量。各校立足校情实际，制定本校岗位竞聘方案，细化量化考评细则，实现"一把尺子量到底"。同时，建立基础教育大数据平台，各学校每学期定期上传教师量化考评情况，实现过程管理，将考核结果作为适岗竞聘、职称评审、拔尖人才评选、评先评优、职务晋升、绩效考核等各类评价的重要依据。

（三）双向选择，竞聘上岗

在跨校聘任中，教师根据自身实际和学校岗位需要，自由跨校选择聘任岗位，学校根据编制和学科需求，面向全区教育系统聘任教师，教师和学校实行"双向选择"。在校内聘任中，分直聘和竞聘两个程序，对一些特殊岗位，由学校领导班子和教代会投票进行直聘；一般岗位通过中层竞聘、班主任竞聘、学科教师竞聘、后勤和教辅岗位竞聘等流程，组织教师适岗竞聘，让教师找到适合自己的岗位。对落聘的教职工由组织调剂上岗，调剂后仍不能上岗的进行跟班培训。2023年以来，经多轮竞聘，全区2830名教职工在前两轮竞聘中顺利上岗，372名教职工经组织调剂后到新岗位开展工作，14名教职工落聘。

（四）学科整合，抱团发展

打破各学校学科建设"单打独斗"的桎梏，将各学科力量进行整合，凝聚集体智慧，让各学科教师"抱团取暖"，从横向上建立36个学科团队，成立北京名师工作站、肃州区名师工作室，由学科首席执行官负责，按照学科分类推进大教研、大集备、大培训工作，通过"资源共享、帮扶共建、特色共显、质量共优"，不断提高教师的专业素养。从纵向上推动集团化办学，组建3个以强并弱型教育集团、9个联合共建型教育集团、3个示范带动型幼教集团，破解城乡之间、校与校之间发展不均衡问题，实现老校带新校、城校带乡校，整体提升全区办学质量的目标。

（五）配套制度，激励保障

按照"总量控制、统筹城乡、结构调整、有增有减"的原则，从顶层设计入手，配套制定出台了《肃州区教育事业高质量发展绩效考核奖励实施办法》《肃州区中小学幼儿园待岗人员管理办法（试行）》《肃州区教师退出教育教学岗位实施办法》《肃州区教育发展激励专项资金设立方案》等措施办法，确保"县管校聘"有效落实。同时，为推动优秀教师和校长向农村和薄弱学校流动，印发了《农村教职工乡镇工作津贴补贴改革试点方案》和《全区中小学幼儿教师职称评聘改革办法》等文件，建立了教育高质量发展绩效考核机制，将偏远乡镇与近郊乡镇教师津贴补贴差额调整为800~1000元，并为临近退休教师、孕期教师、身患疾病教师、支教教师等群体开通"绿色通道"，享受校内直聘优先权，确保"县管校聘"行得通、走得实。

二　经验与成效

"县管校聘"人事制度改革的推进，极大地解放和发展了教育生产力，有效改善了教育生态，进一步凝聚了奋进力量，教育改革成效已经初步凸显。

（一）教师队伍活力充分激发

经过适岗竞聘，全区教师专业与岗位适配率达到了97.5%，教师找到了与自己专业对口的岗位，不仅使教师的专业水平快速提升，而且在工作岗位发挥了自身最大优势。通过工作量化，拉大教师之间的经济收入差距，晋升职称打破唯资历论的固有模式，从"论资排辈"变为"比武打擂"等方式，全区中高级职称中，中青年教师占比达到 60% 以上，最年轻的副高级职称教师年龄只有 29 岁，一些年轻优秀的一线骨干教师也能提前晋升职务，极大地激发了广大教师的工作积极性和主动性。同时，逐步探索教师职称评聘分开机制，教师的工作责任感、紧迫感进一步增强，部分"船到码头车到站"的老教师有了职业压力，个别教师评上高级职称后思想懈怠等现象有效杜绝，实现教师从"不想干"到"找着干""抢着干"的职业态度大转变，分配方式的优化催生了职业态度转变，改革的叠加效应持续释放。

（二）学校管理更加规范有效

通过定岗明责、工作量化、竞聘上岗，学校各个岗位都能聘用到比较合适的教师，学校和干部识别有标准、成长有台阶、选聘有规则，一批年轻骨干力量充实到学校重要岗位，一批踏实肯干的教师走上学校领导岗位，进一步盘活了学校人力资源，使真正优秀的教师"进得来""教得好""留得住"。学校制定出台的各项制度有理有据，评选表彰公开透明，日常管理科学规范，广大教师心平气顺，学校管理更加高效顺畅。绩效考核办法的实施打破好人主义、平均主义现象，通过对标对表列出负面清单、加大奖惩力度，出现了教师争当班主任老师、一些以前很难安排的工作大家争着抢着主动干的现象，学校争先创优的氛围日益浓厚。

（三）教育系统资源显著优化

"县管校聘"改革打破了教师人事关系桎梏，由区教育局行使编制和岗位资源的支配权，统筹管理全区教师编制分配、交流轮岗等具体事务，区委编办和人社部门只负责核定、控制教师编制和岗位总量，有效盘活了教育系统的人力资源。通过撤点并校、布局调整、教师跨校竞聘、职称晋升和评优树模，优先向薄弱学校、农村偏远学校倾斜等措施，一大批优秀教师进一步加速向农村和薄弱学校流动，而城区学校名师的流出、高级职称职数的腾退也为年轻教师的发展腾出了更多的空间，推动全区师资结构更加趋于均衡。

（四）义务教育发展更趋均衡

通过推行集团化办学，集团学校之间实行人事、财务、教学等一体化管理，构建起集团、学校、师生、家长"四位一体"的集团化办学评价制度，集团学校拥有了更多的办学自主权，通过加快集团内师资力量的流动和融合，快速提升了薄弱学校、乡村学校、新建学校的办学水平和教育质量，有效破解城乡之间、校与校之间发展不均衡问题，使每一所学校都成为老百姓家门口的好学校。在集团化教学模式下，各学校能够资源共享，也给学生提供了一个互相学习交流的平台，实现教育资源最优化。各学校将从线上到线下激发老师之间互相学习的动力，教师将有更多思想上的碰撞，共享教育资源，进一步盘活教育集团的教学活水。

三 推进"县管校聘"改革过程中发现的问题

"县管校聘"作为一项新的教育人事管理改革措施，在推进过程中还有许多具体问题有待进一步补充完善措施办法，主要表现在以下几个方面。

一是由于在推进落实"县管校聘"制度过程中坚持"一把尺子量到底"，一些薄弱学校、寄宿制学校、农村偏远学校和即将退休的教师、身患疾病的教师等特殊群体的差异性没有考虑到位，缺乏特殊照顾政策，一定程度上影响了这些教师的工作积极性。

二是一些年轻教师通过跨校竞聘，进一步向城区中心学校集中，导致个别薄弱学校在聘任中没有挑选教师的余地，一定程度上影响了教师队伍的稳定，影响了这些薄弱学校负责人的工作积极性，不利于这些薄弱学校的管理、均衡发展和全区整体教育教学质量的提升。

三是个别学校在核算各个岗位工作量时，没有考虑本学校个别工作岗位的特殊性，不能结合学校实际及时跟上级教育主管部门沟通协调，生搬硬套按照上级下发的方案严格执行政策，引起部分教师的不满和抵触情绪，成为"县管校聘"改革推进过程中的不稳定因素。

四 推进"县管校聘"改革过程中的几点思考

为平稳有序推进"县管校聘"人事制度改革，确保广大教育工作者能分享改革"红利"，促进全区教育质量得到大幅提升，助推"教育强区"和"区域优质教育中心"建设目标得以早日实现，要做好以下几方面的保障措施。

一要完善激励措施，促进均衡发展。针对城区寄宿制学校和农村偏远学校工作头绪多、工作时间长、安全责任大、留人难的现状，教育行政主管部门要在评优树模、职称评聘、职务晋升等方面出台相应激励措施，从制度保障到价值引领，促进年轻骨干教师向这些学校流动，稳定这些学校的教师队伍，进一步促进基础教育均衡发展。

二要细化工作标准，体现人文关怀。在坚持"一把尺子量到底"的同时，教育行政主管部门要指导各学校对即将退休教师、身患疾病教师和特殊教育学校、寄宿制学校、农村偏远学校、薄弱学校等学校的教师的工作量进一步细化，与其他普通学校教师的工作量要略作区别对待，适当提高这些群体教师的工作量计算系数，体现人文关怀。

三要及时跟进落实，防止制度反弹。教育行政主管部门要对方案中提出的政策和措施办法及时跟进督促落实到位，确保各项配套制度严格贯彻执行，防止各中小学（幼儿园）在落实制度过程中讲人情、打折扣、搞变通，使"县管校聘"改革政策最终流于形式，使前期工作付诸东流。同时，教育行政主管部门和各学校要定期了解掌握教师成长过程中出现的新情况，及时协调解决教师工作和生活中的困难问题，为教师营造良好的工作环境，助推教师加快专业成长步伐。

四要出台相应政策，优化教师队伍。人社、财政、编办等相关部门在"县管校聘"人事制度改革推进过程中，应出台相应配套政策，确保教师队伍"在编的能上岗，上岗的能挑大梁"。如对一些因身体原因无法坚持上岗，并且不能通过病退鉴定的教师，应当适当放宽病退条件，使这些教师能正常退休或在编外退养，以便腾退出编制吸收更多年轻骨干力量充实到教师队伍，为教师队伍及时输入"新鲜血液"。同时，要加强对落聘教师的跟踪管理，将惩戒和激励双管齐下，从思想和业务上教育引导落聘教师及时转变思想观念，积极进取，加强学习，提升自身业务能力水平，及早重返教育教学岗位，不断优化教师队伍，使教师队伍始终保持青春活力和坚强的战斗力。

B.19
玉门市事业单位人才队伍建设实践与探索

朱　俊[*]

摘　要： 玉门市坚持党管人才原则，在创新引才方式上进行积极有效尝试，从政策制度、体制机制、方式方法等多方面不断深化事业单位人事制度改革，扎实做好公开招聘、职称评审等重点工作，激发事业单位队伍生机活力，从全面构建人才工作新格局，到深化培育人才发展新优势，从作出加快探索创新人才培养路径，到部署优化人才发展环境着力破解。

关键词： 事业单位　专业技术人才　职称评审　人才引进

近年来，玉门市认真贯彻习近平总书记"发展是第一要务，人才是第一资源，创新是第一动力"的重要思想，树牢"人才是第一资源"的理念，不断推进人才发展体制机制改革和政策创新，全面提升引才育才质效，持续优化人才发展生态，着力打造聚才"洼地"和用才"高地"，为实现玉门市"四区一高地一家园"奋斗目标提供了强有力的人才支撑和智力保障。现将玉门市专业技术人才队伍建设情况总结如下。

一　事业单位人才队伍建设基本情况

全市共有事业单位工作人员3560人。管理岗位977人，占27.5%；专

---

* 朱俊，玉门市人力资源和社会保障局事业单位管理股股长。

业技术岗位 2457 人（含双肩挑 80 人），占 66.71%；工勤技能岗位 206 人，占 5.79%。

专业技术岗位 2457 人（含双肩挑 80 人），高级职称 652 人（其中：正高级职称 58 人，占 2.36%；副高级职称 594 人，占 24.18%），占 26.54%；中级职称 1041 人，占 42.37%；初级职称 764 人，占 31.09%。

二 专业技术人才职称分布情况

（一）教育系统

职称系列分为中小学教师系列和中等职业学校教师系列。

职称种类。教育系统职称以评审的方式开展。分为全省有效、全省有效破格晋升、全省基层有效、全省基层有效破格晋升、乡村工作满 30 年不受岗位指标限制、乡村工作满 20 年不受岗位指标限制、考核认定等。

专业技术人才情况。玉门市教育系统现有专业技术人才 1530 人，其中，正高级职称 42 人（全省有效正高级教师 4 人、全省基层有效正高级教师 16 人、全省基层有效破格晋升正高级教师 17 人、乡村工作满 30 年不受岗位指标限制正高级教师 5 人），占该行业专业技术人才总人数的 2.75%；副高级职称 447 人（全省有效高级教师 186 人、全省有效高级讲师 23 人、全省有效破格晋升高级教师 13 人、全省县以下基层有效高级教师 81 人、全省县以下基层有效高级讲师 2 人、全省县以下基层有效破格晋升高级教师 89 人、乡村工作满 30 年不受岗位指标限制高级教师 53 人），占该行业专业技术人才总人数的 29.22%；中级职称 824 人（全省有效一级教师 448 人、全省有效讲师 35 人、全省有效破格晋升一级教师 103 人、全省有效破格晋升讲师 7 人、乡村工作满 20 年不受岗位指标限制一级教师 44 人、市内评聘一级教师 179 人、考核认定一级教师 8 人），占该行业专业技术人才总人数的 53.86%；初级职称 217 人，占该行业专业技术人才总人数的 14.18%。

（二）卫健系统

职称系列：卫生系列（中医专业、公共卫生专业、护理专业、医疗技术专业、卫生管理专业、药学专业）等。

职称种类：卫生系列初级、中级职称实行"以考代评"，高级及以上职称采取考评结合的方式进行。分为全省有效、全省有效破格晋升、全省基层有效、全省基层有效破格晋升、考核认定等。

专业技术人才情况。玉门市卫健系统现有专业技术人才578人，其中，正高级职称12人（全省有效主任医师2人、全省县以下基层有效主任医师8人、全省县以下基层有效主任护师1人、全省县以下基层有效破格晋升主任医师1人），占该行业专业技术人才总人数的2.08%；副高级职称102人（全省有效副主任医师26人、全省有效副主任护师5人、全省有效副主任药师1人、全省基层有效副主任医师29人、全省基层有效副主任护师32人、全省基层有效副主任技师3人、全省基层有效副主任检验师1人、全省基层有效副主任药师3人、全省基层有效卫生管理副研究员1人、全省基层有效破格晋升副主任医师1人），占该行业专业技术人才总人数的17.65%；中级职称141人，占该行业专业技术人才总人数的24.39%；初级职称323人，占该行业专业技术人才总人数的55.88%。

（三）农林系统

职称系列分为林业（农口）工程专业、农业系列（农艺师、畜牧师、兽医师、农经师）、农经师等。

职称种类：林业（农口）工程专业、农业系列职称以评审方式开展。分为全省有效、全省有效破格晋升、全省基层有效、全省基层有效破格晋升、考核认定等。

专业技术人才情况。玉门市农、林系统专业技术人才共有76人，其中，正高级职称3人（全省基层有效农业技术推广研究员3人），占该行业专业技术人才总人数的3.95%；副高级职称26人（全省有效高级兽医师2人、全省有效高级畜牧师 1 人、全省有效高级农艺师 1 人、全省基层有效高级农艺师 11 人、全省基层有效高级畜牧师 1 人、全省基层有效高级兽医师 3 人、全省基层有效高级渔业工程师 1 人、全省基层有效高级林业工程师 1 人、全省基层有效高级农机工程师 1 人），占该行业专业技术人才总人数的 34.21%；中级职称专业技术人才 17 人（农艺师 3 人、农机工程师 3 人、兽医师 3 人、农经师 1 人），占该行业专业技术人才总人数的 22.37%；初级职称专业技术人才 30 人，占该行业专业技术人才总人数的 39.47%。

（四）水务系统

职称系列分为工程系列水利工程专业。

职称种类：工程系列水利工程专业职称以评审方式开展。分为全省有效、全省有效破格晋升、全省基层有效、全省基层有效破格晋升、考核认定等。

专业技术人才情况。玉门市水务系统专业技术人才共有 49 人，其中，正高级职称 1 人（全省基层有效破格晋升正高级水利工程师 1 人），占该行业专业技术人才总人数的 2.04%；副高级职称 12 人（全省有效高级水利工程师 7 人、全省县以下基层有效水利高级工程师 5 人），占该行业专业技术人才总人数的 24.49%；中级职称专业技术人才 18 人（全省有效水利工程师 16 人、全省有效破格晋升水利工程师 2 人），占该行业专业技术人才总人数的 36.73%；初级职称专业技术人才 18 人，占该行业专业技术人才总人数的 36.73%。

（五）住建系统

职称系列分为工程系列建设工程、林业（农口）工程专业。

职称种类：工程师、林业工程师职称以评审方式开展。分为全省有效、全省有效破格晋升、全省基层有效、全省基层有效破格晋升、考核认定等。

专业技术人才情况。玉门市住建系统专业技术人才共有 20 人，其中，副高级职称 2 人（全省有效高级工程师 1 人、全省基层有效高级工程师 1 人），占该行业专业技术人才总人数的 10%；中级职称专业技术人才 5 人

（全省有效林业工程师 1 人、全省有效工程师 3 人、全省有效消防工程师 1 人），占该行业专业技术人才总人数的 25%；初级职称专业技术人才 13 人，占该行业专业技术人才总人数的 65%。

（六）交通系统

职称系列分为工程系列交通运输工程专业（公路与桥梁工程）。

职称种类：交通运输工程专业（公路与桥梁工程）职称以评审方式开展。分为全省有效、全省有效破格晋升、全省基层有效、全省基层有效破格晋升、考核认定等。

专业技术人才情况。玉门市交通系统专业技术人才共有 15 人，其中，副高级职称 2 人（全省基层有效工程系列公路与桥梁工程专业高级工程师 2 人），占该行业专业技术人才总人数的 13.33%；中级职称专业技术人才 1 人（全省有效工程师 1 人），占该行业专业技术人才总人数的 6.67%；初级职称专业技术人才 12 人，占该行业专业技术人才总人数的 80%。

（七）文旅系统

职称系列分为图书资料系列、艺术系列（艺术创作、艺术管理、技术保障专业、艺术表演专业）、文博系列等。

职称种类：图书资料系列、艺术系列、文博系列等职称以评审方式开展。分为全省有效、全省有效破格晋升、全省基层有效、全省基层有效破格晋升、考核认定等。

专业技术人才情况。玉门市文旅系统专业技术人才共有 24 人，其中，副高级职称 3 人（全省有效文博系列研究馆员 1 人、全省有效艺术系列艺术表演专业副研究馆员 1 人、全省基层有效文博系列副研究馆员 1 人），占该行业专业技术人才总人数的 12.5%；中级职称专业技术人才 7 人（全省有效图书资料系列馆员 2 人、全省有效文博系列馆员 1 人、全省有效艺术系列艺术表演专业馆员 4 人），占该行业专业技术人才总人数的 29.17%；初级职称专业技术人才 14 人，占该行业专业技术人才总人数的 58.33%。

（八）其他

玉门市审计局、民政局等下属事业单位专业技术人才取得职称，初级、中级采取考试的方式，高级及以上职称采取考评结合的方式；融媒体中心、市委党校、各乡镇等专业技术人才采取评审的方式开展。

三　人才引进的做法及工作成效

（一）深化改革"政策聚才"

持续加强党对人才工作的领导，稳步推进人才制度机制改革，先后研究出台《优秀人才选拔管理办法》《急需紧缺人才引进管理办法》《新能源和化工产业人才引进培养若干措施》《加快推进乡村人才振兴实施方案》《市级领导干部联系优秀人才工作办法》《领军人才优秀人才作用发挥"六大行动"实施方案》《科技特派员考核管理办法》《柔性引才办法》等 10 余项人才政策，人才引育用留服务保障体系全面升级。同时，建立人才长效联系机制和人才流失责任追究机制，健全玉门市优秀人才信息库、高校学生信息库、引进人才动态管理工作台账等"两库一台账"，全市人才政策体系更加配套，衔接更加紧密，"联动共抓、合力共建"的人才工作格局更趋完善。

（二）因时制宜"精准引才"

坚持实用、急需导向，明确事业单位急需紧缺专业和企业急需技术技能人才需求，目前，玉门市已分六批次引进急需紧缺人才 60 名，其中 30 岁以下的硕士研究生 26 人。加强与周边国有企事业单位的人才合作，从省疏勒河水资源利用中心等企业引进 6 名化工、水利专业的优秀人才挂职，选派 2 名年轻干部到酒钢（集团）挂职学习。坚持按需公开招考招聘，调剂 15 名空余事业编制建立化工产业人才"蓄水池"，通过校园招聘引进化工专业技术人才 15 名、教育卫生系统专业技术人才 75 名。围绕全市支柱产业和经济社会发展需要，采取高薪聘请、顾问指导、项目合作等形式，柔性引进高层次科技人才 30 余名，聘请招商引资顾问 9 名，企业科技创新顾问专家（团队）3 个，组建科技人才创新创业团队 6 个，转化农业科技成果 18 项，人才的支撑效应显著提升。

（三）优中选优"精细育才"

以锻造堪当时代重任的干部队伍为关键，以全方位培养引进用好人才为支撑，研究出台《选派优秀年轻干部到一线岗位挂职锻炼实施办法》，先后抽调 24 名干部到 5 个产业链常态化开展招商引资，选派 21 名优秀青年干部到乡村振兴、项目建设等急难险重一线岗位挂职锻炼，推动本土人才在一线历练成才。坚持事业为上、依事择人，大力选拔学历高、年纪轻、专业强的优秀干部，2023 年上半年提拔任用的 35 岁以下青年干部占到总数的 37.7%，干部队伍年龄结构逐步优化。坚持把开展干部调研作为发现识别优秀青年干部的重要手段，集中利用 1 个月时间，组建 4 个调研组深入全市 113 个园区、乡镇（街道）和市直部门单位开展干部调研，发现储备一批优秀年轻干部，并按照近期使用、中期培养、远期储备三类，建立了来源广泛、数量充足、结构合理、素质优良的后备干部库，为市委精准科学选人用人奠定了坚实基础。

（四）激励保障"栓心留才"

充分发挥人才政策整体效应，多维度构建"人才生态圈"，市财政每年安排 300 万元人才发展专项资金，专门用于急需紧缺人才的引进培养、项目扶持、生活补贴、住房保障、健康保健和表彰奖励，对引进的全日制博士研究生、硕士研究生和"双一流"全日制本科毕业生每年给予 2 万元、1.2 万元、8000 元的生活补助，工作 5 年后在本市购房的按市场价全额补助 100 ㎡以上的住房一套，用真金白银、真情实意留住人才。不断加大全市人才干部住房保障力度，盘活闲置资产建成栖梧公寓 1 所 37 套，解决了乡镇单身干部周末无处去的问题；回购人才公寓 12 套，安置 18 名研究生以上高学历人才入住；建设工业园区保障性住房 663 套，改善了产业工人住宿条件；提供职工公寓 26 套，为 84 名新入职青年干部解决了住房问题，新增保障性租赁住房 536 套、人才公寓 28 套，实现了增"人数"与得"人心"同频共振。落实补助奖励政策，为 8 名酒泉市级领军人才发放补助 5.6 万元，为 30 名玉门市级优秀人才发放补助 18 万元。

四　当前人才需求情况及存在的问题

（一）人才需求情况

玉门市专业技术人才队伍总体上呈现：一般性人才多，高层次人才少；传统行业人才多，高新技术专业人才少，急需紧缺专业人才不足，如农林技术员大多是现学现用，专业素质和实践能力不高；畜牧业人才受专业限制，院校培养规模小，招考引进难，现有人员年龄偏大，主要靠民生项目服务高校毕业生补充；建筑设计、城市规划、财务审计、水利交通环保等工程类人才靠招考难以引进专业对口的人才；新能源、装备制造、现代农业、生物工程、环保工程、电子商务等新兴产业专业技术人才凤毛麟角。

（二）事业单位人才"招人难"的现状分析

玉门市持续加大事业单位招聘力度，近三年（2020～2023 年）共招聘事业单位工作人员 466 人，其中，公开招聘 326 人（乡镇街道 162 人，市直部门 117 人，教育系统 21 人，卫生系统 26 人），校园招聘 140 人（教育系统 90 人，卫生系统 50 人），虽缓解了玉门市部分领域人才紧缺的矛盾，但招聘的高层次人才比较少，尤其是"双一流"高校毕业生，重点师范院校的初、高中物理、数学学科教师，卫生行业急需的临床医学、麻醉学和影像医学专业人才，"三大园区"化工专业人才等引进难度相对较大，高层次人才供需矛盾突出，为加强事业单位人才队伍建设，进一步解决教育、卫生系统及市属相关部门专业技术人才短缺问题，在酒泉市委组织部、市人社局的统一组织下，先后赴兰州大学、四川大学、中山大学、西安交通大学、中国人民大学等"双一流"高校及兰州理工大学、西北师范大学、甘肃中医药大学、甘肃农业大学、兰州交通大学等省内重点高校进行招聘，目前，玉门市共签约急需紧缺高层次人才166名。同时，引进来的一些人才作用发挥不够，部分人才学非所用，没有充分发挥自己的专业优势。

（三）人才引进工作中存在的问题及原因

玉门市因受地理因素和经济社会发展程度的影响，对人才的吸引力相对较弱。自2019年以来，全市共流失事业单位各类人才196人，其中管理人才33人、专业技术人才156人、工勤技能人才7人。流失的人才中调离市外的多达116人。具备中、高级专业技术职称的人员达到26人，且大部分为教育、卫生行业的学科骨干教师和临床专科医生。还有一部分年轻干部，存有将基层工作作为"跳板""过渡"的消极思想，不能静心干事、心浮气躁、眼高手低，既影响了自身发展，也影响了事业单位正常运行。虽然玉门市先后研究出台优秀人才选拔、急需紧缺人才引进、新能源和化工产业人才引进培养、乡村人才振兴、领军人才优秀人才"六大行动"等政策性文件，全社会尊贤重才、鼓励创新的政策环境逐步形成，但由于玉门建化园区所处地理位置较偏，薪资待遇相较兰州、西安及东部发达地区尚有差距，且生活环境相对较差，医疗、餐饮、商超等"软环境"建设滞后，企业在人才竞争方面不占优势。2021年返乡就业高校毕业生78人，进入建化园区化工企业就业的只有4人，仅占5.1%；2022年返乡就业高校毕业生114人，进入建化园区化工企业就业的5人，仅占4.4%。多数企业对现有人才"重用不重育"，在人才培养提升、进修深造方面投入较少，激励机制不健全，造成人才成长路径窄、发展空间小；且在工作、生活条件改善等方面投入不足，工作、生活条件相对较差，留才难的问题较为突出。

五　工作建议

（一）构建人才发展"新格局"

一要建立党委、政府"一把手"抓人才引进责任制，形成党委统一领导、组织部门牵头抓总、有关部门各司其职的引才工作新格局，变分散式引才为集中领导下的分级分类引才。二要构建完整的工作体系，党委、政府负责做好顶层设计、完善制度保障、设立专门机构。各单位、企业提出引才需求、落实引才责任、明确人才职责。各职能部门，特别是人社部门要做好指导协调配合和服务跟踪评价工作。三要通过招商引人才，坚持"双招双引"，做到招商与招才并举，引资和引智并重，形成"引进一个龙头或知名企业，带动培养一支专业人才团队"的机制，促进人才与玉门市经济社会各项事业融合式发展。

（二）健全人才发展"新机制"

一要细化各类人才引进办法以及相应的激励、管理等配套工作制度，以制度文件规范引才工作有效开展。二要建立经费投入保障机制和激励机制，将引才工作经费纳入地方财政预算，并随着财政收入的增加而逐年增长。同时设立引才专项基金，对促进引才工作开展或引来高层次人才的个人和集体进行奖励。三要深化人才体制机制改革，健全完善人才政策体系，实行更加积极、开放的人才政策。设立引才编制"周转池"，依托市属国有企业设立化工人才"蓄水池"，根据空缺编制统筹调剂周转编制 45 名，实行专编专用、动态管理、循环使用，破解急需紧缺人才引进瓶颈问题。

（三）营造人才发展"新环境"

一要牢固树立"以人为本"的观念，坚持用事业留人、用感情留人、用提高待遇留人的有机统一，努力营造人才发展的良好环境。二要出台相关政策优先解决引进人才的待遇、编制、手续等问题，建设人才公寓，优先解决引进急需紧缺人才安居保障问题。提高人才的政治、经济和生活待遇，在提拔使用、评先选优、评定和晋升职称等方面优先考虑，切实优化人才发展环境。三要努力提升人才服务水平，建立完善服务创新创业人才的"绿色通道"，在政策落实、手续办理、信息咨询、项目申报等方面，为引进人才提供"保姆式""一站式"服务，努力推动人才发展的各项体制机制不断健全，继续加强人才工作的规范化、制度化建设。

（四）优化人才发展"新方式"

一要在引进外来人才有难度的情况下，正确处理好引进人才与培养本土人才的关系，既重视引进人才，也要重视培养本地人才。二要建立引进人才"传、帮、带"工作机制，将引才与培养本地人才有机结合，切实发挥引进人才辐射带动作用，通过引进人才的"传、帮、带"，不断优化本土人才队伍的能力、知识结构，促进本土人才队伍成长。三要拓宽选人用人渠道，加大体制内人员回流力度，推动有意愿来玉门工作的教育、医疗卫生、化工、新能源、城乡规划等领域优秀专业技术人员到玉门市工作，诚邀玉门籍在外优秀人才返乡工作，共谋发展、施展才华。

改革探索篇

Reform Exploration Reports

中国科学院过程工程研究所人才发展与培育的实践与探索

郭亚莉　袁　培　王　雪　周杨*

摘　要： 人才是科技创新的动力源泉，是引领高质量发展的基石。中国科学院过程工程研究所坚持以中央人才工作会议和院人才工作会议精神为发展遵循，坚定实施"人才强所"发展战略，以项目为牵引自主培养人才，以需求为导向吸引凝聚高精尖缺人才，以岗位评聘为依托深入实施人才分类评价，以人才为根本系统优化人才发展环境，全方位培养引进用好人才，为实现过程工程学科领域高水平科技自立自强提供有力人才保障。

关键词： 人才培养　人才引进　人才分类评价

---

* 郭亚莉，中国科学院过程工程研究所人事处处长；袁培，中国科学院过程工程研究所人事处主管；王雪，中国科学院过程工程研究所人事处主管；周杨，中国科学院过程工程研究所人事处主管。

中国科学院过程工程研究所（原化工冶金研究所）成立于1958年，以化工原理强化冶金过程，为冶金工业做出重要贡献。近年来，研究所围绕国家"双碳"目标，以介科学为核心，在低碳能源、战略资源、绿色化工、高端材料、生物医药领域，开展战略性、先导性、前瞻性技术攻关及共性基础研究，支撑国家战略需求，引领新兴产业发展。

研究所坚持以人为本，出成果与出人才并重，不断深化人才体制机制改革，出台了系列人才培养和引进举措，培养凝聚了一批高水平科技创新人才，2017年6月入选国家创新人才培养示范基地。

截至2023年6月，研究所共有中国科学院院士4名、中国工程院院士1名、杰青18名、WR计划领军人才9名、青年拔尖人才2名、优青15名、国家等各类引进人才78名。建立了一支具有较强创新能力的人才队伍，有力支撑研究所科研创新发展。

一　构建特色人才培养体系，自主培养人才

研究所强化人才支撑项目、项目造就人才的理念，以项目为牵引，先后制订实施系列人才培养计划，为人才搭建创新舞台，多渠道激励人才，在研究所范围内形成鼓励创新、激励进取的人才发展氛围，培养造就了一批优秀学术带头人。

（一）创新岗位管理，委以重任、助力成长

为优化人才队伍结构，更好地激发青年骨干科技人才创新活力，营造人才辈出的良好环境，研究所创新岗位管理，出台《青年研究员岗位管理办法》，以任务目标为导向设立青年研究员岗位，把青年优秀及骨干人才提拔到关键岗位，为其在科技创新实践中搭建施展才华的事业舞台。

在遴选阶段，突出业绩、贡献和能力导向，围绕研究所"十四五"规划主攻方向和前沿方向布局，聚焦重大科学问题、国家战略需求、重大科技攻关任务，遴选真正潜心科学研究、勇于挑战科学难题的优秀青年科技

人才。

在培养阶段，通过重大科技任务、创新平台建设，强化稳定支持，实施3~6年灵活的青年研究员聘期，聘期内给予有竞争力的薪酬保障，营造以人为本、潜心科研的人才发展环境。

近3年，研究所共择优选拔出26名科研方向独立，具有突出业绩的青年研究员参与到国家重大任务申报和实施中，其中1人为基金委创新群体骨干，16人承担国家水专项、国家新药创制专项、国家重点研发计划、中国科学院先导专项等重大任务的课题、子课题，9人参与国家重点实验室重组任务，16人承担中石化、国家能源集团、攀钢集团、云南煤化等领域内知名企业合作项目，促进青年人才在完成任务的过程中迅速成长。首批遴选的2名青年研究员，经过青年研究员政策的稳定支持和重大科技任务的锻炼，科研水平和创新能力得到进一步提升，获基金委优秀青年科学基金资助，并成长为研究所主要的科研骨干力量。

（二）搭建培养平台，促进交流、激励成长

为探索具有研究所特色的青年人才培养机制，以品牌效应达到吸引优秀青年人才和促进青年人发展的目的，为研究所培养和挖掘有发展潜力的青年人才，在"中国科学院青年创新促进会"政策的启发下，研究所成立"中国科学院过程工程研究所青年创新促进会"（简称"过程工程所青促会"），主要通过有效组织和支持，团结、凝聚青年科技工作者，拓宽学术视野，促进相互交流和学科交叉，提升科研活动组织能力，培养造就新一代学术技术带头人。

"过程工程所青促会"通过开展各种科研/管理培训、企业合作交流、学术论坛等活动，使青促会会员不仅在促进研究所青年职工成长方面发挥了引领和带头作用，而且通过积极参与研究所公共事务，为研究所的发展添砖加瓦。

"过程工程所青促会"组织了多种主题的系列科研交流活动，如"青年沙龙"采用主题式的交流方式，青年人才面对面进行思想碰撞，激发青年

人才创新灵感，促进科研合作；"企业行"活动旨在让青年人才"走出去"，在与企业一线需求对接的过程中，开阔视野，促进研究成果的转化，通过40余期的"青年沙龙""企业行""青年毅行"等特色交流活动，促成30余项科技成果转化落地，有效提升青年人才科研创新能力。

中国科学院、研究所两级青促会至今已吸纳会员125人，其中55人入选院青促会会员，8人入选院青促会优秀会员，9人入选优青，2人入选杰青，青促会已成为研究所培养优秀青年人才的"蓄水池"和青年人才成长的"摇篮"。

通过以上人才支持政策，以"岗位+任务"为导向，强化人才平台建设，把优秀青年人才提拔到关键岗位，支持青年科技人才在国家重大科技任务中"挑大梁""当主角"，助力青年人成长，逐步造就一支数量适中、发展潜力大的青年科研骨干队伍，为研究所人才队伍的可持续发展奠定了坚实的基础。

二 聚焦科研创新需求，吸引凝聚高精尖缺人才

围绕研究所"十四五"发展规划，结合重大科技任务、创新平台建设需求，立足全球视野，科学制定引才规划，精准引进一批能够突破过程工业关键技术、带动新兴交叉学科发展的海内外高精尖缺人才。

（一）加强顶层规划，按需精准引才

研究所积极贯彻落实国家和中国科学院人才引进政策，修订完善《过程工程研究所 BR 计划管理办法》，在岗位职责、任职条件、支持政策等方面建章立制。同时加强研究所层面对高层次人才引进的前瞻谋划，成立研究所人才工作委员会，设立人才引进专班，由所长担任主任，所学术委员会及业务管理部门负责人担任委员，人事处工作人员担任联络员，上下联动，宏观指导和统筹协调"十四五"期间高层次人才引进规划的制订和实施。

根据研究所"十四五"规划发展战略目标和创新平台、国家重点实验

室重组需求为导向，前瞻部署"十四五"期间符合国家战略需求的主攻方向和前沿方向，"先定事，后定人"，按需精准引进高精尖缺人才。研究所瞄准国家"双碳"战略需求，聚焦储能关键核心技术，从海外引进2名优青，分别担任国家重点实验室的副主任，积极参与国家重点实验室重组和"双碳"领域关键核心技术攻关任务。在湿法冶金、二次资源利用领域引进3名优秀急需人才，实现了关键技术突破，促进国家工程实验室优化整合，获批国家工程研究中心，形成了以清洁生产与循环经济绿色低碳原创技术为特色的国内外一流创新平台和工程技术转化载体。

（二）拓宽引才渠道，创新引才方式

研究所聚焦需求，拓宽引才渠道，多次通过大型国际会议宣传引才政策，参加海外人才招聘团，"一对一"面谈了解海外人才需求和意向；通过微信公众号、第三方引才网站等推送引才公告，在海外学者群体中"播种"研究所人才政策；此外，研究所还通过举办国际知名会议，提升研究所在本学科领域的国际学术影响力，吸引凝聚相关领域海内外优秀人才到研究所工作。

充分发挥引进人才和公派留学人员的纽带作用，以才聚才，建立海外人才数据库。研究所每年从海外引进人才，并有国家公派和院公派留学的科研人员出国做博士后、访问学者等，此类人才是研究所与国际学术界联系必不可少的桥梁与纽带，研究所通过他们积极发掘优秀人才作为储备，建立海外人才数据库，定期推送给各研究单元，为他们引进人才参考使用。针对有合作意向的专家学者，研究所不定期组织"过程工程论坛""海外名师讲堂""青促会青年沙龙"等交流活动，邀请吸引一些海外专家来所，开展合作研究、组建联合实验室、联合培养研究生等，增进交流合作，为其日后入职研究所奠定良好基础。

（三）注重引进人才发展，加强培育提升

研究所注重引进人才培育和提升，协助每位所BR制定中长期发展规

划，遴选培养海外优青、积极推荐院 BR 备案择优，通过参与研究所重大科技任务、青促会"企业行"活动协助引进人才承担项目，参与到研究所重大任务中，让青年引进人才在科研创新平台上快速成长，为研究所科技创新事业做出更大贡献。

通过以上举措，"十四五"以来，研究所以青年拔尖人才引进为重点，以高精尖缺为导向，围绕国家战略需求和研究所规划，精准引进所级 BR 计划 28 人，有效充实了研究所青年科技人才队伍，助力研究所的创新发展。研究所还切实加强对引进人才的稳定支持，引进人才科研经费支持约为"十三五"同期的 2.5 倍，进一步优化激励引进人才快速成长。

三　深入实施人才分类评价，畅通人才发展通道

研究所探索建立专业技术岗位评聘分类评审制度，并进一步优化岗位评聘分类评审，完善岗位分类管理体系，形成更加科学、具有过程工程学科特点的人才分类评价机制。

（一）明确人才分类评价导向

坚持以人为本，明确科研人员职责，以创新价值、科研能力、重大成果产出作为评价导向，完善岗位评聘、人才评价和薪酬分配机制，构建有竞争力的人才分类评价制度体系。促进科研人员在自己的研究方向上做出代表性成果，以追求卓越作为科研人员的内驱动力，作为"国家队""国家人"，心系"国家事"、肩扛"国家责"。

（二）建立人才分类评价体系

为激发人才活力，促进各类人才发展，研究所探索实施人才分类评价。结合岗位系列特点，研究所岗位评聘按照"研究、工程、管理支撑"三个类别开展。

为进一步优化岗位评聘分类评审，完善岗位分类管理体系，形成更加

科学、具有过程工程学科特点的人才分类评价机制，经过与科研人员座谈、调研、研讨等形式，研究所征求各研究部负责人、科研骨干代表的意见，根据专业技术岗位科研活动特点，细化应用类岗位，由"基础、应用、支撑"三类岗位改革为"基础科学研究、技术科学研究、工程技术应用、科技支撑保障"四类。根据各类人员成长特点，科学分类设定各类人员评价标准。重点突出从原创学术贡献、技术突破、重大任务完成情况、用户满意度等方面进行评价，优化形成突出创新价值、能力和贡献的体制机制。

（三）优化岗位评聘分类评价

落实中央"放管服"精神，在申报环节，研究所建立了专业技术岗位评审系统，实现了申请、审批、评审、投票一体化、智慧化评审，使评审更加高效、便捷。评审系统对曾填写的材料记录存档，有效避免了科研人员重复填表，减轻了科研人员在非科研上花费的精力，也有效避免了错填、漏填等问题发生，进一步践行了科研诚信建设。

在评审环节，采取分层分级的模式，由科研单元进行初评，研究所组织评审专家组，参考初评结果进行会议评审。另外，面向在科研单元初评未通过的职工，研究所还增加了二次评审环节，充分保障了评审的公平性和科学性。

（四）探索建立建制化团队评价机制

坚持使命导向，面向国家"双碳"目标和"卡脖子"难题，按照"先定事、后定人"原则，倡导科研人员组建中青年科技创新团队或攻关突击队，以任务目标为导向签订合同，将工作任务和目标推进情况、团队协作等情况作为评价的主要内容。通过个人评价与团队评价结合的评价方式，依托学术委员会、同行专家、用户等对团队成果原创性、引领性和市场价值等指标因素，根据团队整体任务目标成效进行综合评价，选拔出优质有潜力的团队，打破课题组之间的壁垒，凝聚优势科研力量，聚焦主责主业，为保障国家"双碳"目标实现做出国家战略科技力量新的更大贡献。

四 坚持以人为本，系统优化人才发展环境

（一）执行岗位绩效工资制度，保障职工薪酬福利

为充分发挥各类人才效能，更大力度激发人才创新创造的活力，营造有利于科研人员潜心致研良好环境，进一步提高对优秀人才的吸引力和凝聚力，积极贯彻落实中国科学院关于事业单位收入分配制度改革政策和要求，根据《中国科学院关于工作人员岗位绩效工资的实施意见》，研究所按照岗位绩效工资政策要求进行了工资结构调整。推动贯彻落实《中共中国科学院党组关于新时期加强人才工作的若干举措》要求，完善并落实以绩效评价结果为主要依据的动态分配机制，绩效工资和科技成果转化收益等向做出突出贡献的青年科技人才倾斜，保障青年职工有竞争力的薪酬福利待遇，不断增强职工的获得感与幸福感。

（二）深入实施"3H"工程，提高科研人员归属感

中国科学院"3H"（Home、House、Health）工程自2012年实施至今，在一定程度上缓解了广大科研人员在住房、子女入学和健康医疗等方面面临的问题，为科研人员安心科研提供了重要支持和保障。研究所深入贯彻落实院"3H"工程建设推进力度，选派科研管理骨干担任科技副校长服务周边中小学；出台安居房政策，通过人才周转公寓、租赁社会房源相结合的方式，协助解决人才住房问题；同时积极争取地方政府在人才周转公寓、子女入学等方面的支持，加强各类人才在"3H"方面的支持和服务保障，使科研人员潜心致研。

（三）扩大国际交流合作，加强人才的国际化培养

围绕国际组织、"一带一路"技术联盟建设，支持青年人才参与中心和联盟建设，扩大国际科技合作交流，提升人才队伍国际化水平。依托国家留学基金委、中国科学院和李氏基金等的资助，鼓励支持优秀科研和管理骨干前往国际知名高校、科研机构交流学习，持续加大人才的国际化培养力度。鼓励优秀学术带头人组织国际学术会议，提升国际活跃度和影响力。

中国科学院召开全院人才工作会议，明确了新时期人才工作的总体思路、发展目标和改革举措，为做好新时期人才工作指明了前进方向，提供了根本遵循。今后，研究所将继续深入贯彻中央人才工作会议精神，落实国家对人才工作的有关要求和举措，加强统筹规划，实行更加积极、开放的人才政策，精准引才、自主育才，深化实施人才分类评价改革，为过程工程研究所人才强所战略和创新人才高地建设贡献力量。

B.21
杭州电子科技大学人事制度
改革与探索

马香嫒　陈上宝　高攀峰　胡　潇　范红丹*

摘　要： 党的二十大报告指出，"教育、科技、人才是全面建设社会主义现代化国家的基础性、战略性支撑"。高校作为教育、科技、人才的集中交汇点，应坚持"四个面向"，以需求和问题为导向，敢为人先，做好前瞻布局和体制机制改革，开源头活水，强创新之魂，强化一流人才队伍和创新团队建设，全面释放人才创新活力，为国家实现高水平科技自立自强提供重要支撑。杭州电子科技大学深入贯彻落实《深化新时代教育评价改革总体方案》，积极探索建立分类多元、科学有效的教育评价体系，坚持党管人才，坚持以品德、能力、业绩为导向，按照以用为本、遵循规律、科学评价、服务发展的要求，着力深化人才育引、职称评审、岗位聘任、绩效分配、非编队伍管理等方面的人事制度改革，努力破除"五唯"倾向，营造与高水平大学建设相适应、量才适用、人尽其才的良好发展环境。

关键词： 党管人才　人才发展　职称改革　岗位聘任　非编队伍

---

* 马香嫒，杭州电子科技大学人事处处长（人才办主任），管理学院教授；陈上宝，杭州电子科技大学人事处副处长（人才办副主任），助理研究员；高攀峰，杭州电子科技大学人事处师资管理科科长，讲师；胡潇，杭州电子科技大学人事处人才管理科科长，助理研究员；范红丹，杭州电子科技大学人事处劳资福利科科长，研究实习员。

深入贯彻落实《深化新时代教育评价改革总体方案》，探索建立分类多元、科学有效的教育评价体系，坚持党管人才，坚持以品德、能力、业绩为导向，按照以用为本、遵循规律、科学评价、服务发展的要求，着力深化人事制度改革，努力破除"五唯"倾向，营造与高水平大学建设相适应、量才适用、人尽其才的良好发展环境。

一　铸实党管人才政治优势促发展

引导教师加强政治引领，心怀"国之大者"，自觉扛起新时代立德树人的政治担当，践行党的伟大使命和事业。学校计算机学院智能所党支部以优势学科高端人才集聚和引领为核心，推进党的建设和学科建设有机融合，聚焦中国制造 2025 国家战略，突破国外技术垄断，实现可编程控制系统平台软件自主研发可控，2022 年入选第三批"全国党建工作样板支部"培育建设单位，党建和人才工作的融合发展有力推动了学科建设，在第五轮学科评估中，B 档以上学科数量较第四轮学科评估增长 75%，参评学科中 60% 实现提档升级。近年来，杭州电子科技大学由高端人才领衔的网络空间安全学院信息安全党支部、计算机学院图像所党支部先后入选前两批"全国党建工作样板支部"培育创建单位，自动化智能系统与控制师生联合支部入选全国高校"双带头人"教师党支部书记工作室，电子信息学院、网络空间安全学院两个教师团队先后入选前两批全国高校黄大年式教师团队，在对接国家战略需求、服务省委战略部署，推动关键核心技术攻关、推动创新成果产业化应用等方面发挥了重要作用，形成了以人才强党建、以党建聚人才，互融互进共促发展的良好新局面。

二　扩大制度创新政策红利强动能

（一）制度先行岗位设置添活力

完善实施《杭州电子科技大学校内年薪制和津贴制实施办法（试行）》

《杭州电子科技大学人才引进实施办法》，构建五类九级支持优秀青年人才发展和六层次八类别的人才引进聘岗体系，稳固了学校人事人才工作的四梁八柱，为人才育引工作打下了坚实的制度基础，2022年新增国家杰青、优青、海外引才计划等国家级人才9人，实现省"KP计划"顶尖人才零突破，引进各类人才140余人。

（二）岗位倾斜青年人才发展拓路径

全面梳理和调整校内人才培育项目，加强青年人才培养顶层规划、政策保障和专项支持，实施杭州电子科技大学"西湖学者""钱江学者""钱塘学者"岗位聘任，系统性地培育优秀青年人才，实行系统梯度培育。

（三）"政策红包"教师发展再注新动能

学校成功入选浙江省首批人才发展体制机制改革试点，开展"专业技术岗位结构比例动态调控"，破解高级职称指标严重不足和青年教师职称晋升瓶颈。近三年新增高级职称314人，其中正高91人、副高223人。不断扩大的人才制度改革红利充分激发了教师发展新动能。

三 持续优化人才发展生态增效益

加强人才服务保障体系建设，出台《杭州电子科技大学关于进一步加强校院两级党政领导班子成员联系服务专家实施办法》，对联系服务人才工作实行台账化管理，将联系服务专家工作纳入校院两级党政领导班子的重要议事日程，纳入学院和二级党委述职的必述内容，推进校院两级党政领导班子成员联系服务专家工作制度化、科学化、常态化，营造爱才敬才聚才用才的良好生态。带头落实校领导联系高层次人次制度，做细做实人才服务工作。2022年开展人才项目申报、人才认定、子女入学、购房、购车、人才公寓、人才家属安置、人事人才政策咨询等服务事项1000余人次。人才发展经费重点保障，获批的中央财政专项、省财政专项2000多万元全部用于人才育引工作。各类人才积极对接国家战略需求、服务省委战略部署和中心工作，推动学校快速发展，取得了突出成绩和社会效益。2022 年学校科研经费突破 6 亿元，稳居省属高校前二；国家基金项目立项保持 100 余项，国家重点重大项目 16 项；授权专利 1460 项；获省部级以上科研奖励 33 项，省高等教育教学成果奖 9 项（主持特等奖 1 项、一等奖 3 项）；获得国家级出版智库 1 项、浙江省国际合作联合实验室 1 个、浙江省军民融合协同创新平台 1 个，首个国家"111 计划"引智基地以优异成绩通过验收并进入下一轮支持建设等，为高水平大学建设奠定了坚实基础，推动了学校事业发展进入新阶段。

四　进一步深化职称制度改革

（一）建立"多把尺子量人才"分类评价体系

实施专业技术职务分类评价，将教师分为教学科研并重型、教学为主型、科研为主型、社会服务推广型、国防军工型和专职研究型，鼓励教师术有专攻。对科研为主型主要看研究成果能否"顶天立地"，教学为主型主要看教学效果与育人成效等，做到量才适用、人尽其才。

（二）建立"多个立面设岗位"指标分解体系

按照"目标引导，按需设岗；分类管理，分级聘用；岗薪挂钩，岗变薪变；竞聘上岗，公正公平；以人为本，保证重点"的基本原则，以岗位为抓手，实施全员岗位聘任，履行岗位职责，完成岗位任务，享有岗位薪酬，同时以岗位目标任务为导向，赋予学院自主设岗、自主聘用和自主考核的人事管理权力。严格按照省里核定的岗位数量、结构比例开展评聘工作，每年根据各学院分类和实际情况将评聘指标下放到二级学院。一是将高级岗位结构比例向重点学科倾斜，将学校各学科所属学院分为四类，首批一流学科博士点所属学院高级专业技术岗位结构比例为 60%，最低学院高级专业技术岗位结构比例为 48%。二是高级专业技术岗位向专任教师倾斜，非专任教师高级岗位结构比例仅有 26%。三是高级专业技术岗位向"四大"倾斜，为鼓励大平台、大团队、大项目、大成果发展，对获得国家级奖项、团队和国家重点及以上项目等给予高级职称指标奖励。四是为助力优秀人才脱颖而出，充分激发教师发展活力，学校预留出一定比例的高级职称指标，用于高层次人才引进和优秀中青年教师竞聘。

（三）建立"多赛道助推发展"破五唯顽疾机制

一是构建以贡献、质量为导向的学术研究成果合理评价体系。取消出国（出境）学习经历、人才称号等限制性条件。合理制定学历标准（所有高级职称都取消了博士学位的要求），论文不设"硬杠杠"。突出评价人才的业绩水平和实际贡献，评价标准从论文、论著、项目、获奖、标准等多方面考量，注重成果的质量、贡献、影响，突出评价成果质量、原创价值和对社会发展的实际贡献以及支撑人才培养情况。二是强化代表性成果评价在职称评聘中的作用。建立代表性成果的鉴定和评议机制，淡化论文数量要求，将高水平的项目报告、技术报告、学术会议报告、教学成果、标准规范、创作作品等作为代表性成果，并在优势学科开展国内同行评价试点，实行第三方同行评价制度，引导教师产出多元化的高水平成果。三是构建高层次人才"直通车"通道和优秀人才组竞聘机制。制定高层次人才"直通车"标准和评审制度，对取得重大科技成果、在社会经济发展做出重大贡献的教学科研人员以及招聘引进的高层次人才和急需紧缺人才等可直接聘任到相应的高级专业技术岗位。

五 建立"多维度并行"岗位聘任动态调整机制

（一）贯彻"三个落实"、实施"三个推进"

全面贯彻执行上级文件精神和要求（编制和员额控制问题、绩效工资额度问题、马院教师待遇问题、岗位级别比例限制问题)、全面贯彻落实校第三次党代会精神和要求、全面贯彻落实清廉校园建设要求(程序透明、公平公正;坚守底线、不碰红线)。

(二)以问题为导向、不断优化可行合理路径,不断完善分配、设岗与岗位聘任动态"三位一体、迭代优化"机制

凡是有利于学校高水平大学建设任务完成的改革举措坚决推进(人力资源配置向奋战在一线的专家教师倾斜、严控行政编制 20%的上限、用逐步压缩或者编外替换的模式给一线专家教师腾出岗位编制空间,高岗位比例指标向承担主要任务的学科、学院倾斜等);凡是有利于激发专家教师创新活力与工作动能、提升机关效能和服务质量改革措施坚决推进(分配方案着力打破个体工分制的分配体系烙印,全面推进以学院单位为核拨体系;在现有编制比较紧缺的前提下,尊重学院现有教师结构现状,在绩效分配时引入"教学编制核算数",全面支持学院完成教育任务;支持学院推进学科与科研团队建设,全面实施以学院为单位、岗位与分配绩效全面挂钩的分配体系,积极鼓励专家教师从事高水平、高质量研究,鼓励教师获取高水平成果、建设高层次平台);凡是有利于激发学院创新活力和动能的举措坚决推进(分配全面放权、三级以下的岗位设置条件全面放权、岗聘全面放权)。

(三)坚持一条主线,岗位绩效分配旨在激发干事创业活力

鼓励一线专业教师"创业绩,出成果",收入"上不封顶、下不保底";引导中层干部"谋发展、讲奉献,收入实行分类限高";学院中层干部收入和学院一线教师挂钩;机关中层干部收入和学院挂钩;机关中层干部按照学院中层平均绩效考核奖的 90%在所聘岗位和部处年度考核结果的基础上进行分配,机关中层干部可参与每年不超过 64 课时的教学绩效分配;中层干部不参与除了国家奖(国家教学成果奖、国家自然科学奖、国家科技进步奖、国家技术发明奖)以外的个人绩效分配;其他机关教职员工"立足本职岗位,提升服务保障能力",其收入分配与服

务质量、服务效率、工作效能挂钩，实现在收入上能共享学校改革发展成果。

六　关于社会化用人管理

社会化用人是现代社会常态化现象，也是高校发展中人力的必要补充力量。杭州电子科技大学在改革发展过程中以"上级政策为要、以实际用人需求为基、以共享发展为本"，以劳务派遣用工方式为主，不断探索非事业编制人员队伍管理模式，非编员工已经成为学校事业发展不可或缺的有机力量，并在一定程度上有效缓解了学校满足事业发展需要与严格控制事业编制之间的矛盾。非编人员主要为劳务派遣形式，少部分委托文一教育发展有限公司进行管理。文一教育发展有限公司作为独立法人机构，公司内所有非编人员（940 余人）由其自行管理。劳务派遣 241 人，分布在全校 30 余个二级单位，本科及以上学历人员超过 90%。

出台《杭州电子科技大学非事业编制人员管理办法》《杭州电子科技大学特聘研究员管理办法》，对非编人员的岗位设置、聘任管理和薪酬待遇等方面作了规范。在岗位设置上，主要为管理岗和专技岗（含研究岗），管理岗人员占比约 58%。在薪酬体系方面，主要分为岗位等级制、年薪制、协议薪酬制和经费包干制。岗位等级制主要为机关和学院的行政人员，根据聘用人员的学历、职称以及工作经验等情况确定岗位等级；年薪制人员主要为学科聘用的研究人员和科研助理等；协议薪酬人员为少量退休返聘人员；经费包干制人员为保卫处的安保人员。在福利待遇方面，员工可自愿加入工会组织，享受大部分与在编教职工同等福利。在图书馆、数字化校园权限等方面，与在编人员实行统一标准，共享学校资源。鼓励非编人员参加在职攻读学位和专业技术职务晋升。

B.22
宁波市第二医院人才分层培育的改革与实践

范欣欣*

摘　要： 人才是医院可持续发展的第一资源。本报告立足于医院内部人才建设过程中存在的问题，重点把握学历、年龄、职称等人才成长的关键要素，作为人才分层培育的突破口，通过优化学历提升政策、强化青年人才队伍建设、提升人才培养平台能级、重视复合型人才培养等方面采取一系列改革措施，全方位探索科学、有效的医院内部人才分层培养改革与实践路径，切实加大医院人才培养力度，为医院高质量发展提供了坚实的人才支撑。

关键词： 医院　人才分层培育　宁波市

宁波市第二医院始建于 1843 年，迄今已有 180 年历史，是中国最早建立的西医医院之一。该医院是浙江省首批 17 家通过第四周期三级甲等综合医院评审的医院之一。在 2018～2021 年全国公立医院绩效考核中连续 4 年进入全国百强、获 A+评级，其中 2020 年、2021 年连续两年排名宁波市第一、全国前 70 位。医院现有院区 2 个，占地面积约 10 万平方米，建筑面积约 16.5 万平方米，核定床位 2100 张。2021 年，医院启动市"十四五"重大建设项目新建医疗综合大楼；项目建筑面积 21.18 万平方米，总投资

---

* 范欣欣，浙江省宁波市第二医院组织人事科副科长，高级经济师。

15.12 亿元，2025 年建成后医院可开放总床位将增至 4000 张。医院承担宁波地区及绍兴、台州、舟山等周边地区急危重症救治和疑难疾病诊疗、突发公共卫生事件医疗救治、肿瘤与慢病防治及指导、新发与再发传染防治及指导、烧伤救治等任务。

2021 年 6 月，国务院办公厅印发《关于推动公立医院高质量发展的意见》，明确提出公立医院发展方式将从规模扩张转向提质增效，运行模式从粗放管理转向精细化管理，资源配置从注重物质要素转向更加注重人才技术要素。当量的积累无法产生质的提升，制约公立医院高质量发展时，人才的重要性就凸显出来，系统性革新医院内部人才分层培育体系已成为当前促进医院转型升级和创新发展的必然选择。

宁波市第二医院近两年先后从改革人才评价标准、优化人才培养体系、提高人才培育起点等方面着手，通过采取数据摸底、政策研读与分析、与一线面对面等方式开展了相关专题调研活动，深入研究医院本土人才分层分类培养政策体系建立的成熟度，探索改革创新路径并付诸实践，以期解决医院内部本土人才"长不起来""供不上去""留不下来"等瓶颈问题，进而推动医院人才管理的供给侧改革。

一 人才现状

截至 2023 年 5 月，医院有事业编制和派遣制（含合同制）员工 3198 人，其中，专业技术人才 3090 人，医生占员工总数的 35%、护理人员占员工总数的 42%、药学人员占员工总数的 5%、技术人员占员工总数的 9%、非卫人员占员工总数的 6%。全院博士研究生 71 人、硕士研究生 737 人、大学本科 1868 人，分别占专业技术人才的 2.3%、23.9% 和 60.4%。全院高级职称 692 人、中级职称 1282 人、初级职称 938 人，分别占专业技术人才的 22.4%、41.5% 和 30.4%（见表 1、表 2、表 3）。

表 1　宁波市第二医院人才规模

单位：人

性质	医生	护理人员	药学人员	技术人员	非卫人员	管理岗位	服务岗位	工勤岗位	总计
编内	1099	876	71	126	129	6		8	2315
编外	5	459	96	151	78		69	25	883
总计	1104	1335	167	277	207	6	69	33	3198

表 2　宁波市第二医院专业技术人才学历分布

单位：人

最高学历	医生	护理人员	药学人员	技术人员	非卫人员	总计
博士研究生	51				20（研究）	71
硕士研究生	664	16	7	15	35	737
大学本科	385	1004	138	209	132	1868
大专	2	302	21	50	17	392
高中及以下					1	1
中专	2	13	1	3	2	21
总计	1104	1335	167	277	207	3090

表 3　宁波市第二医院专业技术人才职称分布

单位：人

人员类别	正高	副高	中级	初级	无	总计
医生	206	247	463	168	20	1104
护理人员	15	108	643	512	57	1335
药学人员	7	18	48	84	10	167
技术人员	14	40	58	123	42	277
非卫人员	2	35	70	51	49	207
总计	244	448	1282	938	178	3090

二 存在的问题

（一）硕、博学历专业技术人才数量不足，学历提升政策有待进一步完善

全院硕士及以上学历占专业技术人才的 23.1%。在博士研究生中，医生占博士研究生的 71.8%，研究系列专业技术人才占博士研究生的 28.2%，卫技系列中的护理、药学和技术类专业技术人才目前尚无博士学历。在硕士研究生中，医生占 90%，护理、药学、技术和非卫人员分别占 2%、1%、2% 和 5%，护理、技术、药学专业技术人才硕士研究生比例明显偏低。2018 年医院出台《员工在职读研管理办法》，受政策限定，如将攻读硕博研究生的集中脱产学习时间固定为 6 个月和 3 个月，也没有考虑到专业技术人才有报考境外院校进行学历提升的意愿等，在实施过程中不利于专业技术人才在学制内按时完成学历提升任务，获取学位证书，对于扩增现有员工硕博学历数量的政策支撑略显滞后。

（二）年轻后备人才队伍较薄弱，临床和科研创新能力亟待提升，尚未形成有长远发展力的学科人才梯队

宁波市第二医院 40 周岁以下专业技术人才占 70.4%，其中 40 周岁以下的卫技和研究系列专业技术人才共占 68.3%，35 周岁以下研究系列专业技术人才占研究系列专业技术人才的 80.6%。卫技和研究系列专业技术人才是医院人才的主力军，承担着医院医教研核心工作；其他非卫系列专业技术人才分别任职于医院的各个行政职能部门，承担着医院行政后勤等服务保障性工作。医院 40 周岁以下专业技术人才是支撑医院发展的生力军，入选市级科技人才项目仅 40 人次，内部梯队结构未能构成最为适宜的梯级分层，有断层现象，后继乏人，医院对于 40 周岁以下专业技术人才培养机制的建立，尚缺乏系统性的培养实施方案，缺少对人才成长的支持、管理和服务体系。

（三）卫生高级职称评价实践导向性不强、"唯论文""唯学历"等问题需要进一步改革完善，以更好地发挥职称评审、人才评价的"指挥棒"作用

过去在职称评审中，评价准入条件集中于学历、课题、论文等科研要素的准入，尤其是"唯论文""唯课题"问题，给专业技术人才造成了一定负担。而更多反映专业技术岗位特点的临床工作实绩和创新能力等考核要素被忽略，评价机制尚未体现以能力为导向，一定程度上影响了医务人员回归临床主业的积极性；在评审体系中，人才评价内容相对单一，不利于专业技术人才围绕个人强项多角度选择自身偏好，削弱了个人职业成长路径中的发展意愿。

（四）35周岁以下博士后人才招收培养评价办法不够健全，工作站合作导师数量和质量有待提高，产学研相结合、人才项目科技市场相结合不够充分，引导各类创新要素围绕博士后人才集聚融合增效力度不大

面对新时代背景下的高层次人才的新定位，医院在运行博士后科研工作站过程中，存在一些不相适应的地方，为支持和培养博士后快速成长为科技领军人才，更高质量推进医院博士后管理工作，着眼完善和创新高层次创新型青年人才的培养体制机制势在必行。

（五）医院现有中层管理队伍存在经验管理、创新不足等情况，亟须培养一批既掌握精湛专业技术，又具备现代医院管理知识的复合型管理人才

长期以来，从临床转到行政岗位的中层管理人员因专业背景、工作经历所限，在日常管理中难以深入，难出成效，存在经验管理，惯性管理，重业务、轻管理等现象，缺乏相应的管理知识技能以及改革创新意识。在新形势下，作为推动医院改革和发展的中坚力量，中层管理者需有效地承担起实践医院决策、经营管理、服务理念，以及与决策层的协调沟通职能。医院的持续发展，既取决于高层管理者的决策能力，更体现在中层管理者的执行水平

上，医院年轻中层管理人员的职业化属性以及复合型综合素质的培养至关重要。

三 改革实践

（一）优化读研举措，鼓励学历提升

灵活调整读研政策，营造人才良好生态。为持续优化员工学历结构，有效提升硕博研究生数量，增强员工发展后劲，医院修订了《员工在职读研管理办法》，新政策关注申请人报考境外院校的实际需要，以及科研实验历时占据博士研究生学习经历的现实情况，通过两方面关键性改革，为专业技术人才在职学历提升架桥铺路、解忧赋能。一是为全脱产在职读博员工保留员工的人事关系和基本薪酬，解除了员工毕业后事业编制身份重新落实的后顾之忧；二是在保障员工个人学历深造期间绩效水平前提下，允许员工通过分散脱产期的形式延长整体学习时间实施在职读博，确保员工读研期间薪酬待遇的有力支撑和读研时间科学合理的使用。新政策的出台，有效激发了员工学历提升的积极性，增强员工如期获得学位的信心，尤其是为35周岁以下青年人才和40~45周岁学科后备人才创造了更为人性化的政策支持。

（二）梯度分层培养，注重人才盘点

人才分层选拔，滚动循环培养。为克服医院40周岁以下中青年人才能力跟不上医院战略发展、人才存量和供给能力不足难以支撑业务和学科建设等客观约束，在充分考虑员工个人潜能和发展意愿的前提下，医院重新启动"朱绣山先生人才奖励基金"人才项目选拔工作。遵循人才分类评价原则，采用定量与定性相结合的方式，将40周岁以下（1982年1月1日以后出生）的专业技术人才按照"华美杰青"高级别层次定位，将35周岁以下（1987年1月1日以后出生）的专业技术人才按照"华美优青"低级别层次定位，设置"临床型""科研型""临床科研型""技能特长型""管理型"

五个类型择优选拔。"临床型"聚焦人才医疗技术服务的能力与水平;"科研型"围绕人才的基础研究、临床研究和临床转化研究的现有基础和潜质;"临床科研型"关注人才基础创新能力和应用研究与转化方面的积累;"技能特长型"深挖人才在服务患者、服务临床、健康促进等岗位上具备的"专、特、精"特殊的优秀技能;"管理型"着重考察人才在从事党务管理、行政管理、医疗管理、后勤管理等方向具备的专业清晰的管理思路。在为期三年的滚动式培养期间,医院分别给予30万元和15万元资助经费,用于支持人才技术创新、能力提升、科研学术业绩成果的突破等。以业绩为导向,实施年度、中期和终期动态考核管理。依据培养合同确定考核目标任务,经费拨付与年度评价结果挂钩。按类别、分梯度实施"朱绣山人才培养工程项目",是医院基于人才盘点工作,洞察医院人才基线,掌握医院人才"能力"储备的实践,更是医院建立人才分层培育体系的关键路径。

(三)聚焦工作实绩,优化分类评价

多种调研结合,推动政策落地。2021年,人力资源和社会保障部、国家卫生健康委员会、国家中医药管理局印发了《关于深化卫生专业技术人员职称制度改革的指导意见》(简称《指导意见》),改革的重点内容是完善卫生高级专业技术职务评价标准,明确提出卫生行业实践性强的特点,强调医学的本质是熟能生巧的经验学科,将评价重点放在临床业务工作的数量和质量上,鼓励专业技术人才"早临床、多临床、反复临床",构建以临床业务量和技术能力为主,以成果代表作为辅的评价体系,形成了以"实践能力+工作实绩"为目标的人才评价机制。根据《指导意见》,2022年4月起,医院卫生高级职称自主评聘政策的设计首先融合国家《指导意见》,采集398名待晋升人员近三年门诊有效单元、住院和手术人次作为测算指标,通过数据调研方式,对卫生专业技术人才已产生的工作量进行摸底测算,后续将工作量前置作为评价卫生专业技术人才高级职称的准入要求,在当年度实施量化赋分作为过渡。2023年2月起,通过对全国12个省份出台的职称实施细则开展政策调研,了解到其他省份在细则中采取的一些有效的过渡性倾斜方案并积极采纳。2023年6月起,面向临床内

科片、外科片、急诊重症医技片、药学技术片和护理片召开吹风会，主要目的是为政策落地与待晋升人员开展面对面政策宣讲和征求意见，不断完善新政策的适配性，同时为政策落地前的实际数据测算提供宝贵的经验性资料。

关注临床实践，人才分类评价。针对卫生行业实践性强的特点，坚持以临床为中心，结合医院医、药、护、技各专业实际，选取医院临床工作中重点关注的体现数量和质量的相关指标，将员工日常工作表现与岗位工作量和工作质量挂钩，设置自主评聘申报条件。讲究临床实绩，不再"唯学历、唯论文"，鼓励卫生专业技术人才扎根防病治病一线。为创新创优人才发展环境，形成有利于临床型人才深耕的专业，充分激发科研型人才科技创新活力，围绕成果代表作中临床实绩、教学水平、科研能力三个评价项目，分别设置具备标志性、对等性的"天花板"评价条件（即"单项冠军"条件），加快建立以工作能力、实际贡献、创新价值为业绩导向的人才评价体系，激励更多业绩成果显著的优秀人才脱颖而出，激发和释放人才创新潜力和创造活力。为补齐重点、潜力学科人才需求的短板，结合医院核心工作发展需要，面向临床（学术）领军人才、优秀后备学科带头人、急需紧缺等人才，建立高层次创新型人才职称"直通车"评价标准。申报人可通过展示解决重大技术难题或取得重大基础及应用研究成果，形成业绩成果代表作，参加高级职称评审。

（四）优化博士后培育，提升培养质效

优化博士后培养，厚植培养沃土。医院秉承培育高层次创新型青年人才的理念，从健全管理机制、拓宽招收渠道、提高薪酬待遇、优化在站管理、鼓励科研创新等方面健全系列举措，将人才分层培养的内涵延伸到博士毕业未满三年的35周岁博士后这类人群。医院在充分尊重博士后的前提下，与博士后建立良性的用人关系，明确博士后与宁波市第二医院事业编制内人员享受同等待遇，每年给予在站博士后35万元薪酬作为生活保障，并为青年博士后提供人才住房或租房经费保障，帮助青年科技人才解决后顾之忧，吸引和汇聚各方面青年科技人才来站从事科学研究工作。继续完善医院《博士后管理暂行办法》，以医院重点学科建设需求为导向，扩大医院合作导师

吸纳范围，围绕省、市博士后科研工作站评估要求，结合医院科技创新发展需求，适度拔高、灵活设置博士后出站条件，加快推动博士后工作创新发展。建站四年招聘博士后科研人员 12 人，晋级国家级博士后科研工作站。

提升平台能级，推动交叉融合。积极推动医工、医理学科的深度交叉融合，对外积极拓展国家级博士后科研流动站，相继与国内高校和科研院所等8 家国家级博士后科研流动站对接，把战略科学家和博士后青年人才"捆绑"在一起，形成联合培养机制，为博士后积极创造学科交叉环境；对内以努力建设优秀博士后科研工作站为目标，统筹整合医院省、市重点实验室高能级科研平台载体优势，鼓励博士后与院内高层次人才"抱团"申报科技人才项目，一起碰撞学科交叉成果，积极主动为博士后人才营造浓厚的科研氛围，激发人才创新活力，达到握指成拳的合力效果，发挥博士后在学科建设科技创新中的生力军作用。按照"精进、细育、严出"的培养路径，精心组织专家开展博士后开题、中期、出站等评审工作，通过阶段性汇报严把研究进度和质量关。

（五）人才多元培养，顺应医院发展

加速职业管理，激发内生动力。结合医院管理人才的培养需要，在更广区域、更高层次、更全链条实施多元化、复合型人才培育模式，加快医院中青年成长成材，聚焦医院临床青年骨干的管理职业化培养。2023 年上半年，根据医院工作实际需要和人才培养计划统筹安排，医院推出了《医院骨干人才院内挂职试行办法》，面向全院 40 周岁以下专业技术人才组织实施在医院重点部门和岗位的挂职工作。要求年轻干部主动学习、了解和掌握挂职科室的制度、业务、管理等知识，克服临时思想，坚持边学边干、学干结合，做到学有所成、干有所成。挂职一年期间，挂职干部任行政职能科室副职，视为专业技术岗位履职年限，不占用挂职科室编制和医院中层职数，绩效工资按照"就高原则"执行。青年骨干挂职锻炼是实现人才资源与组织进化的协同发展的重要举措，为医院深度挖掘高潜质复合型管理人才和关键岗位的继任者拓宽人才培养路径。

B.23
丹东市技师学院人力资源管理改革实践探索

杨军　王强　王峰　李海岩*

摘　要： 历史进入 21 世纪，在世界范围内，无论是科技竞争、经济竞争，还是现代企业竞争，最终体现为人才竞争和劳动者素质的竞争。技工院校作为高技能劳动者培养的基地，它的发展对于我国实现从制造大国走向制造强国发展战略，起到至关重要的作用。因此，为了加强技工院校的建设，促进技工院校的发展，丹东市技师学院领导班子从人力资源管理入手，建构了丹东市技师学院科学人力资源管理体系。人力资源管理体系主要由规划和岗位分析系统、招聘调配安置系统、年度考核管理系统、薪酬绩效系统、职位职级晋升管理系统、培训开发系统、校园文化系统七个子系统组成。各个子系统分别有各种相应制度支撑，互相有联系，且相互促进，保证了系统体系的科学完整性。近几年来的工作实践，有力地推动了丹东市技师学院的发展，成效显著。

关键词： 技工院校　人力资源管理　创新发展

一　学院概况

丹东市技师学院坐落在中朝边境城市丹东，创办于 1958 年，主要承担

---

* 杨军，丹东市技师学院正高级人力资源管理师；王强，丹东市技师学院书记兼院长；王峰，丹东市技师学院正高级教授；李海岩，丹东市机关事务服务中心正高级人力资源管理师、人力资源部部长。

为社会培养现代化高级技术工人、开展对企业在职工人培训、社会就业培训、中等职业学校实习指导教师培训以及高技能人才技能等级鉴定等任务，是丹东地区办学历史最悠久、培养技能人才数量最多、办学实力最强、唯一由政府主办的装备制造类技师学院。

学院开设机械类、电气类、汽车技术类、信息技术类、商饮服务类等16个专业。现编制总数为214人，其中专业技术人员156人，行政管理人员40人，工勤人员18人，编外聘任42人。现有专兼职教师170人，实训教师49人，在校学生1000人。

二 技工院校发展面临的形势和存在的问题

（一）技工教育发展现状

技工院校是培养技能人才的专门学校，归属政府人力资源和社会保障部门管理，是中等职业教育的重要组成部分，以培养能够掌握现代化生产、服务技能型人才为主的全日制职业院校。技工院校为社会培养了大量的初级工、中级工、高级工、技师、高级技师专业技术人员和专业技术工人，直接为企业服务。可以说技工院校在整个教育体系中占有重要的位置。技工院校的职业技能和综合素质的培养，使学生真正掌握了一技之长、提升了素养能力，成为学生改变命运、拥有技能、实现就业的根本。然而，由于当前受企业发展的限制以及就业观念的束缚、办学经费紧张、招生竞争激烈，现行的技工教学方式、教学手段、教育模式不能完全满足当前技工教育的需要，从而导致了一些技工学校处于学生"招不进来，分不出去"的尴尬局面。

（二）技工教育社会形势

历史进入21世纪，在世界范围内，无论是经济竞争、现代企业竞争，还是科技竞争，最终体现为人才和劳动者素质的核心竞争。习近平总书记指出："作为一个制造业大国，我们的人才基础应该是技工"。我国从制造大国走向制造强国，这些都需要一支强有力的高素质技能人才队伍作为支撑。中国比历史上任何时期，都更需要一支拥有创新能力和现代科技知识的高素质技能人才队伍；比历史上任何时期，都要更加重视技能人才，并为他们提供实现价值、成长成才的发展空间。因此，加快促进技师学院的建设发展是我们面临的刻不容缓的任务。

（三）技工学校发展面临的难题

1. 生源数量减少，招生难

主要原因有四个方面。一是传统观念影响，在我国，长期以来人们思想中"科技人员才是人才，技术工人只是普通劳动者"的观念根深蒂固，人们都期望做金领、白领，做领导者，看不起灰领、蓝领的劳动者。中考报考时，技工学校往往被学生和家长排在志愿表的最后，被视为无奈的选择。二是作为技工学校主要生源的初中毕业生，近些年来因人口出生率下降导致生源大幅度减少。三是地方政府采取地方保护政策，阻止生源外流，技工学校招生受限。四是公办技工学校机制不灵活，而私立学校买卖生源现象比较严重。

2. 体制性和机制性障碍制约发展

技工教育是中等职业教育，由于管理体制不同，长期以来，形成了教育部门管理的职业学校纳入了各级政府统筹安排，而人社部门管理的技工学校只是部门行为，没有纳入各级政府教育统筹安排。例如，财政拨款相对较少，有时还没有财政拨款；城市教育费附加从来没有投入到技工学校教育中。因此，人社系统所属的技工学校与教育系统所属职业学校相比，在教学管理、教学课程和教材开发、师资队伍、实训设备、基础设施建设等方面还较薄弱。

3. 缺乏校企之间合作的有效手段

许多企业对与技工学校进行校企合作缺乏积极性，许多企业认为学生实习给企业生产带来成本增加，影响正常生产，因此企业不愿意与学校建立校企合作关系。

4. 专业设置、教学模式不能适应市场需要

专业设置与国家、省、市重点产业结合还不够紧密，学非所用，教学模

式不能适应企业和市场的需要。

5.学生质量的问题，管理难

技工学校部分学生文化基础知识比较薄弱、自律能力也比较差，教难教，管难管。这给技工学校教学和管理带来了极大的挑战，更增加了学校教学管理各项工作的难度。同时，技工学校教学管理方法仍然比较保守，缺乏创新，不能适应当前形势要求，并且管理机制也不健全，管理工作盲目性、随意性的问题经常出现。

6.承担社会培训少

主要表现为认识上存在误区、管理体制和机制仍然不健全、社会各界参与度不高、培训项目少等问题。职业技能培训是大有前途的"阳光工程"，大力开展以岗位培训和继续教育培训为重点的职工培训是技工学校职责之一，由于因循守旧等观念原因，学校"走出去"做企业员工培训的少。

（四）丹东市技师学院管理存在的问题

多年来，丹东市技师学院发展除了存在上述问题外，还出现了诸多问题，如校园各种设施陈旧、道路破损、招生困难、教师工作积极性不高、社会声望低、职业培训业务少等问题。另外，管理上还是依靠陈旧的管理方式，观念落后，管理制度、方式方法比较老化死板无活力，没有形成规范的管理体系，缺乏有效的激励机制，忽视校园文化建设，国家资金支持不足，已严重影响了学院的发展。

三 主要做法

为了发展好技工教育事业，提高学院的管理质量，促进学院发展，近年来，丹东市技师学院领导班子开阔思路、解放思想、创新管理方式，建构了科学有效的人力资源管理系统。丹东市技师学院人力资源管理系统，通过转变人力资源管理理念，重视人力资源制度的建设和完善，创新管理方式和管理手段，为学院稳定可持续发展提供人力保障，从以人为核心入手促进学院的发展。

丹东市技师学院人力资源管理系统是由规划和岗位分析系统、招聘调配安置系统、年度考核管理系统、薪酬绩效系统、职位职级晋升管理系统、培训开发系统、校园文化系统七个系统组成（见图1）。整个管理体系公正、公开、量化细化操作，利用计算机人事管理系统进行管理，用集中的数据将几乎所有与人力资源相关的信息（包括组织规划、招聘管理、人事在职离职退休档案、职工履历、劳动合同、奖惩管理、医疗养老保险、调动管理、培训管理、绩效管理、考勤管理、绩效工资、宿舍管理、校园文化、领导审批等）统一管理起来，从而保证人力资源管理保持良性运作。

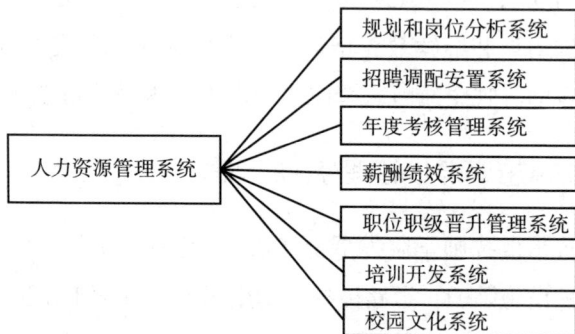

图1　人力资源管理系统分布

一是建立人力资源的规划和岗位分析系统，为单位和职工发展明确方向。船舶出海航行需要确立一个目的地，同时需要沿着一个正确的航标航行。人力资源管理也一样，也需要确定一个工作目标以及实现目标的路径。人力资源规划和岗位分析的目的就是结合技师院校事业发展战略，制定出具体的工作方案和计划，保证人力资源管理目标的顺利实现。

为此，我们根据当前改革需要和学院未来的发展需求，重新设置了"三定"方案，同时针对学院各个工作岗位的结构、性质、流程、责任，以及胜任该岗位人员的素质、知识、技能等基本要求开展调查分析，并在此基础上，编写出职务说明书和岗位规范等人事管理文本，职位说明书就是让每一名职工明确工作目标，并在实际工作中，做什么，怎么做，做到什么程度等，规范的职位说明书是处理复杂而系统的人事管理的基础。

二是建立招聘调配安置系统，为学院提供人才保障。人员任用讲求的是人岗匹配，人岗相适，合适的人在合适的岗位上才能使人才发挥作用，才能有利于事业发展。招聘和配置各有各的侧重，招聘工作是由事业发展需求分析—编制岗位预算制定—招聘工作方案的设计制定—招聘工作实施开展—招聘后评估管理等一系列步骤组成的。其中关键在于做好事业发展需求分析，明确单位有多少编制，多少岗位，需要什么人、多少人，以及对这些人的要求、寻找的渠道。目标和计划明确了，招聘工作就可有序开展了。人员配置工作是根据人员规划和岗位设置开展的，事实上对于新招聘人员而言已经确定岗位，但是随着单位事业发展不断变化以及人员才能发展变化，人员规划和配置也需要定期调整。为适应学院发展与改革需要，深入实施人才强校战略，规范人力资源管理，为学院提供人才保障，我们制定了丹东市技师学院招聘与人事调配管理办法。

三是建构科学合理的年度考核管理系统，调动职工的工作积极性。考核的目的在于借助一个有效的管理体系，对职工的德、能、勤、绩进行考核，不仅是奖罚，更是激励。为进一步提高学院教师的思想政治和业务素质，着力建设一支素质优良、结构优化、充满活力、符合素质教育要求的高质量的教师队伍，充分发挥教师在学校教育教学、教科研工作中的作用，极大地调动教师的工作积极性，建立高标准、高质量、人民满意的特色学校，结合学院的实际，我们制定教师年度考核制度及细则，实行量化百分制考核（见图2）。

四是建立薪酬绩效系统，充分发挥职工的潜能。薪酬制度不健全、薪酬发放不公平，就会影响员工士气，员工积怨增多，工作效率就会下降。薪酬的作用有三点：一是对职工过去业绩的肯定，激励职工；二是吸引留住人才；三是保证公正公平，奖勤罚懒。薪酬必须做到物质形式与非物质形式有机的结合，这样才能满足职工的不同需求，发挥职工的最大潜能。绩效考评结果要与绩效工资、奖金挂钩，绩效表现决定薪酬水平，我们制定了技师学

教职工考核及评优评先

根据学校考核及评优评先办法，公布学院相关办法

系主任、工会小组长、党支部书记根据考核评优内容分别组织负责本部门教职工考核评优

将各部门拟报的考核评优结果在全院范围内公示并征求意见

是否有意见 ——有反馈意见—→ 调查、补充、完善

召开党政联席会议确定学院教职工考核评优结果

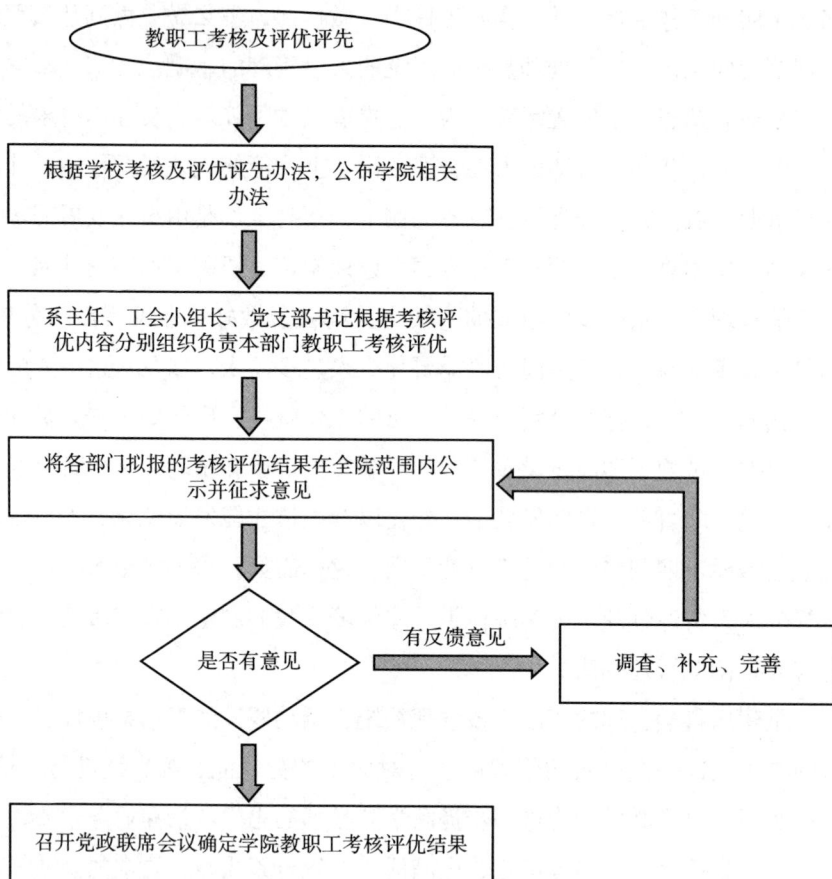

图2　年度考核管理流程

院工资薪酬管理办法。

五是建立职位职级晋升管理系统，调动职工工作积极性和创造性。技师学院是以专业技术为主的事业单位，职工对专业技术职称较为看重，为此要规范单位技术人员职称评定的管理，保证技术人员职称评定的公平、公正，充分调动和发挥技术团队的工作积极性和创造性，考评结果是职位职级晋升的依据，绩效考评与人事管理联动；深化职称改革，深化职称申报、评聘改革，促进职工之间的有效竞争和良性竞争，我们制定了丹东市技师学院职称评聘工作方案。

六是建立培训开发系统，不断调整和提高职工的技能。培训与开发可以帮助职工胜任本职工作并推动职工不断调整和提升技能，因此组织有效培训，最大限度地开发职工的技能十分必要。培训内容有校园文化类培训、规章制度类培训、专业技能类培训以及通用技能类培训。对于新进职工而言，培训工作能够帮助他们尽快融入学院并胜任工作。对于在岗职工而言，能够帮助他们适应社会发展及学院发展形势的变化，帮助他们掌握新形势下岗位所需要的新技能，并帮助他们最大限度地开发自己的技能。对于学院而言，培训工作可以促进学院工作顺利开展、事业进一步发展。为此，我们制定了丹东市技师学院培训工作办法。

七是建立校园文化系统，提高教职员工及学生的凝聚力。校园文化建设不仅可以激发教职员工的工作积极性和创造性，还可提高他们的认同感和归属感，培养员工的团队精神和职业素养，进而增强学院的凝聚力和稳定性，更可以促进学生成长成才，推动学校和谐健康发展。

不断完善校园设施，为师生员工开展丰富多彩的寓教于乐、寓教于理、寓教于文的教育活动提供重要的阵地，使师生员工教有其所、学有其所、乐有其所。

紧紧围绕学校中心工作，坚持以育人为中心、以学生为主体、以素质培养为重点，按"德育为首、教学为主、育人为本"的理念努力抓好校园文化建设，努力提高学生的政治思想素质和综合能力素质，充实丹东高技能人才的精神和内涵，建构和谐校园。

抓好师生社团建设，积极开展形式多样、内容丰富的校园文化活动，同时进一步搭建学院的校园文化平台，充分展现师生的良好精神风貌，形成浓郁的校园文化氛围。

四　实施效果

近几年来，通过人力资源管理系统的建设，丹东市技师学院在师资队伍、专业建设、课程改革、技能大赛、信息化工作、校企合作、高技能人才培养、服务地方、开放办学等工作中取得新的成就，教职员工工作积极性快速提高，学校声誉有了较大提升，社会认可度及知名度大幅度提高，在取得较好社会效益的同时，也取得了较好的经济效益。

（一）获得各项荣誉效果显著

先后取得了国家级重点技工学校、ISO 9001 国际质量管理体系认证学校、国家级高技能人才培训基地、辽宁省高技能人才培训基地、丹东市技师培训考核基地等认证。先后荣获"辽宁省职业教育先进单位"、"辽宁省安全文明校园"和"丹东市职业教育先进单位"等殊荣与称号。先后承办了国家、省和市技能大赛，受到国家和省市领导一致好评。

（二）招生率就业率显著提高

招生率 2021 年较 2020 年提高了 50%，毕业生供不应求，就业率达到 99.9%。学院通过优化专业设置，推进产教融合，确保相关专业的毕业生符合相关产业人才需求，避免了专业不对口难以就业的问题；契合企业人才需求，与龙头企业紧密合作，培养了大批企业急需的技术技能应用型人才。

（三）师资水平大幅度提升

现拥有品牌教师情况如下：教授级高级讲师 5 人；副教授级高级讲师、高级实习指导教师 79 人；高级技师 27 人；享受国务院政府特殊津贴 1 人；全国优秀教师 2 人；辽宁省优秀教师 13 人；钳工专业国家级竞赛裁判 1 人；辽宁省技工教育和职业培训工作咨询专家 2 人；辽宁省技工系统"机械加工技术"专业带头人 1 人；辽宁省竞赛裁判资格 2 人；辽宁省维修电工职业技能鉴定专家 1 人；辽宁钳工专业名师 2 人；辽宁省数控专业技术能手 2 人；丹东市职工技能大赛数控专业状元 1 人；辽宁省优秀指导教师 5 人；国家计算机题库（辽宁）职业技能鉴定专家 1 人；国家级技能大师工作室 1 人，省级技能大师工作站 1 人。

（四）校企合作取得发展

校企合作方式由初级合作方式提升为全面互动深度合作方式，引企入校，实现校企管理、校企文化、校企培养有效对接。学院与60多家知名企业建立了合作关系，其中，40多家专业对口、诚实守信的企业成为长期稳定的实习、就业基地，确保了学生实习就业的质量与数量。

（五）职业培训取得效益

2021年完成技术工人技能鉴定初级2000个、中级1000个、高级100个。2021年技能培训农民工稳岗培训共接受报名9173人，已完成培训4783人；新型学徒培训与3家企业共481人签订协议；技能提升培训已与630人签订培训协议，通过鉴定和职业培训创收211万余元。

（六）争取各方面资金取得突破

2021年先后争取国家、省、市项目资金近1000万元，有效地改善了办学环境，提高了办学质量。

今后丹东市技师学院还将强化技工教育、职业技能培训工作的使命感和责任担当，大力弘扬并践行劳模精神、劳动精神、工匠精神，面向"建设一支知识型、技能型、创新型高技能人才队伍"的"十四五"规划和2035年远景目标构建发展新蓝图，在困境中谋发展，在挑战中寻机遇，全面提升学院在办学质量、办学水平、办学特色、办学效益等方面的工作质量，各项工作不断呈现新突破，为培养技能人才、促进就业和地区产业经济发展做出积极贡献。

B.24
宁夏回族自治区人民医院卫生系列
高级职称自主评审经验做法

孙玮 马海忠 程霞 李福军 李宸玥 陈稚寒*

摘　要： 卫生系列高级职称自主评审是认真贯彻落实国家深化职称制度改革的重要措施。宁夏回族自治区人民医院作为宁夏第一批卫生系列高级职称自主评审试点单位，对卫生系列高级职称自主分类评审流程、标准和代表作制度进行了探索，取得了一定的成效。本文总结了宁夏回族自治区人民医院近几年对卫生系列高级职称自主评审工作的实践经验，初步确定了自主评审的方法、条件、流程、指标和体系，开展人才分类评价，试行代表作制度，供开展自主评审的医疗机构参考。

关键词： 高级职称　自主评审　分类评价

卫生专业技术人员是我国专业技术人才队伍的重要组成部分，是新时代实施健康中国战略的中坚力量。建立科学的卫生专业技术人才分类评价机制，对于树立正确用人导向、激励引导人才职业发展、调动人才干事创业积极性、加快建设人才强区具有重要作用。

2016年中共中央办公厅　国务院办公厅出台了《关于深化职称制度改

* 孙玮，宁夏回族自治区人民医院中级经济师；马海忠，宁夏回族自治区人民医院卫生管理副主任技师；程霞，宁夏回族自治区人民医院组织人事处处长；李福军，宁夏回族自治区人民医院高级经济师；李宸玥，宁夏回族自治区人民医院初级经济师；陈稚寒，宁夏回族自治区人民医院软件设计工程师。

革的意见》（简称《意见》），《意见》指出：逐步将高级职称评审权下放到符合条件的市地或社会组织，推动高校、医院、科研院所、大型企业和其他人才智力密集的企事业单位按照管理权限自主开展职称评审。2018年中共中央办公厅、国务院办公厅《关于分类推进人才评价机制改革的指导意见》明确提出：建立体现不同职业、不同岗位、不同层次人才特点的评价机制。2021年《力资源社会保障部 国家卫生健康委 国家中医药局关于深化卫生专业技术人员职称制度改革的指导意见》提出科学设置评价标准，突出实践能力业绩导向，建立完善临床医生执业能力评价指标，突出评价业绩水平和实际贡献，破除唯论文、唯学历、唯奖项、唯"帽子"等倾向，实行成果代表作制度；2022年《自治区党委人民政府关于深入实施新时代人才强区战略的意见》提出：改革人才评价制度，健全以创新能力、质量、实效、贡献为导向的评价体系，坚决破除"四唯"现象，改进人才分类评价方式，基础研究人才与应用研究人才评价重点有所区别。

自治区人民医院作为本地大型三级甲等综合医院，2017年被确定为宁夏公立医院薪酬制度改革试点医院和综合医改试点医院，2018年被确定为国家建立健全现代医院管理制度试点医院，2018年被确定为自治区卫生系列高级职称自主评审试点单位，2022年被自治区确定为人才分类评价试点单位。医院始终坚持新时代卫生与健康工作方针，遵循卫生健康行业特点和人才成长规律，以医院战略发展为基础，以促进人才发展为目标，以科学评价为核心，以品德能力业绩为导向，以多元化数据分析为手段，探索建立了一套符合医院卫生专业技术人才成长规律的高级职称自主评审标准和流程，激发人才创新创业活力，提升医疗质量和服务能力，促进医院高质量发展。

一 强化顶层设计，健全组织保障

（一）提高认识，加强顶层设计

卫生系列高级职称自主评审工作涉及医院人才的切身利益和医院选人

用人的导向，医院成立以党委书记和院长为组长、主管院领导为副组长，其他院领导及各院区、处室负责人为成员的医院人力资源管理委员会，全面负责卫生系列高级职称自主评审工作。委员会每年召开多次会议，在总结以往工作的基础上，结合上级部门评审要求，对评审方案、条件、标准、细则、流程和结果等进行充分研究，为保证自主评审工作顺利开展打下组织基础。

（二）强化规范，完善方案制度

通过总结以往工作经验、学习政策，多方调研，向主管部门请示沟通，征求院内职工意见，制定年度《医院卫生系列高级职称自主评审试点工作实施方案》，完善业绩量化评分细则，并上报主管部门审核备案，评审方案既保持了与上级部门政策的一致性，又体现了医院评审的自主性和创新性。同时，根据自治区人社厅相关管理办法，修订了《宁夏回族自治区人民医院高级职称自主评审管理办法（试行）》，规范自主评审工作的各个环节，确保评审工作公正、公开、透明。

二 开展分类评价，激发人才活力

（一）结合实际，设置评审标准

医院在自治区统一评审条件的基础上，根据三甲医院卫生人才发展实际及医院高级职称岗位职数，经多方调研，征求意见，制定了《医院卫生系列高级职称自主评审任职资格条件》，取消了著作作为申报条件的要求（人民卫生出版社除外），对论文的真实性和原创性要求更加严格。同时将论文、科研项目、新技术新业务由必备条件修订为可选择条件，破除了原评审条件中"唯论文"的倾向，更加注重实践能力考核，明确了卫生人才奋斗方向，激发工作积极性和工作潜能。

（二）分类评审，打通晋升通道

医院以国家和自治区人才分类评价政策为指引，创新将卫生人才按照不同专业、岗位及贡献，分为复合型、实用型和科研型三种类型分类进行评审，分类明确卫生人才高级职称评审的核心要素，制定了符合不同人才成长规律和实际特点的评审指标，对于实用型人才突出临床技能的考核，将技术水平及创新能力作为必备条件，科研立项不做硬性要求，将论文设置为可选择条件；对科研型人才注重科研能力考核，要求主持省部级以上科研项目并发表 SCI 收录文章，对疑难病例和新技术新业务不做硬性要求；对复合型人才考虑综合全面发展，论文、科研、新技术新业务均有要求。分类评审的开展，为不同类型人才打通了晋升通道，提供了晋升机会，激励引导卫生人才健康发展。

三　突出实际贡献，客观评价人才

（一）开拓创新，试行代表作制度

2021 年医院在国家和自治区关于"在职称评审中推行代表作制度"的政策引领下，积极探索业绩述职答辩新模式，将代表作制度融入业绩述职答辩中，开展业绩述职代表作答辩。申报人员提交的论文、科研成果、疑难病例、手术视频、护理案例、应急处置情况报告、流行病学调查报告等可反映申报人员技术水平的材料，均可作为代表作参加答辩。代表作制度的实施，改善了唯论文数量、唯影响因子的导向，肯定了长期在临床一线工作人员的业绩能力，引导卫生专业技术人员扎根防病治病一线，鼓励卫生专业技术人员钻研医术、弘扬医德、匡正医风。

（二）客观公正，全面评价人才

为了更加客观地评价申报人员业绩能力，医院对申报人员开展业绩量化考核。业绩量化指标设定时，注重体现参评人员的专业技术能力和水平，指标体系涵盖知识能力、业务能力、创新发展能力、教学能力4个一级指标；理论知识、360度综合评价、教学职务等8个二级指标；工作量、工作质量、科研项目、论文、新技术新业务项目、教学课时等16个三级指标。由相关职能处室按照条件对申报人员近五年业绩成果开展量化，并将量化结果在医院OA系统中公示。

四　科学设计流程，确保评审客观公正

（一）严谨依规，科学组建高评委

医院卫生系列高级职称自主评审领导小组办公室按照评审方案，在纪检部门监督下，从院外和院内高评会专家库中共随机抽取28名专家（其中院外专家占2/3）组成高评委，按照内科、外科、医技（管理）和护理四个专业分组，各组分别设置7名评审专家，其中院外专家5名，院内专家2名，院外专家主要由宁夏其他两家大型三甲综合医院专家组成。

（二）严肃认真，独立召开高评会

高评会前，按照规定将高评委专家进行封闭，召开评审政策解读会，宣读评委职责、评审条件和评审纪律；现场选举产生高评委主任和专业组主评委，高评委主任主持评审工作。评审会专家按专业分为内科、外科、护理、医技（管理）四个评议组，各评议组专家按照评审条件中复合型、实用型、科研型三种类型评审条件，对已遮盖姓名的申报材料进行综合评价。结合申报人员业绩量化情况和代表作盲审及答辩结果，按照少数服从多数原则提出评议意见，评议意见作为评审会评议表决的参考。评审会在听取各专业评议组汇报、充分讨论和民主评议的基础上，采取无记名投票方式表决，赞成票数达到出席会议评委总数2/3以上的方通过评审。评审过程中高评委独立行使评审权利，确保自主评审的独立性、专业性和权威性。

五　突出公开透明，保障职工知情参与

（一）全程监督，确保自主评审公平

在申报人员资格审核、职称外语考试、业绩述职和代表作答辩、业绩量化评分、高评委评审等环节中，医院纪检监察室全程监督。监督人员立足岗位职责，认真履行岗位要求，开展评审现场监督、抽取专家监督、核对分数监督等工作，确保了高级职称自主评审工作公平和有序开展。

（二）规范公示，确保自主评审透明

在卫生系列高级职称自主评审过程中，医院卫生系列高级职称自主评审领导小组办公室分别将资格初审合格人员、申报类型、申报人员业绩量化评分、述职答辩成绩及拟任职资格人员名单根据工作进度在院内 OA 办公系统分别进行公示，确保自主评审工作客观透明，杜绝弄虚作假。

六　主要成效

开展卫生系列高级职称自主评审，避免了以往参加全区统一评审"一刀切"的现象，由医院制定符合本单位卫生人才发展特点的评审条件，形成有效的激励机制，能充分激发卫生专业人才的积极性和创造性，提高医院的核心竞争力。促进专业技术人才职业化发展，实现医院选才用才的新目标。宁夏回族自治区人民医院通过改革人才分类评价机制，克服唯论文、唯学历、唯奖项、唯"帽子"等倾向，建立注重临床一线工作业绩评价导向，引导卫生专业技术人员扎根防病治病一线，鼓励卫生专业技术人员钻研医术、弘扬医德、匡正医风，极大调动了卫生专业技术人才的积极性、主动性，为实施健康宁夏战略提供人才支撑。

（一）评审条件逐步完善，遴选优秀人才

开展自主评审以来，医院在自治区统一评审条件的基础上，根据医院卫生人才发展实际，拔高了高级职称评审业绩成果条件，取消了除人民卫生出版社以外的出版著作作为职称评审条件；对论文的真实性和原创性要求更加严格，对于查重率高于 40% 的论文，不得通过高评会评审。同时将论文、科研由必备条件修订为备选条件，更加注重实践能力考核，明确了卫生人才奋斗方向，激发工作积极性和工作潜能。2018~2022 年，通过医院高级职称自主评审，66 人取得正高级职称，170 人取得副高级职称，平均晋升率为75%，使具有发展潜力和后劲的人才能够得到晋升，提高了医院高级职称人才队伍质量。

（二）分类开展人才评价，打通晋升通道

医院以国家和自治区人才分类评价政策为指引，创新将卫生人才按照不同专业、岗位及贡献，分为复合型、实用型和科研型三种类型分类进行评审，分类明确卫生人才高级职称评审的核心要素，分类建立了符合不同人才成长规律和实际特点的评审指标，为不同类型人才打通晋升通道，提供晋升机会，激励引导卫生人才健康发展。2018~2022 年，通过医院高级职称自主评审，66 人取得正高级职称，170 人取得副高级职称，其中实用型 21 人、科研型 3 人、复合型 212 人，使具有发展潜力和后劲的人才能够得到职称级别的提升，充实了医院高级职称人才队伍。

（三）职工观念转变，调动参评积极性

一是开展自主评审，评审主体由上级部门转变为医院，职工会对医院自主评审的客观性产生疑问，经过两年的自主评审实践，医院自主评审工作建立了完善的高评会评审、监督、公示、备案及申诉机制，体现了自主评审的客观、公正。二是将不同类型人才评审条件公布后，申报人员结合个人优势特点及岗位需求，选择相应的申报类型，在发展个人特长的同时，将自己的

工作业绩用于参评高级职称，无须在个人不擅长的评审条件材料准备中花费精力，调动了申报人员的积极性和主动性。

七　自主评审的思考与改进

（一）总结经验，改进评审方法

医院 2019 年首次创新将卫生系列人才分为复合型、实用型和科研型三种类型进行评审，对三类人才在评审条件和申报中进行了分类，但在量化评分、业绩述职和论文答辩中未进行进一步分类，在评价过程中，不能凸显各类人才的优势与特色。今后需在自治区卫生系列高级职称统一评审条件的基础上，结合医院综合改革实际，继续深入开展卫生人才分类评价，用科学的方法进一步修订完善自主评审任职资格条件，优化评审步骤，细化业绩量化评分细则，使自主评审工作更加科学化、规范化。

（二）注重德绩，优化评审体系

因申报人员个人近五年工作量和工作质量信息数据还不完善，对申报人员工作实绩难以量化，对申报人员工作实绩的评价不够客观。在今后自主评审工作中，需坚持德才兼备，注重申报人员品德和临床实践能力评价，建立基于复合型、实用型和科研型三种类型人才特点，以医德医风、临床实践和科研教学等为主的分类评价指标，定性、定量评价相结合，尽量从信息系统中自动抓取评审数据，使数据更加客观、透明，不断优化自主评审体系。

（三）开拓创新，完善评审手段

卫生系列高级职称自主评审工作流程欠规范，如申报人员业务能力考试前提交一次申报材料用于考试资格审核，高评会前再次提交申报材料用于评审，增加了申报人员工作量；业绩量化评分由各职能处室根据评分标准，直接提供分数，因各处室对评分标准的理解不统一，导致业绩量化评分结果有偏差，复核次数多，影响了工作进度。因此创新评价方法，不断完善资格审核、考试、评审、业绩述职代表作答辩和业绩量化等相结合的自主评审方式和评审手段，可以进一步提高自主评审的针对性、科学性、精准性和创新性。

理论探讨篇

Theoretical Exploration Reports

B.25

事业单位管理岗位人员流动
机制优化路径思考

——基于公开遴选考试

朱玉红*

摘　要： 完善事业单位工作人员流动机制，是推进和深化事业单位管理改革的重要举措，是激发事业单位工作人员工作热情、激情的必经之途。历年来，无论是在政策研究还是实践探索等方面，中央和江苏省各级有关政府部门都做了不少工作，取得了不少成就。本文立足现实情况，从公开遴选考试、借调现象的对比出发，聚焦事业单位管理岗位人员的流动路径思考，认为要推动事业单位人员流动，必须多措并举、多策齐施，在参考已有的公务员制度基础上，在推动职员等级晋升制度建设、完善交流选拔、健全交流培训等方面发力。

* 朱玉红，江苏省人力资源和社会保障厅江苏省行政管理科学研究所七级职员。

关键词： 事业单位人员　公开遴选　借调　流动

2023 年 5 月 17 日，中共江苏省委组织部发布了《2023 年江苏省省级机关公开遴选和公开选调公务员公告》，引发社会关注。根据公告通知，此次公开遴选面向江苏省内设区市以下机关中已进行公务员登记且在编在职的公务员和参照公务员法管理机关（单位）中已进行参照登记且在编在职的工作人员。中央和省级机关设在地方的单位（包括直属单位、垂直管理单位、派出机构）符合有关条件的人员，也可报名。① 参加此次省级机关遴选的单位有 30 家，共计放出职位需求 101 个，招录 145 人。②

同时，另一则新闻也引发大众关注，据某主流媒体报道，近年来，违规借调③、过度借调等现象屡禁不止，有些地方陷入"清理—反弹—再清理"的怪圈，这让一些基层单位、下属单位不堪重负、苦不堪言，成为变相加重工作负担的一大源头。

当前，事业单位在我国行业分布广、综合门类多、从业人员数量庞大，2022 年全国共计 3000 多万事业单位正式工作人员，包括熟知的教科文卫体环等部门，也包括传播出版、农林水利、城市建设、社会福利等其他事业单位。由于事业单位种类繁多、人员众多，本文所研究的对象是隶属于政府机关的下属事业单位，纳入事业单位人事管理制度管理的管理岗位人员，这类人员在日常工作上服务于政府机关的工作大局，干着和行政编人员同样，甚至更繁重的工作，却享受不了同样的薪资待遇，在个人晋升发展上往往也落

---

① 《2023 年江苏省省级机关公开遴选和公开选调公务员公告》，中共江苏省委组织部，http://www.jszzb.gov.cn/col83/84565.html。

② 公开选调公告一并发布，其中明确规定：公开选调面向省内国有企业、高等院校和科研院所以及其他不参照公务员法管理的事业单位中从事公务的人员。中央设在江苏的单位符合上述范围的人员，也可报名。但由于参加单位只有 1 家，共计放出职位需求 1 个，招录 1 人，故不具有研究价值性，在本文中不做重点论述。

③ 借调多是指上级单位根据工作需要，向下级单位暂时、长期调入人员到本单位工作，被调入人员在身份编制、人事关系、组织考核、福利待遇、发展晋升等方面保持不动的一种现象，这种特殊的人才流动方式多发生于机关单位向事业单位借人。

后许多。

随着事业单位分类管理改革的逐渐推进，研究和优化此类人员的人事编制关系、福利待遇保障等，显得十分重要和必要。本文从人员流动的角度出发，由公务员公开遴选考试和事业单位人员的借调现象而产生思考，探讨如何更好地激发政府下属事业单位管理岗位人员的工作积极性。

一 公务员公开遴选和事业单位人员借调行为的相似性

（一）人员流动方向相同

"遴选"在现代汉语中是指慎重选择、严格选拔、优中选优。在古代，是指官场上层择优选拔下层官吏、贤才，在当今，遴选是指市（地）级以上机关从下级机关公开择优选拔任用内设机构公务员。[①] 在方向上，遴选是上级机关面向下级机关的组织行为，人员从下往上流。

受几千年差序有别的传统身份管理文化影响，政府机关内部的借调行为多发生在行政处室向本单位事业单位人员选人、挑人、要人上，在方向上，借调也是人员从下往上流的现象。

（二）人员流动目的相同

2006 年 1 月 1 日，《中华人民共和国公务员法》正式实施，逢进必考成为招人进人的硬约束，参加公务员公开招考成为很多年轻人的重要选择，基层成为他们获取公务员身份的首站。然而，基层工作千头万绪、纷繁复杂，工作任务重、难、急，工作压力大，个人晋升发展难、天花板问题突出，在工资收入、福利待遇等方面与上级机关还存在一定差距，长久被"钉"在基层的有很多人，久而久之，难免会影响工作积极性。加之上级机关部门也

---

① 来自《公务员公开遴选办法》解释。

需要及时选拔优秀、年轻干部充实队伍。有鉴于此，中央和地方积极探索干部选拔任用的新方法，公开遴选制度应运而生，专门解决这一群体的现实问题，给了基层公务员二次选择的机会，这一制度创新有助于建立起纵向跨机关层级、横向跨部门（系统）的交错式选人用人渠道，解决了基层公务员队伍结构固化、在同一职位上工作时间过长问题，有助于提高个人素质和工作能力，激发工作积极性，同时为上级机关单位选拔到合适的人，注入新鲜血液，体现了国家和地方各级政府部门对干部人才选拔任用的重视。

借调是一种非正式的人才交流和公务协作方式，存在时间久远，在中国社会自古就有，从《红楼梦》袭人从老太太房中借调到宝玉房中便可见一斑。从客观上讲，借调行为能够促进不同部门、单位之间人员的交流，在提升下属单位人员工作能力、积极性，增长见识等方面，大有裨益，能够让表现好、成绩突出的中年事业编制干部有"盼头"，也是加大系统、单位内部干部交流轮岗力度的重要举措。

二 公务员公开遴选和事业单位人员借调行为的差异性

（一）政策依据不同

我国自古就有对官员的遴选行为，而当代我国对于公务员公开遴选制度也已有比较规范固定的制度政策。青海、银川、上海和深圳等地区于2009年开启公务员公开遴选制度的试点改革工作，成为第一批"吃螃蟹的人"，珠玉在前，河南、重庆、湖北等地区，以及中央机关紧随其后，于2010年相继开展试点工作。从此，遴选考试正式进入大众视野，引发基层公务员关注。试点实践的成功引发了建章立制工作的推进，2013年初，中组部和人社部联合制定并出台了《公务员公开遴选办法（试行）》，对公务员遴选的报名、资格审查、考试、考察和任职监督等全工作环节进行限定和规范指导，标志着公开遴选制度的成熟，彻底从制度上探索出了一条选拔任用干部的新路子。紧随中央脚步，2015 年 1 月，江苏省委组织部、省人社厅联合印发了《江苏省公务员公开遴选实施办法（试行）》，标志着江苏省在这一制度探索实践中取得进展。

相较于公开遴选制度从试点到成熟有一系列政策制度依据，借调的发展之路坎坷缓慢。20 世纪 90 年代后，随着公务员制度推行，特别是在《国务院行政机构设立和编制管理条例》《地方各级人民政府机构设置和编制管理条例》《公务员法》出台后，具有中国特色的国家行政机关新的人事管理制度基本确立，人员借调现象得到关注，党政机关里的借调逐渐从"显规则"变为"潜规则"，有些地方开始清退借调人员，甚至出台借调规范，借调行为变得更加谨慎小心、更加讲究程序和政策规范。时至今日，在人员编制管理日渐严格、减编控编工作不断深入的情况下，借调行为仍屡有发生，但虽如此，国家、省、市层面一直将其定性为不规范的用人方式。

（二）性质类别不同

公开遴选是公务员转任方式的一种延续和创新，《公务员法》规定，国家实行公务员交流制度，公务员可以在公务员和参照本法管理的工作人员队伍内部交流，也可以与国有企业和不参照本法管理的事业单位中从事公务的人员交流。交流的方式包括调任、转任。[1]

然而，无论是翻阅公务员管理，还是事业单位人员管理的相关法律规定，均没有对借调的分类和解释，借调是游离于法律法规和政策文件范围之外的一种非常规、非正式、非固定化的用人方式，在性质上类似于挂职锻炼，但挂职锻炼有成熟的制度和程序可遵循。

（三）实施效果不同

任何一项政策制度的出台和实施，总会或多或少存在各种类型的问题矛

---

[1] 见《公务员法》第 11 章第 69 条，https：//www.12371.cn/2018/12/30/ARTI1546150583605240.shtml。

盾和不足之处，遴选制度从最初试点到正式确立，乃至如今的不断完善，已经走过十余年时间，虽然在职位设置、报考资格条件、考试环节、测评手段等方面还存在改进之处，但社会大众对其总体评价正面积极。公开遴选制度充实了上级机关干部队伍，打通了基层公务员向上晋升流动的通道，拓展了职业发展空间，激发着干事创业的热情和为民服务的激情，对于优化上级机关干部队伍年龄结构也大有裨益。

相较于公开遴选制度的正面积极影响，事业单位人员的借调现象就要显得负面消极不少，从经常被见诸报端媒体的各种宣传报道，以及各地出台的清退借调人员行为即可见一斑。很多时候，借调人员在借调之前并没有主动向组织申请混岗、借调，借调期间不能享受到物质奖励和补贴，在评优评先时往往还遭受"爹不亲娘不靠"的尴尬境地，个人晋升通道狭窄。根据政策规定，事业单位管理岗位人员达到六级职员及以上等级即可轮岗到行政处室享受相关身份和待遇标准，但在实际情况中，有幸获得此机会的人员数量非常少，仅有少数人有机会，大部分人在借调期限结束后若回不去原单位，就要被一直借调下去。借调人员由于工资福利待遇明显差别于同部门的行政编同事，往往容易引发严重的心理不平衡感。

三 健全事业单位管理岗位人员流动机制的合理性和必要性

（一）晋升通道狭窄，往上流通难

根据《事业单位岗位设置管理试行办法》，事业单位管理岗位分为 10 个等级，即一至十级职员岗位，和公务员的晋升等级对应关系如下。

为方便理解，特绘制表 1 将其一一对应。

表 1　事业单位管理岗位等级和公务员晋升等级对应情况

职级 \ 职务	省部级正职	省部级副职	厅局级正职	一级巡视员	厅局级副职	二级巡视员	一级调研员	县处级正职	二级调研员	三级调研员	县处级副职	四级调研员	一级主任科员	乡科级正职	二级主任科员	三级主任科员	乡科级副职	四级主任科员	一级科员	二级科员	办事员
一级	√																				
二级		√																			
三级			√	√																	
四级					√	√															
五级							√	√	√												
六级										√	√	√									
七级													√	√	√						
八级																√	√	√			
九级																			√	√	
十级																					√

（管理岗位）

由表 1 中可以看出，与实行职务职级并行的公务员制度相比，事业单位管理岗位 10 个等级的发展通道明显存在职级数量相对较少、级差相对较大的问题。从目前情况来看，事业单位管理岗位未设置非领导职务，市以上层面未出台类似于公务员职务职级并行的政策，事业单位管理岗位人员在晋升发展中获得的级差激励机会相对较少。对于某些省级机关直属事业单位而言，七级以下的机会比较多，大部分事业单位管理岗位人员能够正常升任至七级，但要往上至六级就非常困难，事业单位职员人数普遍相对较多，在晋升发展通道上更显拥挤，很多人终其一生只有那么几级台阶可跨，到退休都只是一般"科级"干部，"天花板"问题突出。

（二）体制机制壁垒，往外流通难

目前，事业编制人员进入公务员队伍有三种途径。第一种是通过调任。第二种是公开选调，此前和遴选公告一并发布的还有江苏省 2023 年公开选调公告，该公告面向省内国有企业、高等院校和科研院所以及其他不参照公务员法管理的事业单位中从事公务的人员，[①] 但仔细阅读后便会发现，只有一个省级机关放出了 1 个选调职位，选调数量共计 1 人，可见，事业单位管理岗位人员想通过公开选调的办法进入公务员队伍非常困难。第三种是参加全省统一的公务员考试招录，江苏是全国公考最卷的省份之一，大部分事业单位管理岗位人员受困于年龄、考试能力等因素影响不能报考或者难以考上。

除了进入公务员队伍困难，事业单位管理岗位人员转入其他事业单位、企业也相对较困难，虽然国家、省级层面的政策规定非常完善，但从现实情况来看，事业单位内部人员流动非常缓慢，如果不是因为犯了错误被开除出队伍，基本上大家终其一生在一个单位直到退休，即使是不同岗位类别[②]之间，流动的概率也相对较低，轮岗交流机会不太多。

（三）混岗混编混乱，流出空间窄

2008 年机构改革以来，党中央和国务院高度重视机构编制工作，按照精简统一、高效能的原则开展机构编制改革，这一决定适应了新形势新任务的需要，对于控制政府开支和组织架构规模，用好用活现有编制资源，严肃机构编制纪律等都大有裨益。然而，随着改革大局逐渐深入，行政处室工作量与日俱增，现有编制数量人员无法满足工作任务需要，借调其他事业单位的工作人员自然而然成为化解这一矛盾的有力对策，因而带来了人员的混岗混编情况。

对事业单位管理岗位人员而言，借调由此带来的混岗混编情况十分不利，除晋升发展、工资福利待遇等方面落后外，很多人混岗混编，在不同于原来单位的分管领导手下工作，等到借调周期结束，借调人员便会或短暂或长期地成为"漂流"在外人员，既难以回到原来单位又难以成为新部门正规军。

况且，由于借调带来的混岗混编，对于事业单位管理岗位人员的培训少之又少，甚至多年未有。2019 年 11 月，中组部、人社部联合印发了《事业

---

① 《2023 年江苏省省级机关公开遴选和公开选调公务员公告》，中共江苏省委组织部，http：//www.jszzb.gov.cn/col83/84565.html。

② 是指事业单位管理岗位、专业技术岗位、工勤技能岗位。

单位工作人员培训规定》，要求建立统一的事业单位工作人员培训制度，推进事业单位工作人员培训工作走向科学化、制度化、规范化。[①] 要求事业单位工作人员每年度参加各类培训的时间累计不少于 90 学时或者 12 天，同时明确事业单位新聘用工作人员应当参加岗前培训；正常在岗的事业单位工作人员应当定期参加在岗培训；岗位类型发生变化或者岗位职责任务发生较大变化的事业单位工作人员应当参加转岗培训；参加重大项目、重大工程、重大行动等特定任务的事业单位工作人员应当参加专项培训。然而，从现实情况来看，无论是主管部门，抑或是人事综合管理部门，受各种主客观因素的影响，对于政府部门下属事业单位中事业单位工作人员的岗前培训、在岗培训、转岗培训、专项培训都相对较少。从公务员主管部门来看，每年都有若干期针对公务员对象的专门培训班。从人才发展的角度看，培训机会的多少直接和个人能力素质的是否提升密切相关，能力素质的提升又直接关系到是否有流入流出的资本和竞争力，从这个角度讲，公务员队伍培训机会的相对丰富，也让其更有竞争力流动，从而实现自身流入和流出，而事业单位管理岗位人员培训不足、竞争力差、缺乏流动渠道，难以实现流入流出。

四 事业单位管理岗位人员流动机制优化路径思考

从现实情况看，事业单位管理岗位的普通工作人员流动机会相对较少，无论是向机关、企业方向的大流动，还是在事业单位内部不同单位、系统、岗位、类别的小流动，由于现实情况等一系列因素的影响，规范流动的机会不多、概率较低。

公务员队伍相对而言有更完善的流入流出途径、方式，各级公务员主管部门也更加重视公务员的学习培训和能力素质提高，维护其队伍稳定性。诚

---

① 《中共中央组织部　人力资源社会保障部印发〈事业单位工作人员培训规定〉》，http://www.mohrss.gov.cn/SYrlzyhshbzb/dongtaixinwen/buneiyaowen/201912/t20191227_349094.html。

然，事业单位分布广泛、人员性质复杂，但可以借鉴公务员队伍管理的方法，建立差异化的事业单位管理岗位人员流动机制。

（一）实施分级分类改革，引导向上流动

在实施职务职级并行制度改革以前，基层公务员工作 20 年仍是科员的现象非常普遍，要求畅通职级发展通道的呼声非常强烈。职务职级并行打破了基层公务员工资待遇的"天花板"，缩短了基层干部享受高待遇的年限，提高了职业空间上升档次，极大地激发了干事创业的激情和热情。

2019 年，江苏响应中央要求，实施公务员职务与职级并行制度改革，对综合管理类、专业技术类和行政执法类公务员分别进行不同套改管理。相比较而言，事业单位实施分类管理改革也有十余年时间，但人员管理相对粗糙，在职业发展通道上设置的职级较少、级差较大，不利于调动广大事业单位人员队伍的干事创业之劲，尤其是对于和公务员一起共事的事业编同事，一直翘首以盼事业单位的职员等级晋升制度，以享受基本对等的职级工资待遇。

建议研究探索参考公务员队伍的职务与职级并行制度，及时总结已开展的县以下职员等级晋升工作中存在的问题和不足，尽快出台面向事业单位管理岗位职员的等级晋升制度，对现有制度进行进一步的丰富和优化完善，开辟更畅通的职员等级晋升通道，提升事业单位管理岗位人员职业发展空间，拓宽优秀人才成长通道，让他们在个人发展、职级待遇上有空间、有盼头。

（二）完善交流选拔机制，促进向外流动

从目前情况来看，事业单位管理岗位人员进入公务员队伍、上级事业单位的政策条件过于严苛，导致政策实施效果不佳。建议：一是修改基层调任办法，放宽条件，加大调任力度（比如修改年龄、任职级别等硬性条件）；二是定向招录，拓宽公开选调范围，增加职位需求和招录名额，可以在每年的公务员考录计划名额中，拿出一部分专项名额面向事业单位管理岗位的工作人员，拓宽其进入公务员队伍的渠道；三是借鉴公开遴选制度，这一制度是公务员队伍内部竞争性选拔和转任的一种创新，在事业单位管理岗位人员

中也开展类似的竞争性选拔考试。建议建立事业编制工作人员定期"遴选"制度，面向达到一定服务年限并且表现优异的事业单位管理岗位人员进行公开考试，在全省范围内选拔。

对于拓宽事业单位管理岗位人员进入其他事业单位、企业及其他组织间外部流动渠道，可以参考建设行业组织、人才市场，促进人员流动，以有助于破除目前人员流动中的"找关系""讲人脉"难题。

（三）健全交流培训机制，鼓励能进又能出

完善人员流动管理机制，建议规范事业单位人员的借调行为，对确因工作任务安排需要借调的，经组织谈话、征询本人意见，由组织人事部门同意、备案，统一借用，履行抽调、借用手续，统一确定借调的基本方式，对借调人员类别、借调时间、借调期间管理、借调后晋升发展等进行规范，工作任务结束后，被抽调、借用的工作人员须及时返回原单位。

提升干部能力水平对于促进人员流动十分重要，从当前现实情况来看，受各种主客观因素影响，针对事业单位人员的专门性培训机会相对较少，无论是管理人员，抑或是专技人员、工勤人员，普遍面临系统培训缺失、岗前培训、在岗培训、转岗培训、专项培训等不足的情况。

就所接触到的情况来看，全省范围内的初任公务员在上岗前需要进行一段时间的集中、统一性封闭培训，而事业单位管理岗位人员上岗前缺乏此类统一性的岗前培训，公务员主管部门每年都会组织优秀公务员年度培训，事业单位管理岗位人员亦无此类机会，因此建议事业单位主管部门、人事综合管理部门加强相关培训工作的组织和实施，以有效提升事业单位管理岗位基层工作人员的综合技能水平、业务知识能力，真正将《事业单位工作人员培训规定》落到实处。

五 结语

除上述建议外，事业单位工作人员的流动还需要破除阻碍人员流动的体

制机制障碍，建立与聘用制度相适应的人员流动政策和管理办法。健全人力资源市场机制，完善人力资源市场体系。建立健全社会化人事档案管理系统，强化行业自律组织，制定流动公约，促进行业人员有序流动，等等。这些都是以后需深入研究的方向。

事业单位行业分布十分广泛，从业人员数量十分庞大，各行各业、各门各类都有其具体特点，事业单位管理改革既需要区分岗位类别性质，针对管理人员、专业技术人员、工勤技能人员进行相应的政策制定，也需要根据行业特点、单位性质，区分全额拨款、差额拨款、自收自支，以及公益一类、公益二类、公益三类。在这种背景下的事业单位人员流动自然也十分复杂，事业单位管理岗位人员流动机制改革是一项综合性的工程，本文对标公务员队伍现有的人员流动机制进行浅薄思考，所提观点建议未必正确，希望在以后的研究中逐步完善。

参考文献

张敏：《我国公务员公开遴选的总体成效与基本经验》，《人事天地》2014年第4期。

张佳：《谈我国公务员选拔制度》，《合作经济与科技》2013年第23期。

刘小群、崔祥民、周文魁：《加强事业单位人员交流规范管理的政策建议》，载余兴安主编《中国事业单位发展报告（2019）》，社会科学文献出版社，2020。

刘前进、陈韬：《江西抚州市乡镇事业干部队伍建设实践探讨》，载余兴安主编《中国事业单位发展报告（2019）》，社会科学文献出版社，2020。

王馨彤：《扬州市公务员公开遴选制度存在的问题及对策研究》，扬州大学硕士学位论文，2022。

连世佳：《A地市直党政机关"混岗现象"研究》，华侨大学硕士学位论文，2018。

B.26

对加强事业单位间人员流动的思考

吕荣能*

摘　要： 事业单位间人员的顺畅有序流动，是高效配置人力资源、提升公
共服务水平的人才支撑和智力保障。近年来，事业单位间人员流
动在顶层设计和实践探索方面取得了积极成效，但同时还存在动
力不足、流动不畅、流动不规范等问题。激活事业单位人力资源
这"一池春水"应在增强动力、激发活力、搭建平台、疏通渠
道、规范秩序、优化生态等方面持续发力。

关键词： 事业单位　人员流动　必要性

我国高度重视人才工作，党的十八大以来，国家大力实施人才强国战略，
出台了一揽子人才流动政策措施，为事业单位间人才流动配置指明了方向。2016
年3月，中共中央印发《关于深化人才发展体制机制改革的意见》，指出健全人
才顺畅流动机制，破除人才流动障碍，畅通党政机关、企事业单位、社会各方
面人才流动渠道。[①] 2019年1月，《人力资源和社会保障部关于充分发挥市场作用
促进人才顺畅有序流动的意见》出台，从健全人才流动市场机制、畅通人才流动
渠道、规范人才流动秩序、完善人才流动服务体系四个方面提出了有针对性的措
施。[②] 根据全国人才流动政策的部署安排，各行业、各地区积极探索实践

---

*　吕荣能，云南省京剧院人事科副科长（主持工作）、党政综合办公室副主任、人力资源管理师。

① 《中共中央印发〈关于深化人才发展体制机制改革的意见〉》，中国政府网，2016年3月
　　21日。

② 人力资源和社会保障部：《人力资源和社会保障部关于充分发挥市场作用促进人才顺畅有
　　序流动的意见》（人社部发〔2019〕7号），2019年1月11日。

适合于事业单位间人员流动的办法举措,"县管校聘"、"乡聘村用"、事业单位公开选调遴选工作人员等取得了积极成效。同时,事业单位间人员流动也还存在一些亟待解决的问题。本文从事业单位间人员流动的必要性、存在的问题和对加强事业单位间人员流动的思考三个方面进行阐述,力图为事业单位间人员流动相关政策制定者、管理者和从业者提供参考,以期对事业单位间人员的顺畅有序流动和提升事业单位公益服务效能尽绵薄之力。

一 事业单位间人员流动的必要性

(一)高效配置人力资源的需要

在既定时间、区域内,人力资源总量是相对固定的,加强事业单位间人员流动,扩大人员流动范围,实现人力资源的最优排列组合,是基于单位和个人发展的双重需要,是夯实人才队伍基础、改善人员层次结构,实现"岗得其人、人得其位、适才适所"高效配置人力资源的必然选择。

1.单位发展的需要

各事业单位的职能职责因人民群众对公共服务需要的变化而适时进行调整改变,进而对人员在数量、质量、专业等方面都会有不同的需求。但现实是不再适应单位发展的人员"出不去",需要的人员"进不来","有事没人干与有人没事干"的矛盾并存,迫切需要扩大人员流动范围,在更大范围内选拔使用认同单位文化理念、适合岗位需求,想干事、能干事、干成事的事业单位工作人员。

2.个人成长的需要

我国 2021 年事业法人数 741801 个[①],事业编制人员约 3000 万人,每个

---

① 数据来源于国家统计局 2021 年"分机构类型法人单位数"统计数据,https://data.stats.gov.cn/easyquery.htm? cn=C01。

单位平均约 40 人。① 除高校和医院外，单位规模普遍较小，单位内部职能职责较为单一、岗位数量有限，单位内部岗位调整流动机会不多，个人成长"天花板"受限，个人与组织环境、个人与领导同事、个人与岗位的匹配度还不够高，学非所用、用非所学，人不能尽其才、才不能尽其用的问题突出。从个人的成长方面来看，迫切需要经历不同岗位的历练，迫切需要突破单位范围的限制在更大范围内找到适合自己的"位置"，更好地发挥自己的才能、实现自我的价值。

（二）提升公共服务水平的人才保障

事业单位间人员的顺畅有序流动，是盘活现有人力资源、构筑事业单位"人才高地"的需要，是释放人员流动红利、激发人员创新创造创业活力和提升公共服务水平的人才保障。

1. 构筑"人才高地"的需要

"构筑人才高地，既要夯实高原，又要打造高峰。高原是主体和基础，高峰是亮点和关键。"2019 年全国人才资源总量为 2.2 亿人②，同年末全国就业人员为 7.7 亿人③，人才占就业人员总量的比例还不够高，只注重人才流动已不再满足"人才高地"建设的需要，迫切需要把人才流动的星火点燃到人员流动的人力资源大市场中，实现由重视"高峰"到以"高原"为基础，"高峰"与"高原"协调构筑的转变，形成创先争优、比学赶超，人人渴望成才、人人努力成才、人人皆可成才、人人尽展其才的生动局面。

2. 提升公共服务水平的需要

党的二十大报告明确指出，"全面建设社会主义现代化国家""高质量发展是全面建设社会主义现代化国家的首要任务""人才是全面建设社会主

---

① 参见中国共产党新闻网（http：//renshi.people.com.cn/n/2014/0515/c139617-25022183.html）。

② 《习近平论人才工作（2021 年）》，https：//www.xuexi.cn/lgpage/detail/index.html？id=12756810935478328679&amp；item_id=12756810935478328679。

③ 《2019 年度人力资源和社会保障事业发展统计公报》。

义现代化国家的基础性、战略性支撑""聚天下英才而用之""深入实施人才强国战略""实施更加积极、更加开放、更加有效的人才政策""完善人才战略布局""加快建设世界重要人才中心和创新高地，促进人才区域合理布局和协调发展""用好用活各类人才""深化人才发展体制机制改革""建设堪当民族复兴重任的高素质干部队伍""把新时代好干部标准落到实处""推动干部能上能下、能进能出，形成能者上、优者奖、庸者下、劣者汰的良好局面""优化机构编制资源配置"等重要论述。① 主要分布在教科文卫体等领域的事业单位及其工作人员，是全面建设社会主义现代化国家的重要参与者和推动者，是公共服务的主要生产者和提供者，其运行状况及服务水平直接影响到高质量发展的程度。事业单位间人员的顺畅有序流动，是推进事业单位人力资源供给侧结构性改革、促进人才区域合理布局和协调发展、用好用活各类人才的重要方式，是提升公共服务水平、更好满足人民日益增长的美好生活的有力措施。亟须以人员流动为纽带，充分释放人员流动红利，带动技术、资金、信息等多方面要素资源的流动整合，有效解决教育、医疗、住房、交通、社保、文化等一系列公共服务供给不平衡的问题，提升公共服务供给的有效性和公共服务效能，为全面建设社会主义现代化国家提供基础性、战略性支撑。

二　事业单位间人员流动存在的问题

（一）动力不足

1. 单位动力不足

部分事业单位聘用制执行不够到位，没有真正实现事业单位人事管理由

---

① 《习近平：高举中国特色社会主义伟大旗帜　为全面建设社会主义现代化国家而团结奋斗——在中国共产党第二十次全国代表大会上的报告》，https：//www. 360kuai. com/pc/detail？url＝http%3A%2F%2Fzm. news. so. com%2Fe8b639231d35861685042c08f68870c7&check＝a3c91adda8f15c18&sign＝360_ 4f2115a6。

身份管理向岗位管理的转变，没有较好地执行"能者上、平者让、庸者下、劣者汰"的用人导向，还存在"能上不能下、能进不能出"的现象，导致人员流动量较小，新鲜血液难以及时补充，近亲繁殖现象突出。部分事业单位特别是全额拨款事业单位还不同程度存在绩效管理"固定化""平均化"现象，绩效管理不灵活，对岗位职责、工作业绩、实际贡献等缺乏评价标准，导致事业单位内部竞争力不强，部分工作人员缺乏上进心。

2. 人员动力不足

部分事业单位工作人员特别是公益一类事业单位及其工作人员还存在"铁饭碗"思想，"只看天气，不接地气""做一天和尚，撞一天钟"，干事创业缺乏主动性和积极性，围城心态严重，不想拼不愿闯，改变调整的意愿不强，人员流动比例低，工作效能不高，公共服务供给滞后。

（二）流动不畅

事业单位间的人员流动整体比例较低，部分事业单位从业人员常年在同一单位的同一岗位工作，工作单一、重复循环，消磨了部分人员的工作积极性。相比较而言，高层次人才流动较为容易、普通人员流动较为困难，同类别人员流动较为容易、不同类别人员流动较为困难，同系统人员流动较为容易、不同系统人员流动较为困难，同地域人员流动较为容易、不同地域人员流动较为困难。

1. 普通人员流动不畅

在"人才大战"的背景下，占事业单位人数比例较低的高层次人才流动相对容易，广大普通人员流动不畅。高层次专业技术人员特别是行业领军人才受体制机制障碍限制小，有"绿色通道"，自主择业的机会多，流动相对较为频繁，一般专业技术人员流动较困难。高职务行政管理人员特别是事业单位领导班子成员因干管权限为主管行政部门，流动相对较为畅通，且职务越高流动越畅通。低职务行政管理人员和工勤人员在单位间的流动基本处于"停滞"状态。

2. 不同类别人员流动不畅

人员流动存在的体制机制性弊端，不仅存在于跨所有制人员之间，也存在于不同事业单位类别和事业单位中不同人员类别之间。因财政供养比例的不同，不同事业单位类别间的人员流动一般遵从顺向流动和横向流动，即从参公管理事业单位流向公益一类事业单位或公益二类事业单位、从公益一类事业单位流向公益二类事业单位、从参公管理事业单位流向其他参公管理事业单位、从公益一类事业单位流向其他公益一类事业单位、从公益二类事业单位流向其他公益二类事业单位，只有极少数的急需紧缺的人员才能实现逆向流动。在实际人员流动中，大多人员不愿意顺向流动，达不到逆向流动标准，以横向流动为主流。因身份的不同，事业单位中不同人员类别的人员流动一般遵从逆向流动和横向流动，即从工勤技能人员流动为管理人员或专业技术人员、管理人员与专业技术人员间相互流动、不同职称系列的专业技术人员转专业系列流动。在实际人员流动中，工勤人员"转干"较为困难，管理人员与专业技术人员相互流动、不同系列的专业技术人员转专业系列流动也存在标准模糊、渠道不畅的情况。

3. 不同系统人员流动不畅

事业单位间人员流动呈现同系统人员流动相对较多、不同系统人员流动不畅的现象。一方面，不同系统人员流动不畅存在客观原因。"隔行如隔山"，事业单位涉及行业多、领域广且以专业技术人员为主，专业分类复杂多样，专业方向、专业能力差异大，跨专业、跨系统流动困难。另一方面，不同系统人员流动不畅也有主观因素。不同系统的单位与单位间、单位与人员间、人员与人员间交流、互动少，市场化配置人力资源比例低。事业单位对人员流动、人员配置、人力资源培养与开发、服务保障等人力资源管理工作意识还不够强，多以单位内部流动为主，推动人员在事业单位间流动配置工作较为迟缓。事业单位人员特别是中老年人员偏好"待在既定的舒适区"，流动意愿不强且流动意愿随年龄的增长不断下降。

4. 不同地域人员流动不畅

目前，事业单位的系统性还不够完善，事业单位人力资源还未全面形成全国一盘棋，在人员流动、编制（岗位）管理、职称评定、岗位聘用、社会保障等方面各地区还不同程度存在各自为政、地方保护主义，甚至"政策打架"、互不认可等壁垒，严重制约了不同地域事业单位间的人员流动。事业单位间人员流动还是以区域间小范围的内部流动为主，没能实现最大范围的人力资源整合和配置。

（三）流动不规范

1.个人为主，组织为辅

事业单位间人员流动多以个人争取为主，组织推动为辅。为实现个人在不同事业单位间实现流动，个人一般需要征得流入单位、流出单位、流入流出单位主管行政部门、流入流出相关编办和人社部门的一致同意后，才能顺利实现流动。流动涉及的单位多、耗时长、难度大，制约了事业单位间人员的普遍流动。同时，流动人员在申请流动过程中容易滋生"搭天线""拉关系"等不正之风，破坏了事业单位间人员流动的秩序，损害了干事创业的良好工作氛围。

2.逆流为主，顺流为辅

事业单位间人员流动多以人员逆流为主，人员顺流为辅。在市场经济的刺激下，事业单位人员向高级别机构规格流动的多、向基层一线流动的少，向待遇较好的单位流动的多、向待遇一般和较差的单位流动的少，向城市流动的多、向农村流动的少，向条件较好的地方流动的多、向艰苦边远地区流动的少。以致出现有的单位"挤破了头"，有的单位却"无人问津"的问题，严重背离了引导鼓励人才向艰苦边远地区和基层一线流动的初衷。

三 对加强事业单位间人员流动的思考

流水不腐，户枢不蠹。持续激发事业单位内生原动力，畅通事业单位间人员流动渠道，构建各类人员互通的"立交桥"，提高人员流动率，让事业单位间人员顺畅有序流动成为一种常态，才能激活事业单位人力资源这

"一池春水"，真正让人人都有成长成才、脱颖而出的通道，让各类人员都有施展才华的广阔天地，为推动公益事业高质量发展提供坚强的组织保证和人才基础。

（一）增强动力，激发活力

1. 全面贯彻执行事业单位人员聘用制

事业单位应全面完整准确贯彻执行好聘用制度这一基本用人制度，要坚持"按需设岗、按岗聘用、以岗定薪、合同管理"原则，打破"职务聘用终身制"，进一步淡化身份、强化岗位，实现由固定用人向合同用人转变。要坚持"岗得其人、人得其位、适才适所"的用人原则，实施全员竞聘上岗长效工作机制，采取公开、平等、竞争、择优、双向选择的方式配置人员，鼓励事业单位工作人员合理有序流动，鼓励事业单位工作人员参与社会化、市场化竞争，让广大事业单位工作人员树立危机意识和竞争意识，激发人才活力，实现人力资源的最优配置，引导广大事业单位工作人员比学赶超、积极进取，形成用好一个人激励一大片的效果。要坚持以聘用合同为依据，进一步强化聘后管理，严肃规范进行聘期考核，并将考核结果作为晋升、绩效、调岗、辞职、辞退的主要依据，让广大事业单位真正做到人员"能进能出"、岗位"能上能下"、待遇"能升能降"。

2. 优化机构编制（岗位）资源配置

优化机构编制（岗位）资源配置，实现编制（岗位）总量控制、动态平衡、协调发展，是确保事业单位人员"流得动"的根本保证。机构编制（岗位）应当根据国家发展战略、公益事业发展目标等现实需要，及时进行动态调整、科学配置，以保证编制（岗位）能够切实符合新形势和新要求，持续促进公益事业的繁荣发展。要坚持因事设岗、竞聘上岗、按岗聘用、合同管理、以岗定薪、岗变薪变的制度导向，形成以市场为导向的开放灵活的用人机制，适当减少人员流动审批程序，畅通人员流动渠道，为事业单位间人员流动"松绑"，推动事业单位人员"能进能出、能上能下"顺畅流动，变"单位人"为"市场人"，激发事业单位人力资源活力，提高事业单位工作效率，持续提升事业单位公共服务能力。

3. 深化收入分配制度改革

深化收入分配制度改革是确保事业单位人力资源"用得好"的有力措施。根据公益一类、公益二类、自收自支类不同事业单位类别，合理确定奖励性绩效工资在绩效工资总量内的比重，区别对待不同类型的事业单位，建立充满活力、富有效率、更加开放、更有利于事业发展的分配机制，形成多样化激励与认可方式，用科学的方式把工作人员工作的数量和质量体现出来。向事业单位授权，适当扩大奖励性绩效工资在绩效工资总量内的比重，由事业单位自行按"业绩、能力、贡献"等因素为每个工作岗位、每名工作人员发放奖励性绩效工资，进一步合理拉开不同岗位的收入差距，以岗定薪、薪随岗变、风险与机遇对等、待遇与责任匹配，变"吃财政饭"为"吃绩效饭"，形成人岗相适、人事相宜、多劳多得、优绩优酬的良好氛围。

（二）搭建平台，疏通渠道

1. 拓宽人员流动"交流面"

搭建事业单位人力资源市场，常态化发布事业单位人力资源供求信息，让事业单位与事业单位工作人员在事业单位人力资源市场上实现双向选择、自由搭配。单位层面，围绕单位主责主业加强单位人力资源规划，积极在事业单位人力资源市场发布单位人员需求信息，主动寻找、发现、使用适合的人员，精准引进"高精尖缺"人才和具有发展潜力的人员，以高质量的人才队伍来保障高质量的公共服务。个人层面，在事业单位人力资源市场实名注册个人账户，上传个人简历及岗位意向信息，在更大范围内寻找确定自己的最佳"位置"，积极参与事业单位劳动力市场竞争，持续增强个人专业能力素质，不断提升个人在劳动力市场上的相对竞争优势，推动个人建功立业，成长成才。

2. 画好人员流动"同心圆"

画好同行业、同系统人员流动最大"同心圆"，在行业、系统内部持续深化事业单位人力资源供给侧结构性改革，用好用活行业、系统内部人力资源，实现同行业、同系统人员顺畅有序流动，形成全行业、全系统人力资源"一盘棋"，让最优行业、系统人力资源配置助推行业、系统实现最优发展。在同行业、同系统事业单位间人员范围内广泛开展轮岗交流、挂职锻炼、跟班学习、"结对帮扶"、公开竞聘、公开选拔等优化人员流动配置的措施，让事业单位工作人员特别是专业技术人员在同系统、同行业内实现跨单位类别、跨身份界限、跨地域广泛自由流动，增加行业、系统内人员流动比例，变"单位人"为"行业、系统人"，提高人岗适配度，提升公共服务效能。

3. 架起人员流动"立交桥"

破除身份、类别、地域、系统等对人员流动的限制，畅通横向到边、纵向到底的事业单位人员流动渠道，架起事业单位人员互通的"立交桥"。事业单位工作人员在同一岗位连续任职达 10 年的，原则上应进行岗位流动。除单位内部人员流动外，结合各事业单位实际，除已达到最优人岗匹配度单位外，其余事业单位每年强制在事业单位间流动一定比例的人员，倒逼事业单位及其工作人员进行人岗优化配置。让普通工作人员可以顺畅有序进行流动，使普通人员有更多机会寻找到自己的最佳"定位"，通过多种渠道发现、开发自己的潜能，为普通人员成为人才"铺路搭桥"。畅通不同事业单位类别人员和同单位类别不同身份人员的"横向""顺向""逆向"全方位自由流动，让事业单位人员多通道全方面发展。畅通不同系统、不同地域人员跨地域、跨行业流动，为各事业单位注入新鲜血液，释放人员流动红利，促进各行各业事业单位又好又快健康发展。架起事业单位人员流动"立交桥"，扩大事业单位在全国事业单位人员范围内公开选拔人员的频次和数量并形成长效机制，让事业单位人员持续增强竞争意识、进取状态，为促进社会公益事业的繁荣发展提供有力的人才支撑和智力保障。

（三）规范秩序，优化生态

1. 建立人员流动良性竞争机制

跨单位间的人员流动，除特殊急缺高层次人才外，原则上应通过公开选调遴选方式进行流动。各事业单位根据工作需要集体研究确定公开选调遴选的数量和岗位，进一步扩大公开选调遴选的范围，制定符合岗位任职条件的明确的选调遴选标准，按照发布公告、自愿报名、笔试、面试、考察、体检、办理调动手续等程序"公开、平等、竞争、择优"选择合适的人员，坚决杜绝"人情流动""关系流动"等不正之风，让事业单位间人员流动风清气正。

2．规范人员流动秩序

一是加强事业单位间人员流动的组织领导。由各有关部门协同配合，参照事业单位社会公开招聘方式，每年定期统一在事业单位间组织开展 1~2 次选调遴选工作，并加强对事业单位间人员流动事前、事中、事后监管，全力推动事业单位间人员流动的科学化、制度化、规范化。二是坚持人岗相适原则。事业单位间人员流动也不是人员流动比例越高越好，要坚持以工作需要为主、人岗相适的原则，注重发挥人员的专业特长，适当照顾流动人员的实际困难。既畅通事业单位间人员"横向""顺向""逆向"全方位自由流动，又必须设置人员流动条件，并鼓励和支持人员向基层、艰苦岗位、重点行业和偏远地区流动。三是简化事业单位人员流动审批流程。深化事业单位人事管理"放管服"改革，充分给事业单位放权，为事业单位工作人员"松绑"，切实转换事业单位用人机制，实现由身份管理向岗位管理的转变，实行全员聘任制、聘期制，拓宽用人视野，唯才是举、以绩取人、人岗相适，以"能力、业绩、贡献"作为用人导向，走适合于事业单位繁荣发展的道路。

B.27
事业单位工作人员培训高质量创新发展研究*

梁玉萍　任文硕**

摘　要： 事业单位工作人员培训是事业单位队伍建设的先导性、基础性、战略性工程。全面加强事业单位工作人员培训工作，是建设高素质专业化事业单位工作人员队伍、促进公共服务事业快速健康发展的迫切需要；更是落实中央人才工作会议要求、重视人才培养、加快建立人才资源竞争优势、提升对我国高质量发展和现代化建设的重要保障。本报告在全面文献资料查询、政策文本分析和充分实证研究基础之上从创新事业单位工作人员培训高质量发展的意义、改革开放后事业单位培训工作的发展历程、事业单位培训工作的基本情况和实践探索、事业单位培训工作存在的焦点和难点问题及成因、新时代事业单位培训工作高质量发展的对策建议等五个方面阐述了新时代事业单位培训工作的时代要求、历史沿革、典型做法、问题成因和对策建议。

关键词： 事业单位　培训　高质量　创新模式

一　创新事业单位工作人员培训高质量发展的意义

习近平总书记在党的二十大报告中进一步提出要"全面提高人才自主

---

* 本文属国家行政体制改革研究会课题组研究成果。

** 梁玉萍，国务院政府特殊津贴专家，中国人事科学研究院公务员管理室原主任；任文硕，中国人事科学研究院绩效管理与考核奖惩研究室主任，研究员。

培养质量""强化现代化建设人才支撑"。中央人才工作会议提出要"更加重视人才培养，加快建立人才资源竞争优势"。而事业单位正是具有重大潜力的人才聚集地，其人员能力的强化、素质的提升对我国高质量的发展和现代化建设非常重要。

进入新时代，国际国内环境变化、经济社会文化的发展，对事业单位工作人员素质能力提出了新的挑战和要求，进而对事业单位工作人员培训工作提出了新的要求和挑战，2019 年，中共中央组织部、人力资源和社会保障部印发了《事业单位工作人员培训规定》（简称《培训规定》）。《培训规定》的出台，对规范我国事业单位工作人员队伍培训，加强事业单位工作人员队伍建设，特别是新时代提高事业单位工作人员素质能力适应时代发展需求起到了至关重要的作用。《培训规定》的出台不仅对事业单位的培训意义重大，对深入推进事业单位人事制度改革更是意义非凡。

《培训规定》出台后，各地按照要求进行了不同程度的实践探索，取得了显著成效。为此，课题组研究事业单位培训高质量发展的创新模式，系统分析并就事业单位体制、机制方面的改革和实践成效进行探究，总结经验以及对相关法律制度、管理体制、运行机制等方面带来的挑战与创新要求，探索出一条符合我国实际的事业单位高质量发展、规范化的自主培训之路，建设一支高素质专业化的事业单位人才队伍，意义重大。

二 改革开放后事业单位培训工作的发展历程

改革开放以来，我国社会主义市场经济体制逐步建立，事业单位的职能定位和运行机制发生深刻变革。如何培养高素质的事业单位工作者，成为事业单位改革发展的关键。为适应形势发展的需要，我国事业单位工作人员培训也经历了由单一到多元、由封闭到开放、由零散到系统的转变，现已初步建立起统筹兼顾、体系完备的培训体系。回顾事业单位培训变革发展历程，总结其经验，对于新时代事业单位高质量发展具有重要的现实意义。

（一）恢复起步阶段（1978~1992年）

1978年，《人民日报》等媒体提出事业单位应进行"事业体制、企业化管理"改革，拉开了我国事业单位改革发展的序幕，事业单位培训工作逐渐恢复起步。该阶段的培训政策有两个重心：一是为"文革"期间耽误学习的职工补教文化知识和技能；二是重建"文革"期间遭受重创的教育培训体系。

（二）分类推进阶段（1993~2001年）

党的十四大上，中央提出应根据机关、企业与事业单位的差异化特征，逐步构建分类管理的人事制度。该阶段的培训政策有两个特点：一是贯彻分类管理思想，培训工作由大一统管理进入分类管理阶段；二是对培训过程、培训环节提出了深化和规范管理的要求。

（三）规范发展阶段（2002~2011年）

2002~2006年，原国家人事部先后出台《关于在事业单位试行人员聘用制度的意见》等一系列针对事业单位管理的规范性政策改革文件；2011年，国家颁布了《关于分类推进事业单位改革的指导意见》及九个配套文件。该阶段的培训政策和实践的主要特点是行业培训更加规范、事业单位人事管理核心制度建设逐步成熟，专业技术领域培训得到进一步深化。

（四）深入发展阶段（2012~2018年）

2012年，党的十八大报告从深化人才发展体制改革、培养高素质专业人才、创新人才培养方式、整合人才培养资源、落实人才培养责任等方面，对事业单位培训工作提出了明确要求与指导意见。该阶段的培训政策和实践的主要特点有三：一是事业单位工作人员培训工作有了更为全面、系统、精准的政策依据；二是事业单位培训工作的系统性和针对性得到进一步加强；三是借助于近年来信息技术的突飞猛进，培训方式发生革命性变化，线上培训全面推开。

（五）高质量发展阶段（2019年至今）

2019 年 12 月，中央组织部、人力资源和社会保障部印发《事业单位工作人员培训规定》，该规定针对培训工作的现实问题，从培训目的、指导思想、培训内容、培训方式、培训主体、管理和纪律等各环节、各方面对事业单位培训工作进行了规范，有效增强了培训的系统性、持续性、针对性和有效性，为事业单位培训工作的科学化、制度化和规范化奠定了基础，事业单位培训工作步入高质量发展阶段。

各个阶段与事业单位培训工作发展相关的核心文件见表1。

表 1　事业单位培训事业发展的主要阶段及核心文件

阶段	核心文件
起步 （1978~1992 年）	1981 年《关于加强职工教育工作的决定》 1987《国家教育委员会关于改革和发展成人教育的决定》 1992 年、1993 年分别发布《关于加强工人培训工作的决定》和《关于深化技工学校教育改革的决定》 1991 年《全国专业技术人员继续教育暂行规定》 1991 年《1991~1995 年全国干部培训规划要点》
分类推进 （1993~2001 年）	1993 年《国家公务员暂行条例》 1996 年《关于加快推进事业单位人事制度改革的意见》 2000 年《深化干部人事制度改革纲要》 1996 年《中华人民共和国职业教育法》
规范发展 （2002~2011 年）	2005~2006 年《事业单位公开招聘人员暂行规定》《事业单位岗位设置管理试行办法》 2011 年《关于分类推进事业单位改革的指导意见》 2003 年《关于进一步加强人才工作的决定》 2009 年中办印发的《2010~2020 年深化干部人事制度改革规划纲要》
深化发展 （2012~2018 年）	2014 年《事业单位人事管理条例》 2015 年《专业技术人员继续教育规定》 2016 年中共中央《关于深化人才发展体制机制改革的意见》 2017 年《关于支持和鼓励事业单位专业技术人员创新创业的指导意见》 2018 年《2018~2022 年全国干部教育培训规划》
高质量发展 （2019 年以来）	2019 年《事业单位工作人员培训管理规定》 2021 年中央人才工作会议 2022 年党的二十大报告

注：课题组整理完成。

三 事业单位培训工作的基本情况和实践探索

(一)《培训规定》政策落地基本情况

本报告基于实地调研和文献资料查询资料,分别从全国层面事业单位工作人员培训工作开展情况和湖南省具体模式两方面加以阐述。

为了提升事业单位工作人员培训工作的系统化和规范化水平,2019年,中组部与人社部联合下发《事业单位工作人员培训规定》,初步确立了事业单位工作人员培训集中、统一的规范管理体系。《培训规定》出台后,北京、上海、天津、重庆、浙江、湖南、广西、河南、云南、吉林、辽宁、江西、山西、贵州、宁夏、甘肃等省、自治区、直辖市已经出台了落实事业单位培训的相关文件。内蒙古、河北实施细则已拟定,现经过多轮调研征求意见后正在完善中,实施办法即将出台。新疆等地实施细则初稿已经拟好,在调研征求意见中。个别省份的地级市(比如宁波)也下发了培训通知。各地按照《培训规定》认真组织本地区本行业的各类培训。资料显示,近三年参加过在岗培训超过80%,专项培训超过60%,超过以往同期水平,政策落实效果明显。同时事业单位工作人员参训积极性逐步增强。其中湖南省人社厅在全国率先部署开展事业单位工作人员培训工作,探索了新时代事业单位工作人员培训改革新模式。目前该工作进展顺利,成效显著,为我们提供了一定的思路和启示。

(二)事业单位工作人员培训工作新特点

各地各行业在认真贯彻《培训规定》过程中,结合实际形成了一些好的做法和典型经验,取得了较为明显的成效。主要体现为以下几个特点。

1.突出高标准政治引领

广东突出政治引领和需求导向,构建了岗前培训"五位一体"的工作机制,建立了涵盖五个模块240余个专题的岗前培训课程库;山西提出

"在培训机构和师资的质量保障上，红线是必须拥护党的领导，不得传播违反党的理论和路线方针政策、违反中央决定的错误观点。培训组织要负主要责任，要对师资人选和培训内容进行严格把关"。

2. 搭建高质量培训载体

根据中央文件，地方对于构建高质量的培训载体进行了新的探索。湖南坚持"以人为本，共建共享"的科学理念，建立了"省级统筹管理、市县分级负责、行业分类指导"的高效管理体系。江西、辽宁等地，遴选党校（行政学院）、爱国主义教育基地、社会培训机构、高校和科研机构等作为专门培训机构，实行动态清单管理，依据任务和课程主题不同，选择合适载体。天津市提出要注重挖掘本地区、本领域优质培训资源，充分发挥专业学会、行业协会等社会组织作用，引进专业化师资力量。

3. 积极丰富培训内容

各地探索立足不同岗位、不同层级、不同对象、不同问题，分类制定培训计划，开展分层分类培训。针对管理人员培训，注重提高管理能力、专业水平和职业素养；专业技术人员培训，注重提高专业技术水平和创新创造创业能力；工勤技能人员培训，注重提高职业技能水平和实际操作能力。云南省针对偏远地区和少数民族特点，重点提出加强紧缺人才以及少数民族地区、艰苦边远地区、贫困地区基层一线事业单位工作人员的培训。

4. 创新网络培训模式

各地以网络技术为支撑，培训模式不断拓宽，湖南较早搭建了培训管理平台；外交部、司法部、水利部等部委发挥自身学习平台和资源优势，为行业事业单位提供在线服务；青海、河南等省份及多个行业依托事业中心自主开发的事业单位培训服务平台，开展线上培训。天津规定"鼓励和支持工作人员运用网络平台，开展基础性知识学习"。

5. 多元探索培训保障

在经费方面，中央文件规定按照"国家有关规定列支"，各地参照文件不一。山西省、浙江省有具体的指导文件。山西规定培训经费参照《省直机关培训费管理办法》（晋财行〔2014〕50号）、《关于调整省直机关培训费中师资费有关事项的通知》（晋财行〔2018〕49号）规定执行；浙江省依据《干部教育培训工作条例》《事业单位财务规则》等精神，参照《浙江省省级机关干部教育培训经费开支管理规定》制定了《浙江省省级事业单位教育培训费管理规定》；北京市规定，事业单位继续教育经费从职工教育经费列支，并按照规定做好经费的提取和使用。

6.完善培训考核监督

各地根据《培训规定》精神积极探索科学有效的考核监督办法。在利用数字平台进行管理上，湖南、河南两地重点提到了"全省事业单位人事管理系统"登记管理。山西提出逐步推行建立事业单位人员培训电子档案，当地事业单位每年12月前需要向同级人事综合管理部门汇总报送。江西省采用"清单制"，事业单位人事综合管理部门负责对培训机构的办学方针、培训质量、师资队伍和组织管理等进行评估，评估结果作为改进培训工作、提高培训质量和调整培训机构清单的重要依据。其他地方未提出具体清单。

除了省级层面对规定落实的探索和创新，市级层面也开展了有益的探索。比如宁波市打造"七个一"模式促进事业单位工作人员培训高质量发展，即一个政策、一个机构、一个课程体系、一个信息平台、一项经费、一个联动机制、一个团队积分制度。

还有些省份尽管没有制定实施细则，但是也开展了相应的推进工作，比如海南省以挖掘培训关键诉求为抓手开展培训工作，即培训中更加注重海南自贸港的内容，加强行业类型等模块培训，请进来、走出去开展培训，统一培训机构与平台，重视编外聘用人员的培训等。

（三）湖南省事业单位工作人员培训实践与创新

湖南省在全国省级层面率先制定实施细则，改革力度大、开拓创新多、实施效果显著。

1.湖南省事业单位工作人员培训工作主要做法

一是强化顶层设计，突出结果运用。2020年9月，湖南省委组织部、省人社厅结合实际，印发了《湖南省事业单位工作人员培训实施细则（试行）》。针对事业单位工作人员学习积极性不高问题，他们强化激励约束机制建设，重点突出培训结果运用，将培训结果直接与事业单位工作人员转正定级、转岗聘用、等级晋升、考核奖励挂钩。

二是搭建管理平台，健全培训管理机制。为实现规范化培训目的，湖南省人社厅积极探索信息化管理模式，建立了"湖南省事业单位工作人员培训管理平台"，覆盖省、市、县、乡各级事业单位，将线上线下各类培训统一归口管理，实现学习、监管、服务网络一体化。

三是明确学时互认标准，建立学时互认机制。湖南省人社厅主动对接各行业主管部门，结合行业特点和工作实际，制定了《事业单位工作人员培训学时认定标准（试行）》，明确学员可通过多种渠道获得培训学时。同时，明确不同渠道获得的培训学时可以互认，从而有效解决了工学矛盾、重复学习的问题。

四是创新方式方法，积极拓展培训渠道。打造"线上培训与线下培训相结合、以线上培训为主"的培训模式。2021年，湖南省人社厅采取公开招标方式在全国范围内遴选培训机构，秉持公开、公平、公正原则，组织各行业评审专家从课程质量、课程内容、课程体系、授课老师、平台建设等多方面对9家教育机构进行评审，选出最优机构为全省事业单位工作人员提供线上培训服务，基本实现基层和偏远地区培训全覆盖。

五是强化跟踪指导，营造健康培训环境。湖南省人社厅高度重视培训环境建设，致力于营造开放、透明、有序、稳定的培训环境。通过加强宣传指导、倡导自主选择、规范培训机构行为等方式进行监督管理。

2. 湖南省事业单位工作人员培训工作实际成效

一是培训机制改革取得重要进展。湖南省事业单位工作人员培训工作基本形成了由"政府主导、部门协同、社会参与"的工作格局，促进了培训工作的高效开展。二是"互联网+"培训模式优势显现。采取"线上培训与线下培训相结合、以线上培训为主"的方式全面开展培训，基层部门接触高端师资和高质量课程的机会大幅增加。三是事业单位工作人员培训积极性进一步提高。事业单位工作人员培训由"要我学"向"我要学"的目标不断迈进。

3. 湖南省事业单位工作人员培训工作有益启示

湖南省事业单位工作人员培训的探索实践，为地方有效落实中央政策、推动事业单位相关制度的改革带来一定的思考和启示。一是在权责配置上，注重厘清职责边界。湖南省事业单位工作人员培训各主体间职责边界清晰，确保了在赋予主管部门和事业单位一定自主权的同时，实现集权（相对集中培训管理指导权和对培训工作的统一监管权）与放权（主管部门专业课培训、事业单位自主培训和个人选课自主权）的有效统一，较好地推动中央政策落地。二是在运行机制上，注重部门间协同。湖南作为全国先行一步的省份，在管理上以开放、包容的态度，对教育、卫生系统各自认定的学习成果予以认可并可折合计入规定的 90 学时中，通过引入学时互认有效解决了部门间协同问题。三是在治理模式上，注重引入外部服务力量。湖南省人社厅注重利用市场竞争机制引入专业培训机构，政府职能部门由原来自己直接动手操作"主办"向制定规则、实施监督、间接提供服务"主导"的角色转变，治理模式由政府一元治理转向社会多元共治。四是在目标实现路径上，注重强化手段约束。湖南省人社厅基于多年的综合管理实践，找到了推动事业单位工作人员培训的有力抓手——通过培训监督、培训结果运用等手段倒逼工作人员按时完成每年度培训任务。五是在政策优化上，注重及时回应需求。湖南省人社厅在确保政策落地的过程中，及时跟进问题，针对培训学时和提供培训服务平台问题分别制定了《湖南省事业单位工人人员培训学时认定标准（试行）》《湖南省事业单位工作人员网络培训机构管理办法（试行）》等具体可操作的办法，更好地推动政策的落地见效。

四　事业单位工作人员培训存在的主要问题及原因

根据广泛的资料查询、部分地区走访座谈及问卷调查，当前我国事业单位工作人员培训工作还存在重视不够、制度落实不足等八大问题等，这些问题的产生有宏观、中观和微观三个层面的原因。

（一）事业单位对工作人员培训工作重视不够

一是认为事业单位工作人员培训"没有用"；二是对事业单位工作人员培训工作缺乏"战略思维"；三是认为事业单位工作人员培训只是为了组织绩效提高。

（二）事业单位工作人员培训政策和制度落实不足

具体表现为三个方面。一是培训政策制度体系建设不足。二是培训政策贯彻落实缓慢。调研发现，2019年《事业单位工作人员培训规定》出台后，仅有半数省份制定了相应的制度，贯彻落实中组部、人社部下发的《事业单位工作人员培训规定》文件；仅有不到1/4的省份认真落实《事业单位工作人员培训规定》内容。三是各地政策推进顶层设计不足，还存在制度设计普遍性不高、顶层设计不够、科学性不足的问题。

问卷调研发现，事业单位90.75%的培训管理者表示"非常有必要"或"有一些必要"制定相关实施细则（见图1）。

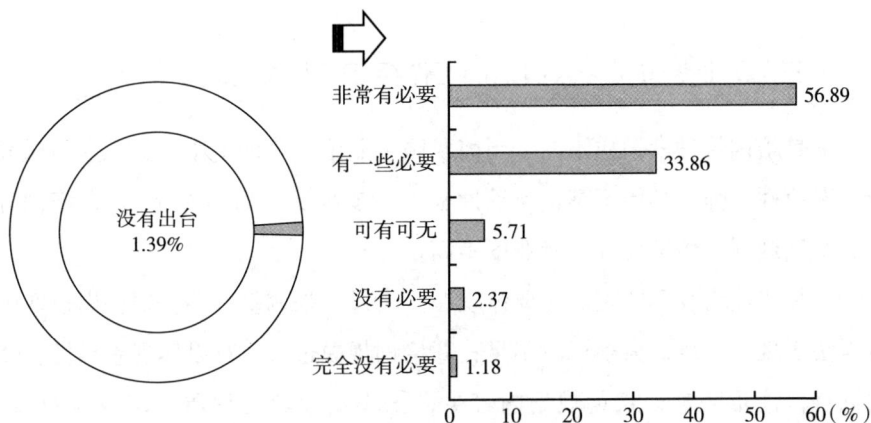

图1 管理岗位人员对制定实施细则的看法

问卷调查表明，九成以上的受访者认为"非常有必要"或"有一些必要"从顶层设计角度建立和完善事业单位工作人员培训的"统筹管理、资源共享和自主选学"改革机制。不同地区对顶层设计的需求略有差异，越是经济发达的地区，对顶层设计的需求越强烈（见图2）。

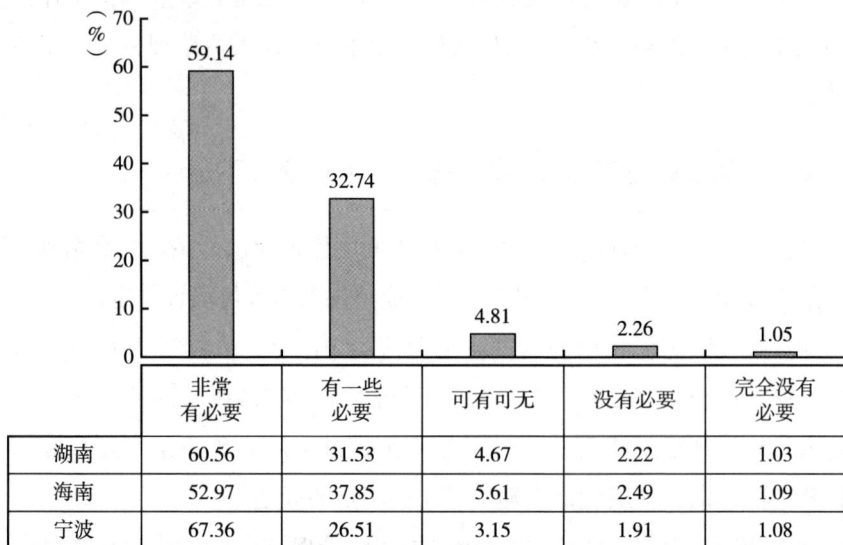

	非常有必要	有一些必要	可有可无	没有必要	完全没有必要
湖南	60.56	31.53	4.67	2.22	1.03
海南	52.97	37.85	5.61	2.49	1.09
宁波	67.36	26.51	3.15	1.91	1.08

图2　建立和完善事业单位工作人员培训的改革机制

（三）事业单位工作人员培训工作存在"八大问题"

一是培训管理者素质不高。当前我国事业单位培训工作人员准入门槛较低，专业性不强，学历不高，流动性较大，多数是"通用人才"，在培训开发、培训规划、培训设计上专业度不高。

二是培训内容不匹配。主要体现在：①过分强调统一性，培训岗位匹配度无法实现；②培训需求调研不足；③培训规模过大，难以体现差异性；④培训科目注重眼前，长远规划内容少；⑤小众领域（地质、馆藏等领域）课程开发空白等。

三是培训方式不灵活。当前学习型社会、学习型组织的新理念和大数据人工智能等新技术应用带来了培训方式的多样化，事业单位的培训方式相对传统单一。

四是培训评价不科学。事业单位培训主要是以"谁培训谁评估"为原则，使评估结果缺乏公正性和客观性。多数事业单位在人员培训时忽视培训评估工作的重要性，没有建立完善的培训评估体系。

五是培训效果不明显。大部分事业单位没有建立双向信息沟通反馈机制，缺乏对培训人员相应的激励措施，如晋升、收入提高、奖金等一些激励形式，忽略衡量培训效果的评价考核制度的建立，忽视培训过程中出现的各种低培训效果的状况。

六是培训经费来源渠道不明晰。《事业单位工作人员培训规定》第二十二条"培训经费按照国家有关规定列支"的规定在实际工作中难以操作。比照其他培训相关政策明确规定经费来源，该规定对培训经费来源表述不明晰，执行上难以落实。

七是培训对象不主动。事业单位工作人员往往觉得培训工作是走形式，甚至将培训看成组织理论学习和政治思想教育，认为培训是为应付政治学习、年度考核而组织的，没有太大的实际意义，参与积极性不高。

八是培训市场不规范。社会快速发展和经济结构转型等知识快速更新换代带来的本领恐慌，催生了一大批市场化的教育培训机构。这些教育培训机构从理念、专业水平到运营方式参差不齐，培训市场也呈现两极分化的状态。

（四）当前我国事业单位工作人员培训工作问题原因探析

问题原因主要包括：宏观层面，事业单位工作人员培训机制改革推进中的环境困境；中观层面，事业单位工作人员培训机制改革中的制度空档问题；微观层面，事业单位领导者面对改革困境的畏难情绪。

五 事业单位工作人员培训对策与建议

课题组从政策制度、体制机制、课程体系三个层面提出大力推进事业单位培训工作高质量发展的建议。

（一）政策制度上完善

一是建议有关部门加大力度，进一步完善国家层面具体政策、制度，督促有关省、市、区尽快完善工作规范，学习借鉴先行地区经验。二是大力支持和倡导相关部门及工作人员开拓创新、勇于担当，提高事业单位工作人员培训在部门和全局工作中的作用与地位。三是对勇于先行先试、开拓创新并做出成绩的人员和单位给予鼓励与表彰，以示范效应推动全局工作。四是加大和稳定财力支撑与保障，进一步健全、规范相关财务制度，从财力上切实保障事业单位工作人员培训工作的开展。五是进一步加强各主管部门培训工作中的协调。

（二）体制机制上完善

一是利用好社会资源，省时省力省钱，提高培训效能。二是发挥专业优势，线上线下结合，教学、管理并举。三是创造良好环境，供给公平竞争，需求自主选择，有效保障廉洁。四是体制外要适应角色变化，正确发挥政府部门作用，妥善处理放、管、服关系，营造开放的事业单位人员培训环境。五是体制内要牵头、统筹、协调，对政府部门间关系进行重构与调整。

（三）课程体系上完善

第一，加强培训政策的宣传教育，建议为事业单位培训管理人员开设政策及业务知识培训；将有关培训政策列入课程体系并前置；推动学习成果的应用，将其与学员岗位聘任、职称评定等个人发展事项相关联。第二，健全课程体系、加强师资队伍建设，建立统一的事业单位人员培训师资库，以师资队伍建设推动公共课质量提高；自审与专家评审相结合，强化课程质量把关、提高课程吸引力；对专业知识课分层次进行完善补充，给予有需求、有能力的单位和部门特定专业课程的自主开发权；增加案例型、经验性课程资源和适应各地情况与需求的本土课程；重视线上线下教学的配合与合理分工。第三，采用多种技术手段升级和拓宽网络课程平台设置，以多样化渠道满足学员不同情况下的学习需求。第四，加大经费支持力度，优化财务支持制度，建议设立培训平台建设专项经费，或者在平台中设置更多免费课程，解决学员报销难问题或改进线上购课费用。第五，协调解决学员工学矛盾，避免重复交叉培训，切实减轻相关人员负担及工学矛盾。第六，准确把握学员特点，明确专业技术人员培养要求，精确拟订培训计划，增强培训内容针对性；创新培训模式，调整培训思路，避免漫灌、填鸭式教学方式，以克服形式主义，增强学习效果。

六 小结

本课题研究查阅了百余篇论文资料，梳理了几百条政策文献，实地走访了三个省八个市 20 余家单位，开了 30 多次座谈会，访谈 136 人；根据整群、分类、比例、抽样等方式发放管理者和培训人员问卷 26000 份，回收23813 份，回收率达到 90% 以上，研究报告总体呈现以下四个方面的探索。

一是第一次从组织视角对我国培训工作相关政策进行梳理和文本分析，针对不同时期侧重点的转变提出了"事业单位工作人员培训五阶段"说。在理论上有创新，在实践上有指导作用。

二是第一次大规模对事业单位培训工作开展问卷调查。本次研究对管理者和培训对象分别开展问卷调查，对不同地区、不同层次、不同类型的培训管理和受训者发放 2 万余份问卷，获取了宝贵、深入、丰富的数据资料，在此基础上进行频次分析、交叉分析等，为研究的科学性和进一步探索培训深层次问题提供了有益的支撑。

三是采用系统分析方法探索出全国事业单位工作人员培训工作典型地区湖南省的模式特点，即"统筹管理、开放市场、资源共享、加强监督、自主选学"的 20 字湖南模式，为下一步全国成功推广经验提供"高质量密码"。

四是针对我国新时代培训工作新特点提出从体制机制、政策制度和课程设置等三方面多管齐下的对策体系，对全国事业单位培训工作有借鉴。

参考文献

梁华美：《事业单位人力资源培训与开发的策略探析》，《人才资源开发》2023 年第 17 期。

张晓、曲杰、曹旭光等：《事业单位工作人员岗前培训的优化——基于胜任力理论的研究》，《中国人事科学》2023 年第 4 期。

周鑫：《事业单位人才培训工作的多维度实践探索》，《人才资源开发》2023 年第 7 期。

朱碧琴：《事业单位人才培养中个性化培训模式的运用思考》，《人才资源开发》2023 年第 6 期。

杨帆媛：《行政事业单位员工培训存在的问题及改进》，《现代企业》2023 年第 1 期。

孙玉叶：《拓展事业单位培训新思维》，《人力资源》2022 年第 22 期。

冀玲俊：《浅谈事业单位人力资源管理中的培训与开发》，《山西经济日报》2022 年 9 月 22 日。

《中组部、人社部印发〈事业单位工作人员奖励规定〉》，《中国人力资源社会保障》2019 年第 1 期。

李海阔：《如何加强事业单位职工教育培训》，《中国管理信息化》2015 年第 10 期。

徐梅松：《事业单位人员培训体系现状分析及设计策略研究》，《中国管理信息化》2015 年第 8 期。

附　录　大事记

朱祝霞　胡轶俊　甘亚雯　毕苏波　柏玉林

2022年

7月1日，科技部办公厅发布《科技部办公厅关于印发〈国家重大科研基础设施和大型科研仪器开放共享评价考核实施细则〉的通知》。

7月4日，文化和旅游部、教育部、科技部、工业和信息化部、国家民委、财政部、人力资源和社会保障部、商务部、国家知识产权局、国家乡村振兴局发布《关于推动传统工艺高质量传承发展的通知》。

7月5日，国家卫生健康委、财政部、国家中医药管理局印发《关于做好2022年基本公共卫生服务工作的通知》。

7月5日，国家卫生健康委印发《国家卫生健康委关于印发卫生健康系统贯彻落实以基层为重点的新时代党的卫生与健康工作方针若干要求的通知》。

7月8日，民政部、教育部、人力资源和社会保障部发布《关于推动社会组织进一步助力高校毕业生等群体就业工作的通知》。

7月8日，文化和旅游部、公安部、自然资源部、生态环境部、国家卫生健康委、应急管理部、国家市场监管总局、银保监会、国家文物局、国家乡村振兴局发布《关于促进乡村民宿高质量发展的指导意见》。

7月16日，国家卫生健康委、国家中医药管理局印发《关于印发乡镇卫生院服务能力标准（2022版）等3项服务能力标准的通知》。

7月18日，国家卫生健康委、国家发展改革委、教育部、民政部、财政部、人力资源和社会保障部、自然资源部、住房和城乡建设部、应急管理部、国家市场监管总局、国家医保局印发《关于进一步推进医养结合发展的指导意见》。

7月23日，教育部发布《关于推进新时代普通高等学校学历继续教育改革的实施意见》。

7月24日至11月14日，全国职业院校技能大赛成功举办。

7月24日，科技部发布《科技部关于印发〈长三角科技创新共同体联合攻关合作机制〉的通知》。

7月25日，国家卫生健康委、国家发展改革委、中央宣传部、教育部、民政部、财政部、人力资源和社会保障部、住房和城乡建设部、中国人民银行、国务院国资委、国家税务总局、国家医保局、中国银保监会、全国总工会、共青团中央、全国妇联、中央军委后勤保障部印发《关于进一步完善和落实积极生育支持措施的指导意见》。

7月25日，教育部办公厅发布《关于印发〈国家智慧教育公共服务平台接入管理规范（试行）〉的通知》。

7月25日，教育部、中共中央宣传部、中共中央网络安全和信息化委员会办公室、科学技术部、工业和信息化部、生态环境部、国家卫生健康委、国家文物局、国家乡村振兴局、中国关心下一代工作委员会十部门发布《关于印发〈全面推进"大思政课"建设的工作方案〉的通知》。

7月25日，国家知识产权局办公室发布《国家知识产权局办公室关于印发专利开放许可试点工作方案的通知》。

7月28日，科技部、财政部、教育部、中科院、国家自然科学基金委发布《关于开展减轻青年科研人员负担专项行动的通知》。

7月28日，科技部办公厅、财政部办公厅、国家自然科学基金委办公室印发《关于进一步加强统筹国家科技计划项目立项管理工作的通知》。

7月29日，教育部办公厅、农业农村部办公厅和中国科协办公厅印发《关于支持建设一批科技小院的通知》。

7月29日，科技部、教育部、工业和信息化部、交通运输部、农业农村部、国家卫生健康委联合发布《科技部等六部门关于印发〈关于加快场景创新以人工智能高水平应用促进经济高质量发展的指导意见〉的通知》。

8月3日，国家卫生健康委印发《国家卫生健康委关于印发"十四五"卫生健康人才发展规划的通知》。

8月4日，文化和旅游部信息中心发布《文化和旅游部政务数据资源管理办法（试行）》。

8月5日，科技部、财政部发布《关于印发〈企业技术创新能力提升行动方案（2022～2023年）〉的通知》。

8月9～20日，全国职业院校技能大赛国际赛暨首届世界职业院校技能大赛在天津、江西赛区成功举办。

8月11日，国家卫生健康委印发《国家卫生健康委关于印发食品安全标准与监测评估"十四五"规划的通知》。

8月18日，文化和旅游部办公厅发布《关于开展2022年度剧本扶持工程申报工作的通知》。

8月25日，科技部、中央宣传部、最高人民法院、最高人民检察院、国家发展改革委、教育部、工业和信息化部、公安部、财政部、人力资源和社会保障部、农业农村部、国家卫生健康委、国务院国资委、国家市场监管总局、中科院、中国社科院、中国工程院、国家自然科学基金委、国防科工局、中国科协、中央军委装备发展部、中央军委科学技术委员会联合发布《关于印发〈科研失信行为调查处理规则〉的通知》。

8月31日，教育部办公厅发布《关于印发〈新农科人才培养引导性专业指南〉的通知》。

9月2日，人力资源和社会保障部、教育部发布《关于印发〈关于进一步完善中小学岗位设置管理的指导意见〉的通知》。

9月2日，科技部、国家中医药管理局发布《关于印发〈"十四五"中医药科技创新专项规划〉的通知》。

9月5日，中共中央办公厅、国务院办公厅印发《关于新时代进一步加强科学技术普及工作的意见》。

9月6日，中央全面深化改革委员会第二十七次会议审议通过了《关于健全社会主义市场经济条件下关键核心技术攻关新型举国体制的意见》《关于深化院士制度改革的若干意见》等文件。

9月6日，财政部发布《中央财政关于推动黄河流域生态保护和高质量发展的财税支持方案》。

9月8日，健康中国行动推进办、国家卫生健康委办公厅、国家中医药管理局办公室印发《关于开展健康中国行动中医药健康促进专项活动的通知》。

9月8日，教育部发布《关于印发〈全国职业院校技能大赛经费管理办法〉的通知》。

9月8日，中共中央办公厅印发《推进领导干部能上能下规定》。

9月14日，人力资源和社会保障部、财政部发布《国家级高技能人才培训基地和技能大师工作室建设项目实施方案》。

9月15日，教育部办公厅、工业和信息化部办公厅、国务院国有资产监督管理委员会办公厅、中国工程院办公厅和中华全国工商业联合会办公厅五部门发布《关于实施职业教育现场工程师专项培养计划的通知》。

9月15日，科技部、应急管理部发布《关于印发〈"十四五"公共安全与防灾减灾科技创新专项规划〉的通知》。

9月15日，科技部办公厅、国家发展改革委办公厅、教育部办公厅、财政部办公厅、国资委办公厅、工业和信息化部办公厅、国家卫生健康委办公厅、人力资源和社会保障部办公厅、中科院办公厅等九部门联合印发《科技部办公厅等关于允许在中关村国家自主创新示范区核心区（海淀园）的中央高等院校、科研机构及企事业单位等适用〈北京市促进科技成果转化条例〉的通知》。

9月19日，科技部、生态环境部、住房和城乡建设部、气象局、林草局发布《关于印发〈"十四五"生态环境领域科技创新专项规划〉的通知》。

9月21日，科技部发布《关于印发〈"十四五"国家高新技术产业开发区发展规划〉的通知》。

9月22日，教育部办公厅发布《关于进一步做好"优师计划"师范生培养工作的通知》。

9月22日，中共中央印发《中国共产党处分违纪党员批准权限和程序规定》。

9月23日，国家卫生健康委办公厅印发《国家卫生健康委办公厅关于启动2022年度二级和三级公立医院绩效考核有关工作的通知》。

9月23日，科技部、教育部、工业和信息化部、财政部、水利部、农业农村部、国家卫生健康委、中科院等八部门发布《科技部等八部门印发〈关于开展科技人才评价改革试点的工作方案〉的通知》。

9月28日，文化和旅游部市场管理司发布《演出经纪人员继续教育实施意见》。

9月29日，国家卫生健康委办公厅印发《国家卫生健康委办公厅关于印发公立医院高质量发展评价指标（试行）操作手册（2022版）的通知》。

9月30日，科技部发布《关于印发〈"十四五"技术要素市场专项规划〉的通知》。

9月30日，财政部和国家税务总局印发《关于企业投入基础研究税收优惠政策的公告》。

9月30日，文化和旅游部市场管理司发布《演出经纪人员资格证管理规定（试行）》。

10月7日，中共中央办公厅、国务院办公厅印发《关于加强新时代高技能人才队伍建设的意见》。

10月8日，科技部发布《关于印发〈黄河流域生态保护和高质量发展科技创新实施方案〉的通知》。

10月10日，文化和旅游部办公厅发布《关于开展中国非物质文化遗产传承人研修培训计划2021~2022年度绩效考核的通知》。

10月17日，文化和旅游部市场管理司发布《旅游景区文明引导工作指南》。

10月25日，教育部办公厅发布《关于做好职业教育"双师型"教师认定工作的通知》。

10月26日，教育部发布《关于印发〈绿色低碳发展国民教育体系建设实施方案〉的通知》。

10 月 28 日，文化和旅游部办公厅发布《关于开展国家级非物质文化遗产生产性保护示范基地推荐工作的通知》。

10 月 31 日，教育部、国家发展改革委、财政部、农业农村部、国家卫生健康委、国家市场监管总局和国家疾控局七部门发布《关于印发〈农村义务教育学生营养改善计划实施办法〉的通知》。

11 月 1 日，教育部发布《关于印发〈特殊教育办学质量评价指南〉的通知》。

11 月 1 日，科技部、国家卫生健康委联合发布《关于印发〈"十四五"卫生与健康科技创新专项规划〉的通知》。

11 月 2 日，国家卫生健康委办公厅印发《国家卫生健康委办公厅关于2021 年度全国三级公立医院绩效考核国家监测分析情况的通报》。

11 月 2 日，教育部、国家发展改革委、财政部、人力资源和社会保障部、住房和城乡建设部五部门印发《职业学校办学条件达标工程实施方案》的通知。

11 月 4 日，教育部发布《关于进一步加强新时代中小学思政课建设的意见》。

11 月 7 日，国家卫生健康委、国家中医药管理局、国家疾控局印发《关于印发"十四五"全民健康信息化规划的通知》。

11 月 8 日，国家体育总局、国家发展改革委、工业和信息化部、自然资源部、住房和城乡建设部、文化和旅游部、林草局、国铁集团发布《户外运动产业发展规划（2022~2025 年）》。

11 月 14 日，教育部办公厅发布《关于开展信息技术支撑学生综合素质评价试点工作的通知》。

11 月 14 日，教育部印发《关于做好 2023 届全国普通高校毕业生就业创业工作的通知》。

11 月 15 日，文化和旅游部发布《关于进一步优化新冠肺炎疫情防控措施 科学精准做好文化和旅游行业防控工作的通知》。

11 月 17 日，国家卫生健康委办公厅印发《国家卫生健康委办公厅关于建立动态调整机制加快推进基层卫生健康综合试验区建设的通知》。

11月18日，教育部和国家语委发布《关于加强高等学校服务国家通用语言文字高质量推广普及的若干意见》。

11月18日，科技部、住房和城乡建设部发布《关于印发〈"十四五"城镇化与城市发展科技创新专项规划〉的通知》。

11月18日，文化和旅游部公共服务司发布《关于印发〈公共图书馆、文化馆（站）疫情防控措施指南（11月版）〉的通知》

11月20日，国家卫生健康委办公厅印发《国家卫生健康委办公厅关于印发医疗机构日间医疗质量管理暂行规定的通知》。

11月21日，教育部办公厅、中央政法委办公厅、中央网信办秘书局、国家发展改革委办公厅、科技部办公厅、人力资源和社会保障部办公厅、住房和城乡建设部办公厅、商务部办公厅、文化和旅游部办公厅、国家市场监管总局办公厅、国家体育总局办公厅和全国妇联办公厅十二部门发布《关于进一步加强学科类隐形变异培训防范治理工作的意见》。

11月21日，国家语言文字工作委员会发布《关于印发〈国家语言文字推广基地管理办法〉的通知》。

11月21日，文化和旅游部市场管理司发布《文化和旅游市场信用修复工作指南》。

11月22日，国家卫生健康委办公厅、国家中医药管理局综合司印发《关于深入开展"优质服务基层行"活动加强基层医疗卫生机构绩效评价的通知》。

11月22日，文化和旅游部、国家文物局发布《支持贵州文化和旅游高质量发展的实施方案》。

11月23日，教育部办公厅、农业农村部办公厅、国家林业和草原局办公室和国家乡村振兴局综合司四部门发布《关于加快新农科建设推进高等农林教育创新发展的意见》。

11月30日，教育部印发《关于发布智慧教育平台系列两项教育行业标准的通知》。

11月30日，教育部印发《关于发布〈教师数字素养〉教育行业标准的通知》。

11月30日，教育部印发《关于发布〈教育基础数据〉等三项教育行业标准的通知》。

11月30日，教育部印发《关于发布〈数字教育资源基础分类代码〉教育行业标准的通知》。

11月30日，教育部、中央网信办、国家发展改革委、科技部、工业和信息化部、民政部、财政部、文化和旅游部、中国人民银行、国家市场监管总局、国家体育总局、中国银保监会和中国证监会十三部门印发《关于规范面向中小学生的非学科类校外培训的意见》。

11月30日，人力资源和社会保障部办公厅印发《关于进一步做好职称评审工作的通知》。

12月5日，国家卫生健康委办公厅印发《国家卫生健康委办公厅关于印发委属（管）医院分院区建设管理办法（试行）的通知》。

12月6日，国家卫生健康委办公厅印发《国家卫生健康委办公厅关于印发医疗机构手术分级管理办法的通知》。

12月9日，文化和旅游部公共服务司发布《关于印发〈公共图书馆、文化馆（站）疫情防控措施指南（12月版）〉的通知》。

12月19日，文化和旅游部公共服务司发布《公共图书馆系统古籍类文物定级指南》。

12月21日，国家卫生健康委办公厅印发《国家卫生健康委办公厅关于印发国家医学中心管理办法（试行）和国家区域医疗中心管理办法（试行）的通知》。

12月21日，中共中央办公厅、国务院办公厅印发《关于深化现代职业教育体系建设改革的意见》。

12月21日，教育部办公厅、国家知识产权局办公室和科技部办公厅发布《关于组织开展"百校千项"高价值专利培育转化行动的通知》。

12月23日，文化旅游部、自然资源部发布《关于开展国家文化产业和旅游产业融合发展示范区建设工作的通知》。

12月26日，国务院应对新型冠状病毒感染疫情联防联控机制综合组印发《关于印发对新型冠状病毒感染实施"乙类乙管"总体方案的通知》。

12月26日，教育部办公厅发布《关于成立教育部职业院校中国特色学徒制教学指导委员会（2022~2025年）的通知》。

12月30日，全国科技工作会议在北京以视频形式召开。

12月30日，科技部办公厅、人力资源和社会保障部办公厅发布《关于在北京市、上海市、重庆市、杭州市、广州市、深圳市开展外籍"高精尖缺"人才认定标准试点工作的通知》。

12月30日，国家新闻出版署、人力资源和社会保障部发布《关于印发〈新闻记者职业资格考试办法〉和〈新闻记者职业资格考试实施细则〉的通知》。

12月31日，国家卫生健康委印发《国家卫生健康委关于印发突发事件紧急医学救援"十四五"规划的通知》。

2023年

1月6日，文化和旅游部办公厅、教育部办公厅、自然资源部办公厅、农业农村部办公厅、国家乡村振兴局综合司发布《文化产业赋能乡村振兴试点工作方案》。

1月11日，国务院办公厅印发《国务院办公厅转发商务部科技部关于进一步鼓励外商投资设立研发中心若干措施的通知》。

1月11日，文化和旅游部办公厅发布《关于落实新型冠状病毒感染"乙类乙管"做好文化和旅游行业疫情防控工作的通知》。

1月12日，中共中央组织部、人力资源和社会保障部发布《关于印发〈事业单位工作人员考核规定〉的通知》。

1月13日，教育部、中央宣传部、中央网信办、中央文明办、公安部、民政部、文化和旅游部、国家文物局、国务院妇儿工委办公室、共青团中央、全国妇联、中国关工委和中国科协等十三部门发布《关于健全学校家庭社会协同育人机制的意见》。

1月17日，国家卫生健康委、国家中医药管理局、国家疾控局印发《国家卫生健康委　国家中医药管理局　国家疾病预防控制局　关于做好县域巡回医疗和派驻服务工作的指导意见》。

1月17日，文化和旅游部市场管理司发布《关于规范网络演出剧（节）目经营活动推动行业健康有序发展的通知》。

1月29日，国家卫生健康委、国家发展改革委、财政部、人力资源和社会保障部、国家中医药管理局、国家疾控局印发《关于开展紧密型城市医疗集团建设试点工作的通知》。

2月6日，科技部发布《关于印发〈社会力量设立科学技术奖管理办法〉的通知》。

2月6日，文化和旅游部办公厅、农业农村部办公厅、国家乡村振兴局综合司发布《"大地欢歌"全国乡村文化活动年工作方案》。

2月20日，财政部办公厅、国家卫生健康委办公厅印发《财政部办公厅　国家卫生健康委办公厅关于组织申报2023年中央财政支持公立医院改革与高质量发展示范项目的通知》。

2月21日，教育部、国家发展改革委、工业和信息化部、财政部、人力资源和社会保障部等五部门关于印发《普通高等教育学科专业设置调整优化改革方案》的通知。

2月21日，文化和旅游部科技教育司发布《文化和旅游标准化工作管理办法》。

2月22日，国家卫生健康委办公厅印发《国家卫生健康委办公厅关于印发医疗质量控制中心管理规定的通知》。

2月22日，文化和旅游部非物质文化遗产司发布《关于推动非物质文化遗产与旅游深度融合发展的通知》。

2月22日，文化和旅游部、国家发展和改革委发布《东北地区旅游业发展规划》。

2月23日，中共中央办公厅、国务院办公厅印发《关于进一步深化改革促进乡村医疗卫生体系健康发展的意见》。

2月24日，国家卫生健康委办公厅印发《国家卫生健康委办公厅关于印发2023年国家医疗质量安全改进目标的通知》。

2月26日，中共中央办公厅、国务院办公厅发布《关于加强新时代法学教育和法学理论研究的意见》。

2月27日，国家卫生健康委办公厅印发《国家卫生健康委办公厅关于印发国家三级公立医院绩效考核操作手册（2023版）的通知》。

2月28日，中国共产党第二十届中央委员会第二次全体会议审议通过了《党和国家机构改革方案》。

3月2日，健康中国行动推进委员会办公室印发《健康中国行动推进委员会办公室关于印发健康中国行动2023年工作要点的通知》。

3月2日，科技部发布《科学技术部行政处罚实施办法》。

3月6日，文化和旅游部办公厅发布《关于实施2023年全国美术馆青年策展人扶持计划的通知》。

3月8日，中央宣传部办公厅、文化和旅游部办公厅发布《关于推动实体书店参与公共文化服务的通知》。

3月13日，国家卫生健康委办公厅印发《国家卫生健康委办公厅关于2021年度全国二级公立医院绩效考核国家监测分析情况的通报》。

3月14日，教育部办公厅、财政部办公厅、科技部办公厅、文化和旅游部办公厅及国家体育总局办公厅发布《关于印发〈校外培训机构财务管理暂行办法〉的通知》。

3月14日，科技部火炬中心印发《高质量培养科技成果转移转化人才行动方案》。

3月16日，文化和旅游部市场管理司发布《关于优化涉外营业性演出管理政策的通知》。

3月22日，教育部、海南省人民政府发布《关于印发〈境外高等教育机构在海南自由贸易港办学暂行规定〉的通知》。

3月23日，中共中央办公厅、国务院办公厅印发了《关于进一步完善医疗卫生服务体系的意见》。

3月24日，文化和旅游部市场管理司发布《文化和旅游部关于推动在线旅游市场高质量发展的意见》。

3月26日，财政部、国家税务总局发布《财政部 税务总局关于进一步完善研发费用税前加计扣除政策的公告》。

3月27日，国家卫生健康委办公厅、国家医保局办公室、国家中医药管理局综合司印发《关于组织开展2022年度紧密型县域医疗卫生共同体建设进展监测工作的通知》。

3月27日，教育部、中央宣传部、中央网信办、文化和旅游部、中华全国总工会 共青团中央、全国妇联、中国科协等八部门发布《关于印发〈全国青少年学生读书行动实施方案〉的通知》。

3月27日，教育部办公厅发布《关于学习推广湖南等地经验做法进一步做好非学科类培训机构审批登记工作的通知》。

3月30日，教育部办公厅印发《全国职业院校技能大赛执行规划（2023~2027年）》的通知。

3月31日，科技部、国家发展和改革委员会、教育部、工业和信息化部、财政部、人力资源和社会保障部、人民银行、国资委、海关总署、知识产权局、中科院、中国工程院、重庆市人民政府、四川省人民政府印发《科技部等部门关于进一步支持西部科学城加快建设的意见的通知》。

4月6日，工业和信息化部、文化和旅游部发布《关于加强5G+智慧旅游协同创新发展的通知》。

4月10日，文化和旅游部艺术司发布《关于2023年全国画院中青年创作骨干培养计划的通知》。

4月11日，国家卫生健康委办公厅印发《国家卫生健康委办公厅关于印发国家二级公立医院绩效考核操作手册（2023版）的通知》。

4月13日，文化和旅游部市场管理司发布《剧本娱乐管理暂行规定（征求意见稿）》。

4月15日，国家卫生健康委、中央机构编制委员会办公室、教育部、财政部、人力资源和社会保障部联合印发《关于实施大学生乡村医生专项计划的通知》。

4月19日，教育部办公厅、财政部办公厅发布《关于做好2023年农村义务教育阶段学校教师特设岗位计划实施工作的通知》。

4月19日，文化和旅游部办公厅、中国银联股份有限公司发布《2023年度"百城百区"金融支持文化和旅游消费行动计划工作方案》。

4月20日，教育部、最高人民检察院、中央宣传部、中央网信办、科技部、公安部、民政部、财政部、国家卫生健康委、国家广电总局、国家体育总局、中国科学院、国务院妇儿工委办公室、共青团中央、全国妇联、中国关心下一代工作委员会和中国科学技术协会等十七部门发布《关于印发〈全面加强和改进新时代学生心理健康工作专项行动计划（2023～2025年）〉的通知》。

4月26日，国家卫生健康委办公厅印发《国家卫生健康委办公厅关于通报2021-2022年度县医院医疗服务能力评估情况的函》。

4月26日，文化和旅游部办公厅发布《关于进一步加强演出市场管理规范演出市场秩序的通知》。

4月26日，文化和旅游部艺术司发布《关于开展2023年全国美术馆专业人员培训工作的通知》。

4月27日，教育部办公厅发布《关于高等学校做好2023年开发科研助理岗位吸纳毕业生就业工作的通知》。

4月28日，国家卫生健康委办公厅印发《国家卫生健康委办公厅关于进一步做好突发事件医疗应急工作的通知》。

5月1日，习近平总书记给中国农业大学科技小院的学生回信，强调厚植爱农情怀练就兴农本领，在乡村振兴的大舞台上建功立业。

5月4日，教育部办公厅发布《关于做好2023年高校思想政治工作队伍培训研修中心重点建设工作的通知》。

5月5日，教育部办公厅发布《关于做好2023年中央财政支持中西部农村订单定向免费本科医学生招生培养工作的通知》。

5月5日，文化和旅游部办公厅发布《关于开展2023年"文化和自然遗产日"非遗宣传展示活动的通知》。

5月6日，文化和旅游部、国家民委发布《"春雨工程"——文化和旅游志愿服务边疆行计划实施方案》。

5月8日，国家卫生健康委、教育部、工业和信息化部、公安部、财政部、商务部、审计署、国务院国资委、国家税务总局、国家市场监管总局、国家医保局、国家中医药管理局、国家疾控局、国家药监局印发《关于调整纠正医药购销领域和医疗服务中不正之风部际联席工作机制成员单位及职责分工的通知》。

5月8日，国家卫生健康委、教育部、工业和信息化部、公安部、财政部、商务部、审计署、国务院国资委、国家税务总局、国家市场监管总局、国家医保局、国家中医药管理局、国家疾控局、国家药监局印发《关于印发2023年纠正医药购销领域和医疗服务中不正之风工作要点的通知》。

5月8日，科技部、北京市人民政府、国家发展改革委、教育部、工业和信息化部、财政部、人力资源和社会保障部、国务院国资委、中科院、中国工程院、国家移民管理局、国家自然科学基金委等12部门印发《深入贯彻落实习近平总书记重要批示精神　加快推动北京国际科技创新中心建设的工作方案》。

5月9日，教育部办公厅发布《关于印发〈基础教育课程教学改革深化行动方案〉的通知》。

5月17日，教育部、中央宣传部、中央网信办、中央精神文明建设办公室、国家发展改革委、科技部、工业和信息化部、财政部、自然资源部、生态环境部、农业农村部、中国科学院、中国工程院、国家自然科学基金委、共青团中央、全国妇联、中国科协和全国少工委等十八部门发布《关于加强新时代中小学科学教育工作的意见》。

5月26日，国家卫生健康委、国家中医药管理局印发《关于开展全面提升医疗质量行动（2023~2025年）的通知》。

5月26日，科技部发布《人类遗传资源管理条例实施细则》。

5月26日，文化和旅游部政策法规司发布《文化和旅游领域行政许可事项实施规范》。

6月2日，文化和旅游部办公厅、农业农村部办公厅印发《乡村文化和旅游带头人支持项目实施方案（2023~2025年）》。

6月7日，教育部办公厅和财政部办公厅印发《关于做好2023年"三区"人才支持计划教师专项计划有关实施工作的通知》。

6月8日，教育部办公厅发布《关于建立高校毕业生毕业去向登记制度的通知》。

6月9日，人力资源和社会保障部在北京召开事业单位人事管理工作会议。

6月13日，中共中央办公厅、国务院办公厅印发《关于构建优质均衡的基本公共教育服务体系的意见》。

6月13日，文化和旅游部办公厅发布《关于进一步加强旅游厕所建设管理的通知》。

6月15日，国家卫生健康委、国家中医药管理局印发《关于印发进一步改善护理服务行动计划（2023~2025年）的通知》。

6月15日，教育部办公厅发布《关于广泛开展全民终身学习活动的通知》。

6月15日，文化和旅游部办公厅发布《关于开展文化和旅游市场信用经济发展试点工作（2023~2024年）的通知》。

6月21日，国家卫生健康委印发《国家卫生健康委关于发布"十四五"大型医用设备配置规划的通知》。

6月21日，国家税务总局、财政部发布《关于优化预缴申报享受研发费用加计扣除政策有关事项的公告》。

6月22日，文化和旅游部办公厅发布《文化和旅游部办公厅关于进一步加强2023年端午节假期和汛期、暑期文化和旅游行业安全生产工作的紧急通知》。

6月25日，人力资源和社会保障部、教育部和财政部发布《关于延续实施一次性扩岗补助政策有关工作的通知》。

6月25日，文化和旅游部办公厅发布《关于申报2023年度文化和旅游部重点实验室资助项目的通知》。

6月28日，文化和旅游部艺术司发布《关于举办2023年全国地方戏精粹展演的通知》。

6月29日，文化和旅游部科技教育司发布《非物质文化遗产数字化保护数字资源采集和著录》。

6月30日，文化和旅游部办公厅、中国银行发布《关于金融支持乡村旅游高质量发展的通知》。

Abstract

王 伊　王秋蕾

The year 2023 marks the beginning of fully implementing the spirit of the 20th National Congress of the Communist Party of China (CPC). From the second half of 2022 to the first half of 2023, the reform of public institutions in China has made positive progress in serving major national strategies. During this period, significant headway has been made in the reform of public institutions in China. The reform of public institutions has expanded from pilot provinces to some non-pilot provinces and entered a reshaping stage. Industries such as education, culture, and health have deepened their reforms in accordance with the deployment requirements of the CPC Central Committee for the development of public utilities, continuously promoting the high-quality development of public welfare programs. Steady progress has been made in the of personnel system reform in public institutions, providing support and guarantee for strengthening the self-construction of public institutions, fostering an atmosphere that respects, values and makes good use of talents, and promoting the high-quality development of public services. This report describes and analyzes the development and reform of public institutions from the second half of 2022 to the first half of 2023. Furthermore, it incorporates the latest research findings from the comprehensive management departments of public institutions, industry authorities, specific public institutions and relevant scholars. It presents an overview of China's overall situation regarding its public institutions in the past year, reviews the measures taken for the overall reform, industry and system reform, management of the size of government bodies, cadre and personnel management, income distribution and fund management of public institutions in China, and analyzes challenges and tasks faced by the development of public institutions in the future.

Looking ahead, the reform of public institutions may exhibit the following trends. First, the reform of public institutions may enter a reshaping stage. With continuous promotion, the reform of public institutions may make steady progress in the future, the layout structure will be optimized, the functions and overall efficiency of public institutions will be reshaped and improved by strengthening public welfare attributes, optimizing the layout structure and reshaping the functional system, so as to promote the better and faster development of public welfare programs. Second, serving the Chinese path to modernization will become a crucial task in the reform of public institutions across industries. Public institutions in all industries will implement the major decisions and arrangements of the 20th CPC National Congress. Focusing on the key tasks outlined in the 14th Five-Year Plan and the requirements for institutional reform, we will thoroughly implement the strategies of invigorating China through science and education, strengthening China through talent development, promoting innovation-driven development and building a healthy China. By concentrating efforts on key areas and reinforcing public service forces, we will encourage public institutions in all industries to constantly shape new momentum and advantages for development to better serve the people's yearning for a better life. Third, the personnel system reform in public institutions will better reflect the new requirements of the new era. Guided by the important arrangements of the 20th CPC National Congress, the personnel system reform will improve the personnel management system that conforms to the characteristics of public institutions and the principles of talent growth. By adhering to hierarchical and classified management, an environment will be created where talents are recognized, valued, respected and put to good use; the vitality of public institutions will be stimulated; a team of high-quality staff of public institutions with both ability and political integrity will be built to provide personnel support and guarantee for building a modern socialist country in all respects.

Keywords: Public Institutions; Institutional Reform; Chinese Path to Modernization

Contents

王 伊 王秋蕾

Ⅰ General Report

Abstract: The year 2023 marks the beginning of fully implementing the spirit of the 20th National Congress of the Communist Party of China (CPC). From the second half of 2022 to the first half of 2023, the reform of public institutions in China has made positive progress in serving major national strategies. During this period, important advancements have been achieved in the reform of public institutions in China. In terms of trends, the reform of public institutions will enter a reshaping stage; serving the Chinese path to modernization will become a crucial task in the reform of public institutions across industries; and the personnel system reform in public institutions will better reflect the new requirements of the new era.

Keywords: Public Institution; Public Institution Reform; Personnel System; the Chinese path to Modernization

II   Industry Trends Reports

B.2   Analysis on Development Status and Trends of
Educational Institutions   *Hu Yijun* / 028

Abstract：This paper collects and summarizes the relevant data from *National Statistical Bulletin on Education Development*, *Educational Statistics Yearbook of China*, *National Statistical Announcement on the Implementation of Education Funds*, and *China Educational Finance Statistical Yearbook* in 2021. It analyzes the development of China's education system, development of educational talents, scientific research and educational investment in colleges and universities in China. On the basis of data analysis, this paper proposes the following three trends in the development of educational institutions in China：continuous improvement in the quality of educational services, gradual establishment of a modern vocational education system, and constant strengthening of scientific research capacity of colleges and universities.

Keywords：Educational Undertaking；Talent Team；Colleges and Universities；Education Funds

B.3   Analysis on Development Status and Trend of Scientific
Research Institutions   *Bi Subo* / 049

Abstract：In 2021, facing the changes and a pandemic both unseen in a century, the scientific research industry developed steadily and scientific research institutions provided strong support. Based on the data such as *China Statistical Yearbook on Science and Technology*, this paper describes the development status of scientific research institutions respectively from four aspects：scientific research institutions, talent team construction, scientific research funds and scientific research output, and draws the following conclusions: the reform of scientific research institutions is solidly promoted, local scientific research forces are further developed, personnel structure is continuously optimized, the proportion of basic research is steadily increased, and the quantity and quality of scientific research output are rising.

Keywords: Scientific Research Institutions; Talent Team Construction; Scientific Research Funds; Scientific Research Output

B.4 Analysis on Development Status and Trend of Cultural Institutions   *Gan Yawen / 071*

Abstract: Developing cultural undertakings is the basic way to meet people's cultural needs and protect people's cultural rights and interests. The development of cultural undertakings in China is facing structural changes. This paper mainly analyzes the main cultural institutions represented by public libraries, museums, art performing groups, institutions for the protection and management of cultural relics, art galleries, etc. from the aspects such as career development, talent team and funding situation, and points out that public cultural service mode in China is constantly innovated with the characteristics including specialization, standardization, intelligence and digitalization.

Keywords: Cultural Institutions; Talent Team; Digitalization

B.5 Analysis on Development Status and Trend of Health Institutions
Zhu Zhuxia, Peng Zhiwen and Liu Yang / 082

Abstract: This paper, based on the analysis of the basic situation of the national health care system in 2021, including the development of institutions, the situation of the talent team and health funding and other related data, points out that the development of China's health institutions presents the following four trends: the service capacity is on the rise, and the medical and health care industry is moving towards high-quality development; the contingent of health care professionals is growing, and the personnel structure is further optimized; the salary level of public hospitals is increasing, and the treatment of medical personnel is guaranteed accordingly; the investment in professional public health institutions has been maintained at a high level, and the public health services are strengthened.

Keywords: Health Care; Public Institutions; Public Hospitals

Ⅲ   Local Practice Reports

B.6   Research on Development Paths and Countermeasures of
Reform in the Review of Senior Titles of Engineering Series
in Shanxi Province Since the 18th National Congress

An Le / 100

Abstract: Since the 18th National Congress of the Communist Party of China, the reform in the review of senior titles of engineering series in Shanxi Province has been deepening, especially since the end of 2016. As the curtain of deepening the reform of titles in China is opened, reform and innovation have been carried out in an all-round way from system to implementation in the review of senior titles of engineering series in Shanxi Province with remarkable results achieved. Last year, the national document *Notice on Further Improving Review of Titles* was issued, in which a new reform direction for the review of senior titles of engineering series in Shanxi Province was pointed out. Therefore, it's necessary to summarize the past experience, and explore and adopt new methods. This paper expounds the perfection of evaluation criteria, the innovation of evaluation methods and the improvement of management services in the review of senior titles of engineering series in Shanxi Province since the 18th National Congress of the Communist Party of China. In view of the shortcomings such as insufficient evaluation indexes and incomplete information means, it puts forward opinions and suggestions, hoping to promote the reform of senior titles of engineering series in Shanxi Province to achieve new breakthroughs by constructing a perfect review information system.

Keywords: Engineering Series; Senior Engineers; Reform in the Review of Titles; Shanxi Province

B.7 Practice of Talent Team Construction and Service in Universities from Anhui Province

Li Cheng, Wang Yu, Wang Cheng, Ge Xiaowei and Chen Tao / 109

Abstract: The high-quality development of higher education is directly related to the realization of the "Triune" strategic layout of education, science and technology and talents put forward at the 20th National Congress of the Communist Party of China. Talents are the key to supporting the high-quality development of higher education. Serving and guiding colleges and universities to scientifically formulate and reasonably implement personnel management policies in combination with the reality of talent team play a vital role in stimulating work enthusiasm, boosting teaching progress and innovation in scientific research, and realizing an innovation-driven development strategy. At present, while great achievements have been made in the personnel management in colleges and universities in Anhui Province, there are also some new situations and new problems. Based on the government's management and service function of personnel work in colleges and universities, this paper puts forward some suggestions on further optimizing the talent team construction and service in colleges and universities through accurate investigation of colleges and universities in Anhui Province.

Keywords: Colleges and Universities; Personnel Management; Open Recruitment; Post Management; Review of Titles; Treatment Guarantee

B.8 Practice and Exploration of Performance-based Pay
Management in Public Institutions of Shandong Province

Zhao Xiaoyan, Liu Ting and Liu Na / 124

Abstract: As an important carrier for attracting, nurturing and utilizing talents, institutions play a key role in implementing the strategy for invigorating China through science and education, the strategy for making China strong through training competent personnel and the strategy of innovation-driven development. The implementation of the wages system based on post and performance in public institutions is an important part of the management system reform of public institutions. It is of great significance to do a good job in the management of performance-based pay to promote the high-quality development of public institutions, improve public services, deepen the reform of the talent system and mechanism, and promote high-level scientific and technological self-reliance. In recent years, Shandong has actively promoted the implementation of the performance-based pay system in public institutions, established and improved the performance-based pay management system, gradually implemented the income distribution policy oriented toward strengthening the value ascribed to knowledge, and continuously deepened the reform to 'streamline administration, delegate power, improve regulation and upgrade services' in performance-based pay management, and achieved remarkable results. To grasp the implementation of the performance-based pay system in public institutions at all levels and find and solve the problems existing in the operation of the system in time, Shandong has researched the overall situation of performance-based pay management in public institutions of the whole province. For the problems found in the research, such as imperfect performance-based pay supervision system, imperfect internal distribution mechanism in public institutions, difficulties in implementing salary incentive policies for high-level talents, and insufficient implementation atmosphere of performance-based pay system, the government analyzes the reasons in depth and puts forward solutions and suggestions from perfecting the mechanism, strengthening guidance and supervision, and improving service quality and efficiency, so as to provide references to further deepen the reform of income distribution system in public institutions.

Keywords: Public Institution; Performance-based Pay; Internal Distribution; Reform to "Streamline Administration, Delegate Power, Improve Regulation and Upgrade Services"; Shandong Province

B. 9　Reform and Exploration of Talent Evaluation
　　in Public Institutions of Hunan Province　　*Fu Yin* / 135

Abstract: From the dimension of 'five adherences', this paper introduces the reform and exploration experience of Hunan Province in the evaluation of personnel holding professional and technical second-grade posts in public institutions, including insisting that the Communist Party of China governs talent, focusing on 'three highs and four new missions', 'break four onlys', establishing new standards, and perfecting evaluation methods. It is aimed at further exploring the core of the reform of the talent system and mechanism in the new era, making people deeply understand the new ideas, new strategies and new measures of talent work, and providing new approaches, paradigms and experiences for the development of talent work.

Keywords: Public Institution; Professional and Technical Post; Hunan Province

B. 10　Practice and Exploration of Personnel Management in Public
　　Institutions of Gansu Province

Zhu Zongliang / 142

Abstract: Public institutions are the main gathering place for all kinds of talents in China, an important field to enhance China's comprehensive national strength, and an important strategic arena to implement the strategy for making China strong through training competent personnel. Post management, personnel employment and open recruitment are the three basic systems of personnel system reform and personnel management in public institutions at present. Gansu breaks new ground while keeping to the right path, and constantly consolidates and improves the personnel management system of public institutions. It has fully implemented and optimized the post management and personnel employment system, stimulated the endogenous motivation and personnel vitality of public institutions, comprehensively implemented and improved the open recruitment system, broadened the main channels for external selection and employment of public institutions, innovated the recruitment mode of personnel, and made every effort to introduce all kinds of talents in an eclectic manner, and achieved positive results. However, focusing on the needs of public institutions and the expectations of personnel, the government found that the fundamental role of post management has not been given enough play, that open recruitment still needs to be continuously improved and optimized, that the staff promotion system has not yet achieved 'full coverage', that management and service have not been effectively connected, and that management methods are outdated. In recent years, the reform to 'streamline administration, delegate power, improve regulation and upgrade services' has been further promoted, and Gansu has continuously improved the management service level through process re-engineering, providing high-quality and efficient business handling services, strengthening supervision during and after the event, and increasing policy publicity and training. In order to thoroughly implement the spirit of the 20th National Congress of the Communist Party of China and the Central Talent Work Conference, it's necessary to comprehensively manage the relationship between keeping to the right path and breaking new ground, management and service, as well as special and general. This paper puts forward the path of exploring and optimizing personnel management in Gansu institutions from the aspects of stimulating endogenous motivation, introducing scientific methods and consolidating work foundation.

Keywords: Public Institutions; Post Management; Open Recruitment; Personnel Management; Gansu Province

B . 11 Practice and Exploration of Personnel Management in Public Institutions of Anshan City   *Liu Bing, Chen Zhongpeng* / 152

Abstract: In recent years, Anshan Human Resources and Social Security Bureau has closely focused on the central work of the whole city, continuously deepening the reform to "streamline administration, delegate power, improve regulation and upgrade services" of personnel management in public institutions, taking active actions to optimize and integrate, ensure and implement the autonomy of employment of institutions, and improve the supporting policies of personnel system and the reform of income distribution system in public institutions, and thus steadily promoting the innovation of management system and mechanism of public institutions throughout the city. For personnel management work of public institutions in Anshan, by analyzing the present situation, conducting research and paying visits, holding symposiums and so on, this paper provides a detailed summary of the work experience, practices and achievement of public institutions of Anshan City in such aspects as classification reform, job setting and appointment, personnel assessment and reward, personnel business training, open recruitment and professional and technical personnel-related reform to "streamline administration, delegate power, improve regulation and upgrade services". At the same time, it puts forward the problems and difficulties existing in personnel management work of public institutions in recent years, so as to expound the key tasks and working measures in personnel management work of public institutions in the future, and help improve the service level of personnel management work of public institutions throughout the city.

Keywords: Public Institutions; Personnel Management; Reform to "Streamline Administration, Delegate Power, Improve Regulation and Upgrade Services"; Anshan City

B.12 Personnel Team Construction and Management Innovation of Public Institutions in Fuxin City *Li Jia*, *Song Lang* / 161

Abstract: At present, the age structure of the talent team in public institutions in Fuxin City is relatively reasonable, and the education level is relatively high. Talents are mainly concentrated in the two professional fields of education and health. However, due to the influence of transportation, geography and economy, the introduction and retention of talents lack location advantages, the total number of talents is insufficient, and the introduction and retention need to be strengthened; public institutions have a relatively stable personnel structure. After talents are recruited, the talent exchange rate is low, and the fit between talents and positions needs to be improved; the continuing education and training of talents in public institutions can improve the quality and professional ability of personnel, but it is mainly undertaken by the Party School, with the education focusing on political theory and Party spirit required by the organization department, and the professional training lacks pertinence and the quality still needs to be improved. In view of the above problems, this paper puts forward some countermeasures and suggestions: First, strictly standardize the process, optimize the personnel management system, and continuously promote the approval and filing of appointment for management personnel in public institutions according to the basic condition of appointment and the specific requirement of the position; second, innovate the talent mechanism, improve the talent development environment, vigorously introduce and train all kinds of talents needed for urban development and construction, and provide them with good living and working conditions and suitable development platforms; third, promote the circulation of talents, integrate the structure of talent team, optimize and deploy talents in time, and give full play to the professional advantages of talents; fourth, strengthen education and training, improve the quality of talent team, establish a multi-faceted talent training pattern, provide good conditions for lifelong learning of talents, and continuously improve the comprehensive quality of talent team in public institutions.

Keywords: Public Institutions; Construction of Talent team; Fuxin City

B.13 Practice and Exploration of Personnel and Talent Work
in Liaoyang City *Li Jianjun, Guan Yong* / 172

Abstract: The economic and social development can not be separated from the leading role of personnel and talents, and strengthening the cultivation of personnel and talents is attracting wide concern of government departments. At present, there are still significant loopholes in personnel and talent cultivation and management mode, which require us to explore and improve constantly in our work. In view of the shortage of professional and technical talents, which is not in line with economic and social development, especially the shortage of high-quality management talents and high-skilled inter-disciplinary talents, and the prominent structural contradiction between supply and demand, Liaoyang City has explored the construction of the policy system, talent management, talent services, etc. This paper thoroughly analyzes the problems and causes, that is, there is a disproportionately large number of labor-intensive enterprises, which lack innovative development momentum; the scale and prospects of industrial economic development lack competitiveness; and the environment for retaining and employing personnel lacks attractiveness. Some feasible countermeasures and suggestions have been proposed around increasing the supply side reform of talents, establishing a talent training system, developing and strengthening the industrial economy, and revitalizing the talent recruitment mechanism.

Keywords: Construction of Talent Team; Talent Work; Liaoyang City

B.14　Innovation and Practice of Changzhou Personnel
Management System　　　　　　*Wei Chenxuan*, *Feng Yan* / 179

Abstract: Accelerating the construction of digital government is a major measure to promote the modernization of governance systems and capabilities of governments at all levels. It also puts forward new requirements for innovating personnel management service methods in public institutions and further leveraging the radiation and driving role of digital systems. However, in the wave of digital development of personnel management systems in public institutions, issues such as inaccurate data, unsmooth mechanisms, and inconvenient processes are becoming increasingly prominent. In order to improve the accuracy and credibility of personnel work in government agencies and public institutions in Changzhou, and provide more comprehensive data support for government decision-making, our city has focused on exploring the path of applying IT in personnel management, gradually creating an innovative mode of information system with Changzhou characteristics, and promoting the formation of a comprehensive personnel management system with real-time data docking, collaborative linkage of organization, personnel, staffing, and finance departments, and convenient and efficient processes, which has comprehensively helped the personnel management of our city and even our province to leap towards digital construction, new mode reform, and high-quality and efficient development in personnel management.

Keywords: Personnel Management System; Digital Construction; Changzhou City

B.15　Practice Research on Open Recruitment of Public
Institutions in Ningbo City

Shen Chao, *Chen Dezhi and Ding Zhengwu* / 186

Abstract: Since Ningbo implemented the open recruitment system in 2008, through standardized management and normative operation, it has effectively guaranteed the fairness and justice of public institutions' recruitment, which has been generally recognized by the society. This paper systematically combs the experience and practice of Ningbo, and, based on the overall requirements of the reform and development of public institutions in the new era, analyzes the outstanding problems during work, such as long cycle with low efficiency, contradiction between universality and pertinence, insignificant effect of assessment, insufficient planning for recruiting and employing, and puts forward reasonable suggestions, such as perfecting the management of interviewers, innovating recruitment forms, diversifying evaluation methods and perfecting the assessment system.

Keywords: Public Institutions; Open Recruitment; Ningbo City

B.16 Practice and Exploration of Public Institutions in Baiyin City

Zhan Yudai / 194

Abstract: In recent years, Baiyin's human resources and social security system has always committed to the principle that the Party being in charge of talents, accelerated the pace of recruiting talents, strengthened the service guarantee of talents, fully stimulated the innovation and creativity of all kinds of talents, and provided strong intellectual support for the city's economic and social transformation and development. Work in relation to talents strongly promoted the high-quality development of Baiyin's economy and society. Meanwhile, however, compared with the new requirements of talent work in the new era, there are also some insufficient talent supply problems in the local area, such as low value of talent attraction policy, insufficient attraction of talent retention policy, imperfect supporting system and so on. Coming at a new historical starting point, Baiyin's human resources and social security system will conscientiously study and implement the spirit of the 20th National Congress of the Communist Party of China and the Central Conference on Talent Work, make great efforts to promote the application of talent informationization, make practical moves in attracting and retaining talents, constantly create a new situation in the talent work of the human resources and social security system, and strive to be the first to promote and expand Chinese modernization.

Keywords: Talents and Human Resources; Management Service; Talent Development; Innovation and Creation; Baiyin City

B.17 Practice and Exploration of Promoting Management Reform of "County-managed School Recruitment" in Minqin County

Luo Guoyi / 201

Abstract: In the great historical process of the construction of a powerful modern education country, how to achieve the high-quality and balanced development of compulsory education in the new era and run schools that the people are satisfied with has become the core content of the current orientation in compulsory education policies and the strategic deployment for education in China. In view of this, all regions in China have carried out multi-dimensional discussions focusing on the standardization construction of compulsory education schools, layout of schools, allocation of teacher resources, and equitable development of different student groups as the core issues of quality and balance. On the basis of explaining the ideological connotation of "county-managed school recruitment", this paper conducts a survey on the current situation of primary and secondary schools and teachers in Minqin County, Gansu Province, systematically summarizes the typical practices and promotion results of "county-managed school recruitment" in the region, and aims at the problems existing in teacher training institutions, exchanges with rural teachers and teacher team construction in the process of "county-managed school recruitment". In accordance with the regulations and facts, this paper puts forward many feasible countermeasures and suggestions, such as making every effort to build a platform for training and further education of teachers, focusing on training and building a team of teachers in the county, and creating a balanced atmosphere for education, in order to improve the management methods and operation mechanisms of modern school running and school district system for this region and even other similar regions, promote the close integration of inter-school management, teaching and research, and strengthen high-quality driving, complementing advantages and resource sharing, and ideologically provide inspiration in terms of accelerating the realization of high-quality, balanced and healthy development of compulsory education in counties.

Keywords: Compulsory Education; County-managed School Recruitment; Teacher Team Construction; Minqin County

B.18　Practice and Exploration of the Reform of "County-managed

School Recruitment" in Suzhou District, Jiuquan City

Zhao Rui / 212

Abstract: Suzhou District of Jiuquan City regards deepening reform as the "golden key" to solve the problem of restricting the high-quality development of education, and takes the lead in promoting the reform of the management system of "county-managed school recruitment" in the whole province. Strong measures, such as extensive and in-depth research, precise formulation of plans, quantitative job setting, two-way competition for posts, integration of high-quality resources, and sound incentive mechanisms, have been taken to transform teachers from "school individualization" to "system integration", effectively activating the vitality of teachers, making school management more standardized and effective, further optimizing educational resources, realizing more balanced urban-rural and regional education development, and achieving significant results in educational reform. However, as a new reform measure of educational personnel management, the reform of "county-managed school recruitment" also encountered many specific problems in the process of promotion, such as the concentration of backbone teachers in famous schools, and inadequate policy support for some special groups of teachers, which affect the reform process and effectiveness. In order to ensure the deepening and implementation of the personnel system reform of "county-managed school recruitment", Education Bureau of Suzhou District timely issued corresponding supporting policies, constantly improved incentive measures, further refined work standards, improved the work supervision system and mechanism, followed up the implementation of inspection and guidance policies, continuously optimized the teaching team, and constantly stimulated the internal motivation of education, laying a solid foundation for promoting the high-quality development of education in the entire district.

Keywords: County-managed School Recruitment; Teaching Team; Personnel System Reform; Jiuquan City

B.19   Practice and Exploration of Talent Team Construction
in Public Institutions of Yumen City   *Zhu Jun* / 220

Abstract: Yumen City adheres to the principle of the Party managing talents, and makes active and effective attempts in innovative ways of attracting talents. It continuously deepens the reform of the personnel system in public institutions from many aspects such as policy systems, institutional mechanisms, and methods, solidly completes key work such as open recruitment and professional title evaluation, so as to stimulate the vitality of the public institution team from comprehensively constructing a new pattern of talent work to deepening the cultivation of new advantages in talent development and from accelerating the exploration of innovative talent cultivation paths to deploying and optimizing the talent development environment.

Keywords: Public Institutions; Professional Technical Talents; Professional Title Evaluation; Talent Attraction

Ⅳ Reform Exploration Reports

Abstract: Talents are the driving force behind technological innovation and the cornerstone of leading high-quality development. The Institute of Process Engineering of the Chinese Academy of Sciences adheres to the spirit of the central talent work conference and the talent work conference of the Academy as the development guideline, firmly implements the development strategy of "strengthening the institute with talents", cultivates talents independently with projects as the traction, attracts and condenses high-quality talents with needs as the guidance, deeply implements talent classification evaluation with the support of post evaluation, optimizes the talent development environment with talents as the fundamental system, and comprehensively cultivates and introduces talents, To provide strong talent support for achieving high-level technological self-reliance and self-improvement in the field of process engineering.

Keywords: Talent Cultivation; Talent Attraction; Talent Classification Evaluation

Abstract: The report to the 20th National Congress of the Communist Party of China pointed out that "Education, science and technology, and human resources are the foundational and strategic pillars for building a modern socialist country in all respects". As a concentrated intersection of education, science and technology and human resources, colleges and universities should adhere to the "four orientations", be demand-oriented and problem-oriented, dare to take the lead, do a good job in forward-looking layout and institutional mechanism reform, tap into the source of fresh water, strengthen innovation and the construction of first-class talents and innovative teams, comprehensively release the vitality of talent innovation, and provide important support for the country to achieve high-level scientific and technological self-reliance and self-improvement. Hangzhou Dianzi University has thoroughly implemented the *Overall Plan for Deepening the Reform of Educational Evaluation in the New Era*, actively explored the establishment of a diversified, scientifically effective education evaluation system, adhered to the Party's management of talents, the guidance of morality, ability and performance, and focused on deepening the personnel system reform in talent education, professional title evaluation, post appointment, performance distribution, and non-budgeted team management in accordance with the requirements of use-oriented, law-oriented, scientific evaluation and service development, striving to eliminate the "five only" tendency and creating a good development environment that is suitable for the construction of high-level universities, can make full use of resources without wasting, and give full scope to the talents.

Keywords: Party's Management of Talents; Talent Development; Title Reform; Job Appointment; Non-budgeted Team

Abstract: Talents are the primary resource for the sustainable development of hospitals. Based on the problems existing in the process of cultivating talents within hospitals, this report focuses on the key factors of talent growth, such as educational background, age, and professional titles. As a breakthrough of stratified talent cultivation, a series of reform measures are taken by optimizing educational background promotion policies, strengthening the construction of young talents, improving the level of talent cultivation platform, and attaching importance to the cultivation of compound talents. Scientific and effective reform and practice paths of stratified talent cultivation within hospitals are explored in an all-round way, effectively strengthening the talent cultivation in hospitals and providing solid talent support for the high-quality development of hospitals.

Keywords: Hospital; Talent Stratification Cultivation; Ningbo City

B.23   Human Resource Management Reform in Dandong

Technician College: Practices and Experiences

Yang Jun, Wang Qiang, Wang Feng and Li Haiyan / 256

Abstract: In the 21st century in the world, whether it is scientific and technological competition, economic competition, or modern enterprise competition, it is finally reflected in talent competition and labor quality competition. As the base of training high-skilled workers, the development of technical colleges plays a vital role in realizing the development strategy of China from a manufacturing country to a powerful manufacturing country. Therefore, in order to strengthen the construction of technical colleges and promote their development, the leading group of Dandong Technician College has constructed a scientific human resource management system from the perspective of human resource management. The human resource management system is mainly composed of seven subsystems: human resource planning and post analysis system, recruitment deployment and placement system, annual assessment management system, salary performance system, post promotion management system, training development system and campus culture. Each subsystem is supported by various corresponding institutions, which are related to each other and promote each other, ensuring the scientific integrity of the whole system. Through the work practice in recent years, the development of Dandong Technician College has been effectively promoted and remarkable results have been achieved in this regard. .

Keywords: Technician Colleges; Human Resource Management; Innovation and Development

B.24 Experience and Practice of Independent Evaluation of Senior Professional Titles of Health Series of the People's Hospital of Ningxia Hui Autonomous Region

Sun Wei, Ma Haizhong, Cheng Xia, Li Fujun,
Li Chenyue and Chen Zhihan / 266

Abstract: The independent evaluation of senior health professional titles is an important measure to conscientiously implement the deepening of the national professional title system reform. The People's Hospital of Ningxia Hui Autonomous Region, as one of the first pilot institutions for independent evaluation of senior professional titles in the health series in Ningxia, has explored the process, standards and representative work system of independent classification evaluation of senior professional titles in the health series, and has achieved certain results. This paper summarizes the practical experience of the People's Hospital of Ningxia Hui Autonomous Region in recent years in the independent evaluation of senior professional titles in the field of health. And the methods, conditions, process, indicators and system of independent evaluation have been preliminarily determined, the talent classification evaluation has been carried out. Besides, a representative work system has been implemented for reference by medical institutions conducting independent evaluation.

Keywords: Senior Professional Title; Independent Evaluation; Classification Evaluation

V   Theoretical Exploration Reports

B . 25   Reflection on the Optimization Path of Personnel Mobility
Mechanism for Management Positions of Public Institutions

—*Based on the Public Selection Examination*   *Zhu Yuhong* / 275

Abstract: Perfecting the mobility mechanism of personnel in public institutions is an important measure to promote and deepen the management reform of public institutions, and is a necessary path to stimulate the enthusiasm and passion of staff in public institutions. Over the years, both the central government and relevant government departments at all levels in Jiangsu Province have done a lot of work and made a lot of achievements in policy research, practical exploration, and other aspects. Based on the actual situation, this paper, starting from the comparison of public selection examination and secondment, focuses on the mobility path of management personnel in public institutions. It is believed that in order to promote the mobility of personnel in public institutions, multiple measures must be taken simultaneously and implemented in multiple ways. On the basis of referring to the existing civil service system, efforts should be made to increase the construction of personnel promotion system, improve communication and selection, and improve communication and training.

Keywords: Personnel of Public Institutions; Public Selection; Secondment; Flow

B . 26   Reflection on Strengthening Personnel Mobility Between
Public Institutions   *Lyu Rongneng* / 287

Abstract: The smooth and orderly personnel mobility between public institutions is a talent support and intellectual guarantee for efficient allocation of human resources and improvement of public service levels. In recent years, personnel mobility between public institutions has achieved positive results in top-level design and practical exploration, but at the same time, there are still some problems such as insufficient motivation, mobility, and non-standard mobility. Continuous efforts should be made to activate the human resources of public institutions from the following aspects: enhancing motivation, stimulating vitality, building platforms, unblocking channels, regulating order, and optimizing ecology.

Keywords: Personnel Mobility Between Public Institutions; Necessity

B. 27 Research on High-quality Innovation and Development of Staff Training in Public Institutions *Liang Yuping , Ren Wenshuo* / 298

Abstract: Personnel training in public institutions is a pioneering, basic, and strategic project for the team building of public institutions. Strengthening the training of personnel in public institutions in an all-round way is a pressing demand that must be met if a high-quality professional staff team is to be built and the rapid and healthy development of public services to be promoted; It is also an important guarantee for China's high-quality development and modernization by implementing the requirements of the Central Conference on Talent Work, attaching importance to talent training, and accelerating the establishment of competitive advantages in talent resources. This report, on the basis of comprehensive literature inquiry, policy text analysis and full empirical research, expounds the era requirements, historical evolution, typical practices, problem causes and countermeasures of the training work of public institutions in the new era from five aspects: the significance of the high-quality development of personnel training in innovative public institutions, the development process of the training work of public institutions after the reform and opening up initiative was introduced , the basic situation and practical exploration of the training work of public institutions, the focus and difficult problems and their causes, and the countermeasures and suggestions for the high-quality development of the training work of public institutions in the new era.

Keywords: Public Institution; Training; High Quality; Innovation Mode

Appendix: **Chronicle of Events**

社会科学文献出版社

皮 书

智库成果出版与传播平台

❖ 皮书定义 ❖

皮书是对中国与世界发展状况和热点问题进行年度监测,以专业的角度、专家的视野和实证研究方法,针对某一领域或区域现状与发展态势展开分析和预测,具备前沿性、原创性、实证性、连续性、时效性等特点的公开出版物,由一系列权威研究报告组成。

❖ 皮书作者 ❖

皮书系列报告作者以国内外一流研究机构、知名高校等重点智库的研究人员为主,多为相关领域一流专家学者,他们的观点代表了当下学界对中国与世界的现实和未来最高水平的解读与分析。

❖ 皮书荣誉 ❖

皮书作为中国社会科学院基础理论研究与应用对策研究融合发展的代表性成果,不仅是哲学社会科学工作者服务中国特色社会主义现代化建设的重要成果,更是助力中国特色新型智库建设、构建中国特色哲学社会科学"三大体系"的重要平台。皮书系列先后被列入"十二五""十三五""十四五"时期国家重点出版物出版专项规划项目;自2013年起,重点皮书被列入中国社会科学院国家哲学社会科学创新工程项目。

S 基本子库
SUB DATABASE

中国社会发展数据库（下设 12 个专题子库）

紧扣人口、政治、外交、法律、教育、医疗卫生、资源环境等 12 个社会发展领域的前沿和热点，全面整合专业著作、智库报告、学术资讯、调研数据等类型资源，帮助用户追踪中国社会发展动态、研究社会发展战略与政策、了解社会热点问题、分析社会发展趋势。

中国经济发展数据库（下设 12 专题子库）

内容涵盖宏观经济、产业经济、工业经济、农业经济、财政金融、房地产经济、城市经济、商业贸易等 12 个重点经济领域，为把握经济运行态势、洞察经济发展规律、研判经济发展趋势、进行经济调控决策提供参考和依据。

中国行业发展数据库（下设 17 个专题子库）

以中国国民经济行业分类为依据，覆盖金融业、旅游业、交通运输业、能源矿产业、制造业等 100 多个行业，跟踪分析国民经济相关行业市场运行状况和政策导向，汇集行业发展前沿资讯，为投资、从业及各种经济决策提供理论支撑和实践指导。

中国区域发展数据库（下设 4 个专题子库）

对中国特定区域内的经济、社会、文化等领域现状与发展情况进行深度分析和预测，涉及省级行政区、城市群、城市、农村等不同维度，研究层级至县及县以下行政区，为学者研究地方经济社会宏观态势、经验模式、发展案例提供支撑，为地方政府决策提供参考。

中国文化传媒数据库（下设 18 个专题子库）

内容覆盖文化产业、新闻传播、电影娱乐、文学艺术、群众文化、图书情报等 18 个重点研究领域，聚焦文化传媒领域发展前沿、热点话题、行业实践，服务用户的教学科研、文化投资、企业规划等需要。

世界经济与国际关系数据库（下设 6 个专题子库）

整合世界经济、国际政治、世界文化与科技、全球性问题、国际组织与国际法、区域研究 6 大领域研究成果，对世界经济形势、国际形势进行连续性深度分析，对年度热点问题进行专题解读，为研判全球发展趋势提供事实和数据支持。

法律声明

"皮书系列"（含蓝皮书、绿皮书、黄皮书）之品牌由社会科学文献出版社最早使用并持续至今，现已被中国图书行业所熟知。"皮书系列"的相关商标已在国家商标管理部门商标局注册，包括但不限于LOGO（▓）、皮书、Pishu、经济蓝皮书、社会蓝皮书等。"皮书系列"图书的注册商标专用权及封面设计、版式设计的著作权均为社会科学文献出版社所有。未经社会科学文献出版社书面授权许可，任何使用与"皮书系列"图书注册商标、封面设计、版式设计相同或者近似的文字、图形或其组合的行为均系侵权行为。

经作者授权，本书的专有出版权及信息网络传播权等为社会科学文献出版社享有。未经社会科学文献出版社书面授权许可，任何就本书内容的复制、发行或以数字形式进行网络传播的行为均系侵权行为。

社会科学文献出版社将通过法律途径追究上述侵权行为的法律责任，维护自身合法权益。

欢迎社会各界人士对侵犯社会科学文献出版社上述权利的侵权行为进行举报。电话：010-59367121，电子邮箱：fawubu@ssap.cn。

社会科学文献出版社